中國道路與前景

第五屆世界
中國學論壇實錄

上海社會科學院世界中國學研究所 編

目錄

世界的中國學
——關於第五屆世界中國學論壇

中國學的泰斗們
——中國學研究貢獻獎獲獎者風采

008　第二屆中國學貢獻獎頒獎詞

011　首屆中國學研究貢獻獎——獲獎人感言及介紹

027　第二屆中國學研究貢獻獎——獲獎人感言及介紹

「中國夢」與世界互動
——第五屆世界中國學論壇主旨演講

中國道路，中國精神，中國力量，世界的中國學
——第五屆世界中國學論壇圓桌與分會發言精萃

054　第一部分　中國道路

155　第二部分　中國精神

204　第三部分　中國力量

264　第四部分　世界的中國學

「中國夢」的「世界迴響」
——第五屆世界中國學論壇專家訪談

後記

附錄

359　附錄一　歷屆世界中國學論壇主題

364　附錄二　《中國學》季刊目錄

371　附錄三　媒體報導選編

397　附錄四　世界中國學研究所簡介

世界的中國學

——關於第五屆世界中國學論壇

世界中國學論壇由國務院新聞辦公室和上海市人民政府共同主辦，上海社會科學院和上海市新聞辦聯合承辦，是一個高層次、全方位、開放性的學術性論壇。論壇旨在為海內外中國學研究界提供對話渠道和交流平臺，反映中國學研究的動態與趨勢，鼓勵觀點創新，推動學派融合，增進中國與世界的相互了解，建設具有世界影響的中國學研究網絡。

本論壇每兩年在上海舉辦一屆。自二〇〇四年以來，已連續成功舉辦四屆。前四屆論壇弘揚中國文化傳統精神，將「和」的理念與當代中國發展進程相結合，分別以「和而不同」「和諧和平」「和衷共濟」「合和共生」為主題，探究中國學研究的歷史、現狀和趨勢，認識當代中國發展的世界意義以及二十一世紀全球挑戰與可持續發展等重大學術問題。

前四屆論壇在學術界與國際社會產生了積極影響。歐、美、澳、亞、非、拉等大洲二十多個國家和地區的千餘名學者參與學術討論。同時，五十餘個國家的外交機構和智庫代表與會，百餘家中外知名媒體對論壇展開報導。國內外學術界對論壇給予高度評價，俄、美、日、印等國家的學者廣泛引述論壇上發表的重要學術觀點。累計有來自參加。

第五屆世界中國學論壇於二〇一三年三月二十三至二十四日在上海展覽中心舉行。本屆論壇的主題是「中國現代化：道路與前景」，邀請各領域、各學科的中外專家學者和意見領袖，共論國際化大背景下中國的發展及與世界的互動相處之道；探討十八大後未來中國與世界的共融相濟、合作發展；增進國際社會對我基本國情、價值觀念、發展道路、內外政策的認識和理解。

本屆論壇會期兩天，分為開幕式演講、圓桌會議、分會和閉幕式演講。國務院新聞辦公室副主任、國家互聯網信息辦公室副主任錢小芊，中

共上海市委常委、市委宣傳部部長楊振武，上海市副市長翁鐵慧出席開幕式。上海市委宣傳部副部長李琪主持論壇閉幕式。三場圓桌會議分別從國際關係、國內結構轉型與歷史文化角度探討未來十年中國的發展道路及其世界意義。八個分會場，以「中國道路」為主線，分別從經濟、政治、社會、歷史文化、生態、外交、傳播、中國學等領域出發，總結改革開放三十年來中國在各領域取得的進展；探索未來十年中國現代化的動力、方向、核心價值理念；中國參與全球經濟、文明發展進程的方式，以及當前國際學界研究中國的現狀、前景與方法。

本屆論壇邀請專家學者、社會各界代表、使領館官員等約三百名，其中近一半學者來自各大洲二十多個國家和地區。數位享譽國際學術界的重量級學者到會發表主旨演講。中外三十餘家主流平面及廣電媒體、網站對會議進行集中報導。會議期間，各國學者聚焦於：

（一）中國崛起對世界政治經濟可能產生的影響；

（二）中國和新興經濟體共同崛起的前景；

（三）中國國內市場對世界經濟復甦前景的作用；

（四）中國未來改革走向和中國特色民主政治的發展；

（五）中國文化和價值觀在世界範圍內的傳播；

（六）中國應如何構建與周邊國家的利益共同體；

以及（七）朝向世界性課題發展的中國學等熱點和核心議題展開討論，在各種觀點的交流、交鋒、交融中，凝聚對中國發展道路的共識。

此外，本屆論壇開幕式上還頒發了第二屆世界中國學貢獻獎。世界中國學貢獻獎（簡稱「中國學獎」）是為推動海外中國學的發展，弘揚海外中國學傑出學者和優異成果，促進海內外中國研究的交流而設，是國際中

國研究的最高獎項。首屆中國學獎於二〇一〇年頒發，俄羅斯前駐華大使、中國問題專家羅高壽，日本早稻田大學政治學系終身教授毛里和子，法國法蘭西學院漢學講席教授謝和耐，美國哈佛大學歷史系終身教授、費正清研究中心前主任孔飛力等四位國際知名中國學家獲獎，為該獎項奠定了一個具有權威意義的起點。本屆中國學獎，在首屆基礎上又分立為「世界中國學貢獻獎」和「海外華人中國學貢獻獎」兩個子項。經過半年多的專家推薦和多輪投票，產生三位獲獎人。他們在各自領域內都是德高望重、著述等身的大師，在增進外部世界對中國的了解，加深中外學術交流方面作出了巨大貢獻。他們的為人和著述，激勵著當代海外中青年中國學家以及中國的人文社科研究者，不斷探究和理解處於變化世界中的中國的過去、現在和未來。

中國學的泰斗們

——中國學研究貢獻獎獲獎者風采

「中國學研究貢獻獎」介紹

在國務院新聞辦公室的指導下，為推動海外中國學（包括漢學）發展，弘揚海外中國學傑出學者和優異成果，促進海內外中國學研究的交流，特設立「中國學研究貢獻獎」（簡稱「中國學獎」）。這是中國學領域首個由中國學術機構頒發的國際獎項。

該獎項於二〇一〇年正式設立，由世界中國學論壇組織委員會主辦，每兩年評定一次，頒獎儀式與兩年一度的世界中國學論壇同時舉行。每屆獲獎者為二至四名，經論壇學術委員會推薦、評獎專家委員會多輪差額投票評選產生。

為建立公正、完善的推薦和評審機制，使中國學貢獻獎真正成為具有公信力和權威性的學術獎項與學術榮耀，論壇辦公室於二〇一二年擬定了《中國學研究貢獻獎頒發條例（試行）》，並決定在中國學研究貢獻獎下分設「世界中國學貢獻獎」「海外中國學貢獻獎」兩個獎項。「世界中國學貢獻獎」旨在表彰，在人文與社會科學領域內，終身從事中國問題研究，發表重大學術成果，並在相關領域具有深遠學術影響的外國學者。「海外華人中國學貢獻獎」旨在表彰，在人文與社會科學領域內，終身從事中國問題研究，發表重要學術成果，並對中華文化海外傳播貢獻卓著的海外華人華裔學者。

二〇一〇年，首屆中國學獎的獲獎者分別為俄羅斯的羅高壽、日本的毛里和子、法國的謝和耐、美國的孔飛力。其中於二〇一二年身故的羅高壽大使是長期從事中俄關係研究的專家；毛里和子教授長期從事中國特色社會主義研究；孔飛力教授長期從事中國近現代史研究；謝和耐教授長期

從事中國古典文明研究。這四位學者的平均年齡為八十歲，都是德高望重、著述等身、畢身從事中國學研究的大師，為該獎項奠定了一個具有權威意義的起點。

　　二〇一二年，第二屆世界中國學貢獻獎的獲得者分別為俄羅斯漢學泰斗齊赫文斯基、美國哈佛大學費正清研究中心前主任傅高義，海外華人中國學貢獻獎的獲得者為香港中文大學榮休講座教授饒宗頤。三位獲獎人均以中國學為志業，精勤不倦，著書育人，成就卓著。他們的獲獎，是中國學獎發展過程中的又一個里程碑。

第二屆中國學貢獻獎頒獎詞

翁鐵慧

上海市副市長

在第五屆世界中國學論壇隆重開幕之際，我謹代表世界中國學論壇組織委員會和專家學術委員會向第二屆中國學研究貢獻獎的三位傑出獲獎人表示由衷的敬意和熱烈的祝賀。

作為世界中國學論壇的重要組成部分，中國學研究貢獻獎表彰和獎勵那些長期從事中國學研究，並取得突出成就的海外中國學大家。首屆貢獻獎於二〇一〇年頒發。羅高壽、毛里和子、謝和耐、孔飛力等四位國際知名中國學家獲獎。為建立公正、完善的推薦和評審機制，使中國學研究貢獻獎真正成為具有公信力和權威性的學術獎項與學術榮耀，論壇辦公室於二〇一二年擬定了《中國學研究貢獻獎頒發條例（試行）》，決定在中國學研究貢獻獎下分設「世界中國學貢獻獎」「海外中國學貢獻獎」兩個獎項。「世界中國學貢獻獎」旨在表彰，在人文和社會科學領域內從事中國問題研究，發表重大學術成果，並在相關領域具有深遠學術影響的外國學者；「海外中國學貢獻獎」旨在表彰，在中國問題研究方面成就卓著，並對中華文化海外傳播貢獻卓著的

海外華人華裔學者。

下面請允許我簡單介紹一下獲得第二屆中國學貢獻獎的三位獲獎人。

「世界中國學貢獻獎」獲獎人第一位是美國的傅高義先生。第二位是俄羅斯的齊赫文斯基先生。

「海外華人中國學貢獻獎」獲獎人是香港的饒宗頤先生。

他們三位都以中國學為志業，精勤不倦，著書育人，成就卓著。雖然這三位獲獎人由於身體原因無法親臨會場，但他們都欣然接受了這一獎項，並派代表前來領獎。他們的獲獎，是中國學研究貢獻獎發展過程中的又一里程碑。讓我們以最熱烈的掌聲祝賀他們！

世界各國各地區的中國學研究從粗糙到規範，從單薄到繁茂，是數代中國學學者篳路藍縷、嘔心瀝血的辛勞所成。中國學研究需要繼往開來，因此今後我們還將繼續頒獎，表彰各國傑出學者，激勵後進學人承繼其志。我們也希望這一獎項能夠為中國學研究樹立典範，推動中國學的深入發展；同時也賦予世界中國學論壇更多的學術內涵。

世界認識中國，是一個漫長而充滿著動人故事的過程。這種認識正日益豐富多樣、深刻立體。中國人了解世界的過程同樣漫長曲折。求其友聲，同道為朋；以文會友，以友輔仁。世界中國學論壇就是這樣一個學術平臺，破閉塞、廣交往，群集各方嘉賓，系統了解外界關於中國問題的研究，讓各方同行之間可以展開更有意義的跨文化對話。正是在這一初衷的推動之下，我們成功地舉辦了四屆中國學論壇，並迎來了第五屆論壇的召開。

時移世易。當下，中國與外部世界的聯繫、對外部世界的介入，甚而對全球的影響力，與三十多前改革開放之初、剛剛打開國門看世界的中國

相比，已有天翻地覆之變化。中國社會的急遽變遷吸引了外界越來越多的關注。在信息資訊日益發達的今天，中國人對外部世界的了解也更迅捷、全面。中國人也渴望了解他者眼裡的中國，借「旁觀者清」來破除一些「當局者迷」造成的認知缺陷。事逢其時，人逢其事，如何交流信息、溝通思想，增進共識，這正是中國學研究大有可為之處。中國古語說「他山之石，可以攻玉」。在中國日益繁榮之際，中國人追求中國夢也更需要全球觀，需要平心靜氣地吸收各方中國學研究的優秀學術成果，以實現中華文化的自覺、自信、自強。我們既高興地看到，世界中國學研究日漸蔚為大觀；也衷心地希望，全球中國學家同心共濟，為世人呈現一個更真實豐富的中國形象；更期待各種思想觀點在中國學論壇這一高水平的學術舞台上不斷交鋒互動，締造世界中國學更絢爛的未來。

　　謝謝大家！

首屆中國學研究貢獻獎──獲獎人感言及介紹

謝和耐獲獎感言

當我從世界中國學論壇秘書處獲悉，世界中國學論壇將授予我這項偉大的獎項時，我深為感謝與惶惑。

誠如秘書處所言，我是獲得世界中國學研究貢獻獎的第一批外國人。毋容置疑，這是一份異乎尋常的榮譽，因為中國歷來就有研究自己的傳統，在其各個學科研究領域的大師聞名於世。中國擁有最為珍貴的文獻、著作和碑文，尤其自上世紀五○年代起，奇蹟般的考古發現不僅對中國的古代文明有了全新的認識，對中國歷史的各個時期也同樣如此。

作為一個法國人怎麼能獲得如此殊榮呢？這樣的榮譽我受之有愧，我捫心自問，難以找到令人信服的理由。我想到的唯一理由是，我之所以能被中國人所知，這完全歸功於那些關注我作品的翻譯家，我想到了耿昇翻譯的《中國 5-10 世紀的寺院經濟》和《中國與基督教》，黃建華與黃迅余翻譯的《中國社會史》，劉東翻譯的《蒙元入侵前夜的中國日常生活》。或許還有些英語版的翻譯，讀法語的人相對來說畢竟不多。令我困惑的是，且不說當今中國著名的文人學者，在世界各國，尤其是美國有著大量研究中國的傑出專家。世界中國學論壇給我這樣的殊榮，為此，我對這個卓越的機構表示我極大的敬意與衷心的感謝。

這就是我向它表示誠摯的感謝的原因。

（趙念國譯）

謝和耐介紹

　　謝和耐（Jacque Gernet, 1921- ）是當代法國最著名的歷史學家、漢學家，法國金石和美文科學院院士，法蘭西學院名譽教授，國際漢學雜誌《通報》的聯合主編。

　　一九二一年十二月二十二日，謝和耐出生在法屬阿爾及利亞首都阿爾及爾。他的父親路易‧熱爾內（Louis Gernet，1882-1962）是一位古希臘研究專家，曾任法國文學院院長。

　　謝和耐在阿爾及利亞完成學業，並獲得古典文學（法文、拉丁文、希臘文和語言學）學士學位和高等教育文憑。原本他計劃學習物理學，但第二次世界大戰的爆發打亂了他的計劃。一九四二到一九四五年，謝和耐投筆從戎，參加抵抗德國法西斯的戰爭。由於偶然間讀到法國著名漢學大師葛蘭言的著作《中國古代的節慶與歌謠》，謝和耐對中國發生了濃厚的興趣，遂在退伍後開始學習漢語，並於一九四七年獲中文文憑。一九四八年，他畢業於法國高等實驗學院。一九四○到一九五○年，就讀於設於越南的法蘭西遠東學院，後遊學日本、中國。一九五二年以《中國 5-10 世紀的寺院經濟》一文獲法國高等實驗學院博士學位。一九五七年起，在巴黎大學執教中國語言文學和文明的課程。一九六九至一九七三年，在巴黎第七大學創立並執教於東亞語言與文明系。一九七五至一九九二年在法蘭西學院主持中國社會和文化史講座，一九七七年到一九九二年榮退前，為

法蘭西學院遠東研究所常務主任。一九八四至一九九二年，任法國國家科學研究中心中國、朝鮮、日本科學史研究組負責人。

謝和耐教授在漢學領域內勤耕不輟，著述等身，出版有：《菏澤神會禪師（668-760）語錄》（1949）、《中國 5-10 世紀的寺院經濟》（1956）、《蒙元入侵前夜中國的日常生活》（1959）、《帝國形成前的古代中國》（1959）、《巴黎國立圖書館所藏伯希和敦煌漢文寫本目錄》（第 1 卷，與吳其昱合作，1970）、《中國社會史》（1972）、《中國和基督教》（1982）、唐甄《潛書》譯註並序（1991）、《中國的智慧、社會與心理》（1994）等九種著作，並發表論文八十餘篇。他的大部分著作多次重版或修訂再版，被譯成多種文字，在東西方中國學研究者中引起巨大的反響。在其五十餘年的治學生涯中，獲得法國金石和美文學科學院普通院士、翟理斯獎、儒蓮獎、榮譽騎士勛章、一級教育勛章、臺灣「中研院」院士、東洋文庫外籍院士、日本科學院外籍院士、彼埃蒙特中東和遠東研究中心的「都靈和東方」獎等多項榮譽。

謝和耐曾先後師從著名漢學家戴密微（Paul Demieville，1894-1979）和白樂日（Etienne Balazs，1905-1963），是二十世紀下半葉法國漢學界承前啟後的人物。他一方面繼承了法國漢學紮實的文獻考據功底，另一方面又引入了注重系統性、貫通古今的研究方法，開闢了用現代科學標準來編寫中國史的新方向。比如《中國社會史》，就是謝和耐以一人之力寫作的中國通史，該書注重技術與社會發展的互動，並將中國置於世界文化交流的宏闊背景下考察，被譽為「東西方語言中的第一部通史」，榮獲法國最高學術獎聖杜爾獎（Prix Saintour），並被英、美以及西方許多大學用作中國通史教科書。而《中國和基督教》一書則首先從中國人的反應入手研究

基督教東傳史，成為這一領域的扛鼎之作。

謝和耐在五十餘年的治學生涯中，不僅將中國當作一個研究對象，更表現出對中國文化無限的同情與熱愛（他在 20 世紀 90 年代領養了一個中國孫女，名叫梅麗，現已長大成人，在瑞士學習藝術設計）。他始終認為，中國文化是獨一無二的，深刻、鮮明、記載豐富，幾乎是現代世界唯一可與西方對話的文化。西方文明的世界觀是二元對立的，而中國文化既有「陰-陽」對立，也有「中庸哲學」，倡導的是調和、化生萬物。他反對現當代中國史上幾度甚囂塵上的「全盤西化論」，呼籲當代中國人尤其是年輕人，應與自己的傳統文化和解。在《中國社會史》一書的序言中，他曾感嘆，雖然在當前日漸變小的世界中，中國已經成為西方的鄰居，然而，不少人仍然固執堅持「西方文化至上論」，無視中國對西方文明進程的貢獻。謝和耐在二十世紀七〇年代提出的上述批評，在今天仍然值得我們深思，而他在中國學領域內的精湛研究將不斷啟發一代代新的研究者。

（潘瑋琳編寫）

羅高壽獲獎感言

世界中國學論壇組織委員會，

尊敬的王晨先生，尊敬的韓正先生，

請允許我向您表達衷心的謝意，謝謝您授予我這麼崇高的榮譽。我一生中有超過三分之一的時間在中國生活和工作。大約在一年前，在莫斯科，中華人民共和國駐俄羅斯大使李輝先生曾授予我獎章，以表彰我在促進中俄兩國友誼和合作方面所作的貢獻。而我獲得的第一個中國政府獎項，是一九五六年由周恩來總理授予的。現在我已獲得了三個獎項。今後，我將一如既往地貢獻我的全部力量，來鞏固和加深我們兩國間的戰略夥伴關係。

（廉曉敏譯）

羅高壽介紹

羅高壽（Игорь Алексеевич Рогачев1932-2012），俄羅斯著名中國問題專家。一九九二至二〇〇五年間擔任俄羅斯駐華特命全權大使，二〇〇三至二〇〇四年間任朝核問題「六方會談」俄方代表團副團長，俄羅斯聯邦上院議員，俄聯邦特命全權大使，聯邦委員會國際事務委員會成員。

一九三二年，羅高壽生於莫斯科的漢學世家，這個家族與中國有著不解之緣。其父阿列克賽・羅加喬夫取自己姓氏的中文發音諧音，給自己起了一個頗具中國文化特色的名字——羅高壽。老羅高壽先生是俄羅斯傑出的漢學家、優秀的學者和卓越的外交家，曾把《水滸傳》《西遊記》等中國名著翻譯介紹到俄羅斯。而羅高壽大使本人，在出生沒多久就曾隨父親來到中國。一九五五年，羅高壽畢業於莫斯科國際關係學院，並開始了其外交生涯，長期在中國工作，見證了中蘇、中俄關係的不同發展時期。他曾先後在中國外國專家局的雜誌社任翻譯，參加過中蘇遠東水文科學考察隊。一九五八年起在蘇聯駐華大使館先後任翻譯、參贊，這期間羅高壽有機會頻繁接觸到中國高級領導人。一九八六年，羅高壽任中蘇邊境談判團團長。在蘇聯時期，他曾獲得周恩來總理簽授的「中蘇友誼勛章」。

　　蘇聯解體後，自一九九二年起，羅高壽長期擔任俄羅斯駐中國大使，繼續致力於發展中俄兩國的友好關係，參與起草了《中俄睦鄰友好合作條約》。一九九六年榮獲俄聯邦「友誼勛章」，一九九九年榮獲俄聯邦「榮譽勛章」，二〇〇二年獲得「俄聯邦外交事務榮譽工作者」稱號，二〇〇五年榮獲俄聯邦「服務祖國勛章」（四等）。

　　二〇〇五年羅高壽大使卸任回國後，任俄羅斯聯邦委員會上議院議員。迄今為止，羅高壽在中、英、俄等語言的報刊上發表文章六十五篇，並主持了《蘇聯-中華人民共和國（1949-1983）——文件和資料（1949-1963）》（第一部）的編纂工作，為中俄兩國的外交事業作出了巨大的貢獻。

（廉曉敏編寫）

俄羅斯漢學在中俄關係中的作用
——羅高壽在二〇一〇年第四屆世界中國學論壇上的演講

尊敬的各位女士們，先生們：

非常高興在第四屆世界中國學論壇與各位聚在一起。感謝組織方，給我這樣的機會，在這樣一個重要權威的場合發表演講。今天我想談一談俄羅斯中國學在兩國友好、合作和相互理解過程中所起的作用。

中俄兩國有著近四百年的交往歷史。然而，中俄兩個偉大的國家真正開始在國家層面尋求相互理解和合作，卻晚了很久——十八世紀初期。一七〇〇年，彼得一世頒佈法令，開始在俄國開展東方語言教學。在北京的俄國宗教使團奉命培養漢語、滿語、蒙語和藏語的翻譯。

蘇聯時期一九二〇至一九三〇年代，對中國的研究在俄羅斯的社會科學研究中占據先進地位，也是最熱門的學科之一。當時很多大學和科研機構都教授漢語，研究中國的歷史、文化、哲學等。

從上面講到的可以肯定的說，不管是在初期發展階段，十九和二十世紀之交的成熟階段，還是現階段，俄羅斯的漢學研究都為兩國的文化交流、相互學習和共同發展起到了積極的推動作用。兩國要發展睦鄰友好關係，建立政治、經貿和科教文化聯繫，需要對彼此國家及其變化特點有很深的了解。

俄羅斯的漢學家和歷史學家對四百年的中俄關係史研究結果表明，兩國的根本國家利益非但不衝突，反而存在共鳴，可以在理性的政策指導下，建立起睦鄰友好關係，從而推動兩國經濟文化的共同發展，並在國際舞台上相互支持。現階段，隨著中國經濟實力的增長，中國的全球影響不

斷擴大，中國文化吸引了越來越多其他文明的關注。要理解現代中國的發展，離不開對中國精神文化本源的理解。

當然，在兩國長期的交往中有過各種各樣的記憶。但是這些暫時的衝突是由這樣或那樣的外部環境造成的，並非源於涉及雙方發展和安全的根本利益衝突。基於對俄中關係這樣的歷史理解，俄羅斯積極響應了中國的倡議，雙方於二○○一年七月十六日在莫斯科簽署了《俄中睦鄰友好合作條約》。

在經歷了中蘇關係的冷淡期後，我國的領導層認識到，必須對我們這個偉大東方鄰國進行客觀、系統的研究。一九六六年在蘇聯科學院成立了遠東研究所，旨在對中蘇關係出現分歧的原因作出科學解釋，尋找兩國國家利益的平衡點，使兩個大國的關係恢復正常化。

隨著俄聯邦和中華人民共和國之間互信不斷的加深，雙方在政治、科學、文化方面的交流不斷擴大，俄羅斯國內對我們這個鄰國和她的語言、文化有了越來越濃的興趣。二十世紀八○年代末在蘇聯培養漢學人才的高校和科研機構只有十幾家，而現在類似的機構超過五十家。僅在莫斯科就有超過十家學術機構教授漢語，對中國進行研究。

二○一○年，六卷本百科全書《中國的精神文明》出版，是俄羅斯漢學界的一個重要事件。今年六月份在中國社科院進行了這部百科全書的發佈。作者希望通過這部作品，加深對中華文明的特徵和頑強生命力的理解，系統總結俄羅斯和世界對中國文化的研究成果，促進俄羅斯國內對偉大中國文化的知識普及和對中國的理解。俄中友協和遠東所發起了創作這部百科全書的倡議，歷時十五年。這部百科全書成為二百年間蘇、俄漢學研究發展的成果總結。這部書的意義已超出一般意義上的漢學研究，因為

這樣一部百科全書在世界範圍也是第一部。

我們的中國夥伴的確有值得驕傲的地方。眾所周知，漢學是一門有著特殊地位的學科，促進了中國文化與他國文化的交流和相互理解。目前世界上有超過四千萬的外國人學習漢語，在很多國家開設了孔子學院，為國外漢學發展和人才培養提供了良好的條件。目前世界上有超過五百所孔子學院，其中有十二所在俄羅斯。在此基礎上在不同的國家有八千多個漢語班，註冊的學生超過二十萬，舉辦的文化活動超過六千場，參與人數超過二百五十萬。今年十一月底，中俄兩國政府首腦將在莫斯科隆重宣佈俄羅斯的漢語年閉幕。

同時，在對中國的研究中，還存在著另外的視角。

中國經濟的快速發展和國力的增長也引來鄰國和競爭對手的擔心。在西方，在日本，在俄羅斯，「中國威脅論」存在於一些圈子中。我們的中國夥伴想必清楚這種論調的本質和對中國形象的危險性。中華人民共和國領導人的講話表明，北京絕不讚同政治霸權和大國主義。中共十六大上強調，中國國力和影響的增長符合和平發展的利益，是促進共同發展的因素。而在十七屆五中全會的公報中，談到了繼續堅持互利開放的戰略，擴大與外部世界的聯繫，積極參與全球經濟調控和地區合作。

目前中國面臨的需要循序漸進解決的問題有：解決貧富差距和城鄉差異，提高農村人口的物質和文化生活水平，積累經驗解決現代化過程中遇到的複雜問題。這將有助於中國的和平崛起，提高其國際威望。這些經驗具有重大的國際性和全球性意義，尤其是對經濟轉型國家（包括俄羅斯）和發展中國家來說。

在最近十年中，有關中國的內政外交史、中國的經濟改革、中蘇和中

俄關係，在俄羅斯出版了七十多部重要專著、文集等。這些都進一步說明了我國國內對中國歷史文化、政治經濟社會發展和中國前景的濃厚興趣。

俄羅斯的學者很清楚，只有在俄中兩國睦鄰友好關係不斷發展的條件下，在雙方的思想可以通過書籍翻譯和國際會議討論得到交流的情況下，漢學研究的成果才能得到最有效的實現。

最後，想再次感謝論壇的組織者，並祝論壇圓滿成功！

（廉曉敏譯）

孔飛力獲獎感言

奉悉貴論壇授予我中國學研究貢獻獎一事，我感到萬分榮幸與欣喜。我想，我在中國學研究領域所作的任何微薄貢獻，完全得益於我所研讀的歷代中國偉大學者的著述。貴組委會充分體現了中國學者的高誼，這份情誼正是維繫中國及其外國友人的紐帶。儘管我自忖不配享此殊榮，我將始終牢記我們對中國的研究是為了讓全世界矚目於中國的偉大文明。如果說，我個人在增進對中國的理解方面作出過些微貢獻的話，我深感自己的畢生工作是有用的。

請允許我表達對貴組委會的感謝之情。你們的盛情使我受寵若驚，你們的善意使我備受鼓舞。

（潘瑋琳譯）

孔飛力介紹

孔飛力（Philip Kuhn, 1933-），美國著名中國學家，中國近現代政治制度史、社會史、海外華人移民史專家。

孔飛力於一九三三年九月九日生於英國倫敦。一九五四至一九五五年，在英國倫敦大學亞非學院學習日語與日本史。一九五五至一九五八年，在美國服兵役，其間在加利福尼亞州蒙特利軍隊語言學校學習漢語。一

九五九年，獲美國喬治城大學碩士學位。一九五九年就讀於哈佛大學，師從著名中國學家費正清（John King Fairbank）、史華慈（Benjamin Schwartz）。一九六四年獲哈佛大學東亞語言與歷史博士。一九六三至一九七八年任教於芝加哥大學歷史系。其間出版其代表作《中華帝國晚期的叛亂及其敵人：華南的地方軍事化與社會結構，1796-1864》（1970）。一九七一至一九七四年任芝加哥大學遠東研究中心主任。一九七五至一九七八年，擔任美國歷史評論編輯委員會委員。一九七五至一九七七年任芝加哥大學遠東語言文明系主任。一九七八年起，接替費正清，任哈佛大學東亞語言與文明系暨歷史系教授。一九八〇至一九八六年，擔任哈佛大學費正清東亞研究中心主任。一九八四年，擔任美中學術交流委員會研究員。一九七七年至今，擔任美國藝術與科學院研究員。

孔飛力的其他重要著作包括：《叫魂：一七六八年的中國巫術恐慌》（1990 年，亞洲研究協會列文森著作獎）、《家園：關於海外華人史的思考》（1997）、《中國現代國家政權的起源》（1999）、《中國人在其他人中間》（2008）、《國家政體與地方權力：晚清中國的轉型》（合編，1990）、《清代文獻導讀》（與費正清合編，1986）。此外，他還參與了《劍橋中國晚清史》《劍橋中華民國史》的編撰。

作為費正清和史華慈的學生，孔飛力對乃師的「衝擊－回應」模式提出了重要修正。他在研究中綜合了社會科學、歷史學、人類學的方法，並提倡區域研究，重視中國基層社會的分析，利用清宮檔案等一手材料，展現出中國社會內部的差異與變化，深化了美國學術界對中國社會結構特點的認識。他對中國近代社會問題研究提出了一系列重要理論問題——中國近代政治制度的變遷與政治參與、西方思潮、民族主義與民權等觀念對近

代中國政治的影響等。孔飛力的研究大大豐富了整個西方中國學界對十八世紀中國的了解，為中國學研究從「衝擊－回應」向「中國中心觀」的範式轉變作出了重要貢獻，深刻影響了美國和國際中國學的發展。不僅如此，他圍繞近代中國社會如何「脫胎換骨」的核心命題，縱橫於晚清、民國與共和國三個不同的歷史階段，更通過海外移民史的研究，將中國置於全球的背景中加以審視。因此，他被另一位著名中國史家魏斐德（Frederic Wakeman）稱為「西方第一流的中國歷史學家」。孔飛力的學生多已成為當今北美中國學界的中流砥柱，其中包括杜贊奇（PrasenjitDuara）、卜正民（Timothy Brook）、柯偉林（William Kirby）等。

（潘瑋琳編寫）

毛里和子獲獎感言

今天，在此獲得貴論壇所設第一屆中國學研究貢獻獎這一殊榮，我感到十分激動。今年九月，我在日本得到了有關亞洲研究的最權威的大獎「福岡亞洲文化獎（學術研究獎）」。但這次的貢獻獎，表明我長年從事的中國研究在研究對象本身的中國也得到了承認，而且是我的第二故鄉——上海的研究機構授予的，我真是感到格外高興。特向論壇學術委員會委員及有關各位領導同仁表示我深深的謝意。

得知在此頒發之獎是授予對中國學研究作出卓越貢獻的國際知名學者的，我能獲此殊榮，真是感到驕傲。今後還將繼續為當代中國研究盡我微薄之力。同時，我十分願望與中國的研究者一道推進合作研究。當前中日關係很不穩定，我深切希望在學術研究領域不斷加深中日間以及多邊的交流與對話，從而推進中日之間的相互理解。

最後，再次讓我向上海市政府、上海社會科學院以及有關各位領導同仁致以我深深的謝意！

毛里和子介紹

毛里和子（Kazuko Mori, 1940-）是日本著名的政治學家，中國問題、國際問題專家，早稻田大學名譽教授。歷任日本國際問題研究所研究員，靜岡縣立大學國際關係系

教授、橫濱市立大學國際文化學系教授，早稻田大學政治與經濟學院教授（2010 年 3 月退休），日本科學委員會成員、日本國際關係協會執行委員會委員、日本亞洲研究學會董事，早稻田高級研究中心「當代亞洲研究」項目主任。二〇〇三年獲日本紫綬褒章。二〇一〇年獲福岡亞洲文化獎之學術研究獎。

毛里和子教授的研究視野宏闊，涵蓋了當代中國政治與對外關係、東亞國際關係、中俄（蘇）現當代史等領域。她的主要著作有《中華人民共和國與蘇聯的關係》（1989）、《當代中國政治》（1993，2004 新版，獲日本每日新聞社亞太獎，新版獲櫻田會特別功勞獎）、《當代中國的民族問題》（1998，獲大平正芳紀念獎）、《現代中國政治解讀》（1999）、《戰後至當代的日中關係》（2006，獲石橋湛山獎）、《亞洲的 21 世紀：對立與協調》（合著，2001）、《現代中國外交通史》（合著，2009）等。

回顧毛里和子教授的治學歷程，早年她曾先後求學於日本御茶水女子大學、東京都立大學。二十世紀五〇、六〇年代之交，日本的青年一代對美國、蘇聯、日本的現狀普遍感到不滿，而深受當時中國在困境中進行的各種改革的吸引，對中國正在進行的「脫近代」的嘗試十分憧憬。在這樣的時代氛圍中，毛里將現代中國政治史作為了自己的研究方向，分別以《浙江財閥與蔣介石政權》、《北伐時期的武漢國民政府》為題，撰寫了自己的本科和碩士學位論文。

二十世紀六〇年代以後，她深受美國中國學家歐文‧拉鐵摩爾（Owen Lattimore）對中國內陸邊疆研究的影響，寫作了《從邊疆看中國》一書。七〇年代，她受到林德貝克（John M.H. Lindbeck）、白魯恂（Lucian Pye）、詹隼（Chalmers Johnson）、奧森伯格（Michel C. Oksenberg）、加布

里埃爾‧阿爾蒙德（Gabriel A. Almond）等美國學者的啟發，用功能主義的方法分析中國，撰寫了自己的代表作《現代中國政治》（1993）。這一方法也成為她研究中國的支點。

由於日本在近現代中日關係史上作為侵略者的身分，使許多日本的中國研究者被一種「贖罪意識」所約束，往往難以客觀地進行研究。毛里教授的研究就力圖打破這種束縛，以政治學為主軸，從現當代中國的「內情」出發，將現當代中國置於東亞和世界的背景中，從周邊對中國進行多角度的比較考察，盡量客觀地評價其歷史和現狀。

毛里教授的另一項重要學術貢獻是組織了一系列現當代中國問題的大型跨國研究項目，其中包括日本文部科學省科學研究費特定領域研究「現代中國的結構變遷」（1996-1998 年）、文部科學省二十一世紀 COE 項目「現代亞洲學的誕生」（2002-2006 年），大大推動了中國學研究和東亞區域研究的科際整合與國際化。

四十多年來，毛里教授多次來到中國，尤其熟悉上海，把上海的研究機構當作自己的「第二故鄉」。這種投入而極其繁忙的研究工作使她不斷加深對中國的了解，為推動中日之間的對話和交流和相互理解作出巨大貢獻。

（潘瑋琳編寫）

第二屆中國學研究貢獻獎──獲獎人感言及介紹

齊赫文斯基獲獎感言

尊敬的世界中國學論壇組織者，尊敬的各位同仁：

非常感謝你們對我近八十年漢學研究工作的高度評價。我很遺憾因為健康原因無法出席論壇。我請羅曼諾夫教授為我代讀感謝詞。

衷心感謝對我在中國歷史文化研究領域的微薄貢獻作出這麼高的評價。

一九三五年我考入了列寧格勒大學中國系。我的老師是俄羅斯傑出的漢學家瓦西里・米哈伊洛維奇・阿列克謝耶夫，他慷慨地跟學生們傳授自己的學識。俄國和國外一些旅行家寫的關於中國的作品，俄羅斯人民對二十世紀二〇至三〇年代中國人民爭取民族解放和後來抗擊日本侵略所作鬥爭的深深同情，都對我作出研究中國及其歷史文化這個決定有很大影響。

我是在蘇聯外交人民委員會開始職業生涯，我在那裡的工作是漢語翻譯。隨後，我在中央外交部門的不同職位工作，在中國、英國、日本的不同外交職位工作，在二戰期間及二戰後參加過各種國際會議。

還是在大學期間，我就對學習中國的歷史很感興趣。進入外交部門工作後，我努力繼續學術上的探尋，在外交部工作期間，我讀完了科學院的研究生和博士課程，寫了一些書和文章。外交工作給我一個獨特的機會了解中國，與它的領導人、政治家、歷史學家會面。作為蘇聯駐北京的總領

事我親歷了一九四九年十月一日在天安門廣場的開國大典，我一生都記得這個隆重的儀式。在英國和日本的外交生涯，在聯合國大會和各種國際會議的經歷同樣也幫助我了解中國在世界上的地位和角色。

作為特命全權大使退休後，我全身心投入到科研教學工作中，與中國和其他國家的中國學同行保持了聯繫。我衷心感謝他們對我的研究工作所提供的建議和幫助，我投身其中的研究問題包括十九至二十世紀中國的改革與革命，俄中關係，世界歷史中的中國。我會一直記得郭沫若、侯外盧、袁同禮、周谷城、吳晗、劉大年、曹靖華、金沖及、任繼愈和很多很多中國同行的睿智建議，對我有很大幫助。

不能不提到我的外國漢學同行，我同他們在不同年代有著交往。他們是：歐文‧拉鐵摩爾（Owen Lattimore）、費正清（John King Fairbank）、紀亞瑪（Jacques Guillermaz）、韓百詩（Louis Hambis）、平野義太郎（Yoshitaro Hirano）、阪野正高（BannoMatasaka）、蘭僑蒂（LionelloLanciotti）、雅羅斯拉夫‧普實克（Jaroslav Prusek）、柯拉迪尼（Piero Corradini）、龍彼得（Piet van der Loon）、高本漢（Bernhard Karlgren）、馬悅然（Göran Malmqvist）、魯唯一（Michael Loewe）、巴斯蒂（Marianne Bastid-Bruguière）。我懷著感激之情回憶起歐洲一些大學的漢學教授，創建了「年輕漢學家」協會，在其會議上展現中國歷史科學的成就。自一九五四年起，協會先後在巴黎、帕多瓦、波爾多、魏瑪和其他一些學術中心召開大會。我從在英國達勒姆召開的第七次會議開始參加該協會的活動。後來這個協會演變成了歐洲漢學協會。

在本次世界中國學論壇召開期間，我的思想與你們同在。召開這種規模的、有代表性的會議的事實本身就表明，世界是多麼關注中國在建設中

國特色社會主義道路上所取得的成就。

我想再次表達我的謝意。

祝所有與會者身體健康，取得更多成就。

齊赫文斯基，莫斯科

2013 年 3 月 18 日

（廉曉敏譯）

齊赫文斯基介紹

謝爾蓋·列奧尼多維奇·齊赫文斯基（Тихвинский, Сергей Леонидович），生於一九一八年，歷史學博士、教授、蘇聯科學院（現俄羅斯科學院）院士（1981 年）、蘇聯（現俄羅斯）特命全權大使（1967 年）。師承俄羅斯著名漢學家、俄羅斯漢學研究彼得堡流派奠基人 B.M.阿列克謝耶夫，並在此基礎上形成具有自己特色的中國學研究流派，被公認為當前俄羅斯漢學界的泰斗。二十世紀六〇年代曾擔任蘇聯科學院中國學研究所所長，在東方學、中國學研究方面取得豐碩成績。一生著述宏豐，撰寫出十多部專著、五百多篇論文。其中《19 世紀末中國維新運動與康有為》（1959）和《孫中山的外交政策觀點與實踐》（1964）被認為是研究辛亥革命史具有重要學術價值的成果，在俄羅斯和中國等國家的史

學界和漢學界引起廣泛關注和好評。這兩本著作與後來出版的《1898-1949年中國獨立和統一的道路：根據周恩來的傳記資料》（1996），構成其研究中國近現代史三個不同階段的奠基作。其研究方法、翔實史料和闡釋的觀點，對俄羅斯漢學研究產生重要影響。他主編的《中國近代史》（1972）出版後被譯成中、英、法、波蘭等多種文字，影響延續至今。二〇〇〇年主編的《中國的改革與革命》系列叢書獲俄羅斯聯邦國家獎，時任總統普京曾親自給他頒獎。

齊赫文斯基還是資深外交家，一九六八至一九七四年任聯合國科教文組織執行委員會委員，一九八一年後任蘇中友好協會主席、榮譽主席。曾多次作為外交官來華工作，親眼目睹或參與了中國近現代許多重大歷史事件。作為當時留在北京的唯一蘇聯官方代表，促成了在新中國成立第二天就實現中蘇建交。他一生不遺餘力研究和傳播中國歷史和文化，同時也致力於發展中俄（蘇）友好關係。齊赫文斯基漢學研究造詣深厚，對漢學研究和傳播以及中俄兩國關係的發展做出過傑出貢獻，在俄羅斯和國際漢學界具有深遠影響。近年來，儘管年事已高，仍為中國近代史、中俄關係史研究事業孜孜不倦地工作，為中俄兩國在新世紀鞏固和加強傳統的睦鄰友好合作關係奉獻自己的一切。

（評獎專家委員會編寫）

傅高義獲獎感言

　　半個世紀以來，我致力於了解中國與提高西方群眾對中國的了解。如今，努力得到承認，我深感榮幸。在上海社會科學院籌辦的論壇上獲獎，更是一份特別的榮耀。上海社科院在促進中國社會科學的進步中，發揮了核心作用。在哈佛大學觀察美國政府的動向時，我們感到自己比華盛頓特區的學者們多了一個旁觀者清的位置優勢。首都的學者們往往更直接地去呼應政府的情緒。我覺得上海社會科學院地處首都之外，也因此在思想上獲得了一種有益的距離。

　　上世紀六〇年代，我開始從外部研究中國。當時，我強烈地希望，某一天，我能夠從中國內部來觀察中國。七〇年代時，夢想終於成真。我記得，隨著中國和美國的社會科學家們啟動學術交流，我於八〇年代數次訪問了上海社科院。貴院張仲禮院長的領導讓我印象非常深刻。五〇年代，張院長放棄了在美國華盛頓大學前程似錦的事業，華盛頓大學是美國一流的亞洲研究中心之一。張院長歸國後，協助上海社科院成為中國社會科學研究的重鎮。

　　隨著社會科學的國際化，不僅美國人研究美國社會，其他國家學者也研究美國，並帶來了不同的視角，我們從中獲益良多。同樣，中國學者研究中國社會，我們希望他們也能從外國學者對中國的研究中獲得啟發。我在退休後，花了十年時間研究鄧小平以及中國的改革開放。中國各界承認我努力向西方解釋中國，我也客觀上介入了中國國內的有關討論，這讓我深受感動。我將與中國學者一起進一步理解鄧小平時代，並研究鄧小平時代如何改變了中國。不亦樂乎！

（梅俊傑譯，傅高義審定）

傅高義介紹

傅高義（Ezra F. Vogel）教授，一九五八年獲哈佛大學社會學博士學位。一九六三至一九六四年在哈佛大學從事博士後研究，學習中文和歷史。二十世紀七〇年代始，傅高義對中國廣東社會經濟情況進行考察和研究。撰有《共產主義制度下的廣東：一個省會的規劃和政治（1949-1968 年）》。《領先一步：改革開放的廣東》是應廣東省政府邀請，進行七個月實地考察研究的成果。二十世紀九〇年代末，隨著中國改革開放的深入，中國國際地位大大提高，美國的右翼人士提出了「中國威脅」論，主張採取對華「遏制政策」。在這個關鍵的時刻，傅高義主編了《與中國共存：21 世紀的中美關係》一書，對主張全面對抗中國的思想進行了有理有據的駁斥，主張中美應在政治經濟各個領域保持全面合作，美國應該支持中國加入世界貿易組織。二〇一一年，傅高義花了十年時間完成他的歷史性著作《鄧小平時代》《Deng Xiaoping and the Transformation of China》，由哈佛大學出版社出版，二〇一二年三月，該書獲加拿大多倫多大學萊昂內爾·蓋爾伯獎。傅高義長期從事對中國政治、經濟和歷史文化的研究，在哈佛有著「中國先生」的稱號。一九七二年他作為費正清的繼任人，成為哈佛大學東亞研究中心的第二任主任。一九九八年當選美國人文社會科學院院士，是長期以來一直受中國政府和學界十分重視的漢學家和中國問題專家。

（評獎專家委員會編寫）

饒宗頤獲獎感言

　　世界中國學論壇頒授給我中國學貢獻獎，我覺得十分榮幸，但亦有一點受之有愧，因為在中國對文化、歷史等各方面有貢獻的，大有人在。我在這些方面一些研究成果自覺十分有限。只能感謝有關方面諸公之厚愛。又因年齡關係，未能親逢其盛，謹表謙意。

饒宗頤

二零一三年三月十五日

饒宗頤介紹

　　饒宗頤，生於一九一七年，香港中文大學中文系榮休講座教授，中國文化研究所及藝術系偉倫講座教授，香港大學林百欣中國文化講座教授。治學範圍廣博，研究領域涉及上古史、甲骨學、簡帛學、經學、禮樂學、宗教學、楚辭學、史學、中外關係史、敦煌學、目錄學、古典文學及中國藝術史等十三大門類。出版有《敦煌六朝寫本張天師道陵著老子想爾注校箋》《中國史學上之正統論——中國史學觀念探討之一》《雲夢秦簡日書研究》等七十餘種著作，發表論文近九百篇。曾任新加坡國立大學中文系、香港中文大學中文系與藝術系教授、講座教授和系

主任等職，又為美國耶魯大學、法國巴黎高等研究院等著名學府的教授。饒先生幼承家學，從事治學與教學工作逾七十載，精通中國古代文獻及多種外語，研究注重史料考證，且不斷創新，在中國學及中外關係史等眾多學術領域皆有開創性貢獻，在海內外學術界產生廣泛影響，被譽為「國際矚目的漢學泰斗」，曾先後獲得法國蘭西學院「漢學儒蓮獎」（1962年）、巴黎亞洲學會榮譽會員榮銜（1980年）等殊榮，擴大了中國學在海內外的影響力，為海外中國學研究作出重大貢獻。

（評獎專家委員會編寫）

「中國夢」與世界互動

——第五屆世界中國學論壇主旨演講

堅持中國道路，與世界合作共贏

錢小芊

國務院新聞辦公室副主任、國家互聯網信息辦公室副主任

尊敬的各位來賓，各位朋友，女士們，先生們：

大家上午好！首先，請允許我代表國務院新聞辦公室對各位出席本次論壇表示熱烈歡迎，對多年來支持世界中國學論壇的中外專家和各位朋友表示衷心感謝，正是你們的積極參與和貢獻的真知灼見，使這一論壇已經成為國際上越來越有份量、越來越有影響力的中國學論壇。

這次論壇選擇在中共十八大和中國「兩會」之後舉辦，圍繞「中國現代化道路與前景」這一主題，很有意義。中共十八大和中國「兩會」，特別是習近平主席最近一系列的重要講話，總結了中國的發展經驗，宣示了中國的發展目標和政策主張，向人們展示了中國在新一代領導人的領導下新的發展前景。這為深入了解中國、研究中國現代化的道路前景，提供了最新最有價值的材料。

女士們，先生們，朋友們：

要深入地了解中國，就需要了解中國目前的發展道路，這就是中國特色社會主義道路，中國實行改革開放三十多年來，十幾億中國人走中國特

色社會主義道路，深刻改變了自己的命運，使中國獲得了過去從來沒有過的巨大發展。

所謂中國道路，就是一條立足本國國情、深刻把握本國國情的道路，任何國家形成自己的發展道路，都不可能離開本國的國情、離開本國的實際。中國道路植根於中國大地，深刻反映了中國國情，深刻反映了人們意願和時代發展。中國是世界上最大的發展中國家，仍處於並將長期處於社會主義初級階段，仍面臨解決十幾億人口的發展問題，以及進一步發展和完善我們的制度和體制機制的問題。我們過去的發展和取得的成就，依靠的是這條道路，今後的發展和達到我們的發展目標，仍然要依靠這條道路。

所謂中國道路，就是一條造福於中國人民和造福於世界的道路。中國改革開放三十多年的偉大實踐，極大改善了中國人民的生活狀況，創造了中國歷史上乃至世界歷史上的發展奇蹟。現在中國共產黨和中國政府又提出了「兩個百年」的目標，就是在中國共產黨成立一百年時，也就是二〇二一年，全面建成小康社會；在新中國成立一百年時，也就是二〇四九年，建成富強、民主、文明、和諧的社會主義現代化國家。中國的發展為世界的發展帶來了機遇、帶來了動力、帶來了活力。中國已經成為世界上重要的和平力量、發展力量、穩定力量，一個繁榮穩定的中國將為人類和平與發展作出更大的貢獻。

所謂中國道路，就是一條不斷探索創新的道路，在十三億人口的國家，在當代的國際背景、國際環境下完成現代化建設，這是前無古人的事業。因此，中國道路只能是不斷探索創新之路，在這一過程中，我們將用心學習和借鑑別國的有益經驗和研究成果，但是不會照抄別國的發展模

式。

女士們，先生們，朋友們：

習近平主席把實現中華民族的偉大復興形象地概括為「中國夢」，並指出實現中國夢必須走中國道路，這引起了中國人民的強烈共鳴。在人們今天討論走中國道路、實現「中國夢」的時候，我以為有這樣幾點是應該注意了解和把握的，這就是走中國道路、實現中國夢：

第一，我們將堅持人民主體地位，要始終使全體人民成為中國建設和發展的參與主體、建設主體與受益主體，要以人為本來推動建設和發展中國的經濟、政治、文化、社會和生態文明。

第二，我們將堅持發展是硬道理戰略思想。發展是解決當代中國一切問題的基礎和關鍵。要緊緊抓住經濟建設這個中心，以科學發展為主題，來推動全面建設和發展。

第三，我們將堅持改革開放的強國富民之路，改革開放是發展之源，用好這一法寶，做到改革不停頓，開放不止步。

第四，中國的發展從來沒有像今天一樣跟世界的發展聯繫在一起，和平發展是中國發展的必然選擇，中國的發展需要和平的國際環境，中國的發展也將成為維護世界和平的重要力量。

這幾點也是在中國現代化過程當中，我們必須牢牢把握的一些基本要求和共同的信念。

女士們，先生們，朋友們：

中國學是一門古老而又現代的科學，它既包括傳統的漢學研究，更要把視野放在當代中國。現在有越來越多的人開始對中國產生濃厚的興趣，越來越多的專家學者進入到研究中國的隊伍當中，我們衷心希望世界中國

學論壇能夠成為世界各國專家學者研究中國和交流切磋的重要平臺。

　　最後，預祝本次論壇圓滿成功，謝謝大家！

中國和平崛起道路與構建利益共同體

鄭必堅

中共中央黨校前常務副校長，國家創新與發展戰略研究會會長，第五屆世界中國學論壇顧問

過去三十多年，中國走出了一條適合中國國情、又適合時代特徵的和平崛起的發展道路。如今，隨著中國新領導集體的確立，中國和平崛起道路正在邁入歷史的新階段。在二十一世紀第二個十年的新條件下，和平崛起的發展道路仍然具有現實可能性。這條道路的前途就在於全方位地與世界各國各地區尋找和擴大「利益匯合點」，構建不同內容、不同層次的「利益共同體」。

當今中國的發展面臨一系列新的挑戰，包括：經濟增長受到資源與環境約束的挑戰；經濟社會發展不平衡，包括投資與消費、「引進來」與「走出去」、城市與農村、東部與西部等等方面不平衡的挑戰；產業結構轉型艱難和科技研發能力不足的挑戰；人力資源和社會就業結構不相銜接的挑戰；收入分配不夠均衡和利益結構面臨重新調整的挑戰；社會矛盾明顯增多而社會治理相對滯後的挑戰；還有可以預料和難以預料的種種嚴重自然災害的挑戰，等等。

為了應對這些挑戰，中國集中到一點，就是要把中國社會生產力推進到一個新的水平。也就是要在以往改革發展成就基礎上，實現中國人民生產力的新的更大的飛躍。圍繞這個中心，一是要使中國的科技和教育事業再上一個大台階；二是要使中國的經濟結構、產業結構再來一個大轉型（擴大內需和國內市場）；三是要下大功夫把中國的社會治理提高到一個新水平（更加活躍、更加有序，從而更加和諧），四是要在對外關係上，全方位地同周邊國家和地區，同一切相關國家和地區，逐步構建不同層次和內涵的「利益匯合點」和「利益共同體」。尋求「利益匯合點」符合當今世界大勢。

　　如果說在二十一世紀第一個十年，中國堅持走和平崛起的發展道路，中國與世界形成了共同利益的紮實基礎，那麼，在二十一世紀第二個十年，中國將繼續堅定不移地走和平崛起的發展道路，中國與世界將形成更加系統和更可持續發展的共同利益。從大國動向來看，歸根到底無非三種作為：一是繼續冷戰思維，搞各種形式的冷戰或「涼戰」；二是世界大戰打不起來，發動局部熱戰；三是構建利益共同體，謀求共同發展。中國主張的是第三種前途，即在經濟全球化條件下，在努力搞好自身力量建設包括國防建設的基礎上，走和平崛起的發展道路，與世界一切相關國家和地區發展「利益匯合點」，構建「利益共同體」。

　　這裡需要說明，中國擴大和深化同相關各方的「利益匯合點」、構建「利益共同體」，乃是一個全方位的戰略構想。就是說，包括中國與美國，中國與歐盟，中國與亞洲其他國家尤其是周邊國家，中國與非洲，中國與拉美等等，而決不是排他性的。總而言之，就是要把中國人民的利益同世界各國人民的共同利益結合起來，全方位地擴大同各方利益的匯合

點，同各國、各地區建立並發展不同領域、不同層次、不同內涵的利益共同體，推動實現中國和世界全國的共同和平崛起。實際上，中國與國際社會的「利益匯合點」已是一種客觀存在。關於構建「利益匯合點」、「利益共同體」的理念，已經確定地成為中國共產黨和中國政府的重大戰略方針。這將是中國把和平崛起發展道路進一步具體化的重要取向，也是實現世界全國共同和平崛起的必由之路。

當代資本主義的結構性危機與中國的作用

特奧托尼奧·多斯-桑托斯

巴西弗盧米倫斯聯邦大學終身教授，聯合國「全球經濟與可持續發展」課
題組協調人

根據馬克思的經典看法，資本主義存在著無法克服的結構性危機。資本主義可以通過殖民、壟斷甚至戰爭等方式來緩解危機，但它終究無法最終避免危機，這是尤其生產資料的私人占有所蘊含的內在矛盾所決定的。

基於本人對馬克思及馬克思主義的研讀，也基於本人對非馬克思主義經濟學家（如康德拉季耶夫、凱恩斯、熊彼特等人）的參閱，特別是基於拉美等地第三世界學者有關發展理論的貢獻，可以相信，馬克思關於資本主義結構性危機的論斷總體上仍是有效的。

世界經濟在試用了新自由主義所施加的臨時解決方案後，如今終於跌入危機深淵。新自由主義政策所造成的失衡引來了一個靠公共債務支撐的龐大金融體系，債務是由永久化的財政赤字釀成的。要想讓金融體系維繫下去，只能靠從生產部門大舉轉移資源，即轉到這個人造的金融經濟部門，由此造就了目前這一「賭場」資本主義新秩序。目前的危機證明，當代資本主義需要輸入巨量資金才能維持其運轉。尚不清楚，社會還能在

多長時間裡願意並能夠支持這項輸血政策，新自由主義一直在掩蓋對資本主義尤其是其金融體系進行輸血這一事實。

本次全球金融危機表明，「自由市場」標榜的那種平衡能力實際上不起作用，事實上，它何曾有過這種能力，又何曾調節了那些根本的經濟過程。也必須指出，對「危機」進行的媒體管理在搞亂人們的頭腦，使大家相信巨額赤字和大舉輸血是必要的，有助於生存和穩定，有助於防止一場據說將摧毀人類的「系統性危機」。實際上，危機後所出臺的政策不過是一些反週期的治標措施而已。從本質上說，人們為應對危機所啟動的機制，恰恰是首先造成了危機的那些同樣機制。據此可信，全球經濟進一步埋下了長期隱患並將爆發更強烈的系統性危機。

如果中國應對有方，全球經濟的危機實可讓中國經濟得到進一步拓展。中國巨大的國內市場、穩定的政治領導，輔之以大膽的改革深化，將使中國發揮好企業經營和宏觀調控的雙重能力，鞏固其作為世界產業中心的地位，穩步地攀爬國際產業鏈，使得原有工業地區無法與之競爭。在中國快速邁向世界第一大經濟體的進程中，與生產增長相伴的應該是普通大眾收入的提高。與此同時，隨著人民幣地位的提升，中國將成為世界出口目的地，尤其將大量進口初級產品。憑藉中國的經濟規模、人口規模、歷史地位、文化傳統、科技潛力以及治理優勢，中國應當能夠恢復其歷史上的世界強國地位，並導致世界格局走向「深層的重新定義」。

全球化背景下的中國現代化之道

古斯塔夫・格拉茨

比利時布魯塞爾自由大學國際關係教授，布魯塞爾當代中國研究所所長

目前的中國在諸多方面都是一個兼有雙重特點的過渡型國家。中國既是一個發展中國家，又是一個正在崛起的新興國家；既在匯入全球化的大潮，又忠於自己豐富的文化積澱；既走上了市場化的經濟發展道路，又保持著原有的政治體制；既是一個掌握著龐大資源的政權，又是一個面臨著大量問題甚至是貧困問題的社會。這樣的雙重特點是中國現代化在國內外遭遇挑戰的根源所在，如何在矛盾的兩面之間維持微妙的平衡並且揚長避短、截長補短，這是中國現代化順利推進並取得成功的關鍵點。

中國的現代化至今可謂碩果纍纍，但中國的發展模式面臨許多挑戰。中國的經濟增長仍過多地依靠出口與固定資產投資，而不是國內消費，而且，經濟中的創新與市場因素仍有待發育。中國雖然經濟總量躍上了新台階，但人均國民生產總值仍處較低水平，而人均數字才是衡量經濟成熟度的主要指標。此外，中國地區之間、城鄉之間的貧富差距也在擴大。最後，生態惡化和腐敗猖獗也在發出挑戰。中國要想處理好這些問題，需要有明智而穩健的國內政策，同時也需要處理好與外部的國際關係。中國今

後的可持續發展，要求中國必須與亞洲各國和國際社會保持穩定合作的關係。北京特別需要安撫外部對於中國崛起的焦躁情緒，需要防止它們制衡甚至遏制中國的發展。

世界經濟發展越不平衡，世界對於中國擔負起責任的期望就越發熱烈。目前這場國際金融危機讓人們意識到，各大經濟體之間貿易、財政與貨幣政策相互依賴的程度。所有種種因素都要求我們在全球範圍內協調宏觀經濟政策，對全球經濟包括目前的復甦努力進行有效管理。在全球經濟再平衡和全球經濟治理體系的建設中，中國應當而且可以承擔責任。這種責任的承擔對中國自身也有好處，協助全球經濟實現再平衡本身也有利於中國國內經濟的再平衡。當然，中國還處於不成熟的發展階段，它的進一步發展還需要克服巨大的內部困難。因此，中國應當清醒地意識到，自己仍不能擔負起過多的國際責任，中國演變成為一個負責任的全球大國終究是一項長遠的使命。

中國的崛起不僅改變了世界力量格局，同時各國的身分也在開始發生轉變。中國在文化、歷史、經濟、政治體系和發展階段上與其他國家大相逕庭，因此客觀上構成了對西方主流價值和遊戲規則的挑戰。歐美發達國家希望中國適應並維護幾十年前建立的全球治理體系。至今，中國充分利用現有國際體系並已贏得發展，就此而言，國際規則與機構的有效運行對北京也是有利的。現在的問題是，北京會在多大程度上利用自身日強的影響力來改造國際體系，使其反映中國的特點和利益。保守的猜測是，中國既不會簡單地適應「西方」體系，也不會對其作出取代或挑戰。鑒於中國文化既往的特性，中國最有可能在埋頭國內發展的同時，漸次承擔更多的國際義務和責任，另一方面則對於全球治理作出有選擇的貢獻，試圖在全球秩序中融入自己的觀點。

獨特的民主與外交有益於中國現代化

穆罕默德·努曼·賈拉爾
國際事務與中國問題專家，埃及前駐華大使

西方民主觀念認為，政治合法性須通過投票選舉和多黨制系統來獲得，這一概念近來卻受到了所謂「阿拉伯之春」與「中國發展模式」的嚴峻挑戰。長期以來，西方國家都在推銷上述概念，甚至到了認為投票箱裡的民主可以解決任何國家的問題，甚至是解決世界性挑戰的地步。「阿拉伯之春」後的混亂和痛苦使得我們有必要深入學習其他國家的經驗，尤其是中國的經驗。

中國的政治體制是個獨特性範例，在短時間內提高了生產力，帶來了經濟大發展。中國模式值得研究，其經驗與長處值得學習，但這一模式絕不能簡單複製，畢竟每個社會的處境和特點各不相同。中國模式既是工業革命以來全球演變的折射，也是其自身歷史發展的結果。雖然現代化按一般規律講，都會從滿足基本經濟需求，過渡到保障公民政治權利及基本自由，最後再發展到崇尚社會正義以及縮小階級與地區差異，但具體的展開形式多有差異。西方世界的政治模式和發展道路並非唯一，內部也各有千秋，儘管可以從中汲取營養，但它並不一定適合發展中國家，尤其是阿拉伯國家。

由此可見，投票箱投出的合法性並非民主的唯一標準與基礎，除此之外還有別的合法性源泉模式，比如相當重要的政績與成就所構成的合法性，又比如社會共識派生的合法性。同時，社會如何獲得和平發展，如何避免災害、危機和人為暴動，也需要加以具體探索。政治系統中，和諧應該比投票和壓制更重要，這也是歐盟之所以要採取這一原則的緣由所在。中東國家並不了解如何實踐政府治理、反對派政治或是公民權利，因此這些國家也需要發展自己的民主模式。

　　研究中國文明可以發現，中國政治、文化、哲學的發展演化始終離不開和諧、共識、共存這些概念。儒釋道共存便是中國共存哲學的最佳表徵，此外，中國能容猶太教、基督教和伊斯蘭教並存，也是拜中國式共存理念所賜。事實上，中國的共產主義並非始終僅僅抱著階級鬥爭不放，實也立於良性競爭的基礎上。這並不意味著中國沒有經歷過殘酷衝突和階級鬥爭，但那些時候正好遇上反殖民主義、反封建主義的鬥爭，或是出現了重大意識形態過失。同樣，中國的對外政策並不追求以軍事手段建立霸權或支配權，也不輸出其理論或實踐。中國更樂於通過商貿、投資與文化建立軟實力，為此，中國發起了許多機制，願意在有爭議的問題上與各國展開互動，目的在於求同存異、以同消異。這樣的國際關係模式也有助於中國的現代化。

中國的現代化及其與世界的互動

馬丁・雅克

英國倫敦政治經濟學院高級客座研究員、《當中國統治世界》作者

中國的現代化才走過一半稍多的路程，預計還要經過二十年的深刻轉型，中國才能擁有現代國家的全部特徵。中國至今的現代化階段與未來階段將有一個最根本的不同點，涉及中國對世界的影響問題。在現代化初期階段，中國經濟規模較小，不足以對境外產生重大影響。以往十年裡，這一點有了顯著改觀。但到往下的現代化階段，情況將會發生巨大變化。在第一階段，中國的現代化本質上是個國內問題，而在第二階段，隨著中國經濟規模的不斷增大，中國現代化對世界其他國家將產生強大的衝擊，這將是世界範圍內的全新現象。

誠然，以往的現代化先例，比如英國和美國的經濟起飛，也確曾造成過很大的國際衝擊。然而，由於其人口規模比中國要小很多，其增長率也低很多，故而有關衝擊終究十分有限。相比之下，中國在現代化進程中將不僅會改造自身，而且將會同時改造世界。這意味著中國將需要承擔起重大責任，也會面臨嚴峻挑戰。面對由自身現代化所帶來的國際後果，中國尚缺乏充分的體驗和應對的經驗，中國的世界視野還極為狹隘，國際運作能力也極為有限，畢竟曾有過長期的與世隔絕狀態。

為保證中國現代化進程的順利完成，中國應當努力克服由於歷史等原因而形成的國際視野狹窄的問題，以真正的世界胸懷匯入國際體系，並需要以高超老到的外交手段管理好自身現代化的國際後果，以文明合作的內部發展模式來尋求與世界的互動共榮之道。這便是中國當下面臨的挑戰，這一沉重負擔不僅考驗著領導層，而且考驗著全體國民，至今還沒有哪個國家曾經面對過此類問題。

凝煉更具廣泛共識的東方文化主流價值

王　戰

上海市委副秘書長、研究室主任，上海社科院院長，第五屆世界中國學論壇專家學術委員會主任

對中華傳統文化精髓給予現代化解釋，賦予時代特徵，形成與西方主流價值可以同等層面對話的東方文化主流價值，可以更好地弘揚時代精神，更好地適應全球一體化時代的文化發展，實現文化愛國主義和文化國際主義的有機結合，並在世界範圍內取得更為廣泛的共識。儒家文化的「三綱五常」是中國的傳統文化，有著上千年歷史。從現代社會發展的視角看，「三綱」作為封建統治縱向秩序構造的價值基礎，不利於社會進步和現代文明發展，應當予以否定。但是作為規範社會倫理和秩序的「五常」需要按照市場經濟和現代社會特點進行重新排序，從以前強調「仁、義、禮、智、信」改為提倡「信、義、仁、智、禮」，並根據時代精神進行揚棄，予以現代意義上的重新定義和解釋。

「信」，就是社會誠信，是市場經濟和契約社會必須放在第一位的基本準則，以營造一個誠實、守信的社會道德氛圍。「義」，是追求建立在民主與法制基礎之上的公平和正義，當代中國社會要積極提倡正義感。「仁」，不只是熟人之愛，中國社會主義市場經濟的建立和完善，不僅需

要熟人之間的友愛，更需要公民之間的愛心和互助。「智」，就是「包容」，要讓睿智深入中國高速發展的經濟當中，植根於龐大人口，特別是大量的流動人群中去，使得不同人群更能「包容」，更加和諧相處。「禮」，是反映民族傳統、符合時代精神、體現中國特色的人際交往規範，對於形成穩定而深入人心的東方主流文化價值具有非常重要的作用。

現代意義上的「信、義、仁、智、禮」，作為凝練的東方文化主流價值，既能夠對接社會主義核心價值觀體系，適應社會主義市場經濟發展的需要，又能夠為普通百姓和全球華人社會接受。因此，它不僅具有生命力，也有強大影響力。我們應該不斷提升東方文化主流價值的國際影響力，在融入世界文明的過程中，努力建成世界共享的文化價值，讓世界所熟知，為世人所共用。這也是中國在全球一體化過程中文化再平衡的重要舉措。

東方文化主流價值既是民族的，也是世界的。中華文化走向世界並引領世界文化崛起將成為中國夢實現的重要標誌。我們應努力使東方文化主流價值真正融入世界文明的主潮，讓全世界人民在文化交往和文明對話中接受、吸取和使用中華文化的優秀成果。在與世界文明相對接的過程中，應自然而平和地弘揚東方文化主流價值，通過生活化、人文化、民族化的方式推介和傳播中華文化。中國在全球範圍開辦孔子學院，為外國人學習漢語、了解中國人和中華文化，這是文化「走出去」的正當而便捷的途徑，但未來應更多介紹東方文化主流價值的深層次內涵。努力建成世界共享共用的東方文化主流價值，這是中國夢中的文化夢，我們應該為實現這樣的夢想貢獻學者的智慧和力量。

（本章由梅俊傑翻譯、整理）

中國道路，中國精神，
中國力量，世界的中國學

——第五屆世界中國學論壇圓桌
與分會發言精萃

第一部分　中國道路

未來十年的中國與世界

劉　吉
中歐工商管理學院名譽院長

在全球化背景下，世界上每個國家和地區都面臨「參與」還是「不參與」的兩難選擇。作為國際社會的一員，若不參與全球化，則不能分享其效益；若參與全球化，則面臨發達國家從金融到技術到管理各方面的優勢以及在競爭中被優勝劣汰的危機。國際社會在應對環境問題上也是左右為難。發達國家經過上百年的工業化歷程，通過污染環境、破壞生態獲得了極大發展。現在，它們需要清潔的空氣、森林和資源，於是對發展中國家提出了污染排放要求，這種要求和需求是對的。但是，後發展國家也確實面臨工業化問題，想要在保持較少污染排放的同時保持較快的增長速度是不可能的，這樣它們怎麼能夠趕上來呢？所以，整個世界的發展處於兩難的境地。

當前歐美日發達國家也面臨「兩難困境」。首先是美國霸權能否持續

的「兩難」。美國現在還是世界第一強國，但它也不得不面對將會衰落的問題。美國霸權的確立得益於二戰後形成的軍事霸權和布雷頓森林體系確立的金融霸權，這兩個霸權的確立使美國獲得了巨額的世界資源和紅利，它擁有先進的武器，擁有作為世界貨幣的美元，掌握世界金融動向，所有這些維持了美國高水平的超前的消費，造就了美國的繁榮社會。如今，美國若放棄霸權，就很難維持原有地位；若繼續加強霸權，就需要繼續維持天文數字的軍費和赤字預算以及無限制發行貨幣最終導致週期性經濟危機等問題，這些不僅損害美國的相關利益，也會受到國際社會的反對。而美國的霸權主義是違背世界和平發展歷史潮流的，必將受到越來越多國家日益強烈地反對和孤立。美國「兩難」給予中國的啟示就是：絕對不能搞霸權，我們現在是發展中國家，不搞霸權，即使將來繁榮昌盛了，也不能搞霸權。

其次是歐洲能否繼續維持高福利社會的「兩難」。戰後，歐洲的左翼社會民主黨和右翼的民主黨都用高福利來拉選票，因此帶來高額的國家債務。同時，為了解決廉價勞動力問題，歐洲從世界各地吸引了大量移民，許多移民很難融入歐洲高度基督教文化的社會，因此產生了許多社會問題。如今，歐洲面臨結構性兩難，即若是不改變高額社會福利制度，就無法解決越來越嚴重的債務危機和移民衝突；若是要削減社會福利，剝奪勞動者獲得的既得利益，民眾又不會答應。而任何一個執政黨也不願在自己任內因此得罪手握選票的廣大民眾。歐洲「兩難」對中國的啟示在於：應該不斷健全和完善勞動者社會保障體系，提高勞動者的各類保障水平，但不能建立全民的社會福利，也不能搞福利社會。

最後是日本面臨「入歐」還是「入亞」的「兩難」。日本在二戰後依

靠美國的保護走了貿易帝國的路子，一度高調「脫亞入歐」。但是現在亞洲地位開始上升，日本若是繼續跟隨西方走地區霸權的老路已不可行；但日本若要作為平等的一員「回歸」亞洲，就要擺脫美國的控制，並徹底清算軍國主義給亞洲人民造成的傷害，這又談何容易。日本的「兩難」給中國的啟示在於：在發展過程中，不能依附列強，也不能做地區霸主，而應該融入亞洲，融入世界，與世界和平相處，共同發展。

除發達國家外，發展中國家當前則面臨著現代化發展的「兩難」。發展中國家在發展過程中面臨中等收入陷阱、拉美化陷阱等，實質上都是當代後現代化從農業社會向工業社會發展的兩難問題。一方面，發展中國家要按照社會發展規律實現工業化，按照市場發展規律發展經濟，就必須承受相當長時期的分配差距拉大的陣痛。另一方面，發展中國家由於農業人口尚占絕大多數，農業尚未獲得市場化改造，發展與分配的矛盾尚且尖銳。所以，對於發展中國家來說，發展與分配的矛盾恰似難以闖過的關口。發展中國家的「兩難」境遇告訴中國：必須堅定地進行市場經濟改革，超越中等收入陷阱。

（王震整理）

從全球視野解讀中國道路

黃仁偉

上海社會科學院副院長，歷史研究所所長，第五屆世界中國學論壇秘書長

「美國道路」和「中國道路」，實際上就是兩個「例外論」的表現。「美國例外論」的參照物是當時歐洲典型的傳統資本主義。美國之所以「例外」，是指美國資本主義在建立過程中，沒有發生歐洲的無產階級暴力革命，沒有發生大規模社會主義思潮，也沒有產生無產階級政黨，甚至「第二國際」到了美國竟然「胎死腹中」。就連恩格斯也承認了這一狀況，他在對美國進行了觀察和研究之後得出結論：美國的一切都比歐洲有生命力，這就是歐洲理論無法在美國生根的原因。實際上，恩格斯是承認在當時情況下美國不具備發生類似「歐洲革命」的條件。「美國霸權論」的合法性是當前美國在世界上所有行為的合法性的前提和依據。在這一基礎上，美國做什麼都是合法的，它攻打某個國家或者支持某個國家都是「合法的」。「中國例外論」是針對世界上許多國家發生的共產主義倒台、「顏色革命」、「阿拉伯之春」等一系列新的「革命潮流」而言的。相比之下，中國在社會轉型過程中並沒有發生類似事件。美國的「例外」之處就在於：在一個與歐洲類似的歷史階段中，它並沒有像歐洲一樣發生無產階級

革命。中國的「例外」之處在於：它和世界上其他社會主義國家一樣遇到了社會轉型，但卻沒有發生類似東歐劇變、「阿拉伯之春」一樣的社會動盪。

中美兩國「例外」的事實說明，「例外」有其存在的合理條件。美國之所以能夠「例外」，是由於它廣闊的西部邊疆釋放了東部發展的矛盾。中國之所以「例外」，則是因為它通過自身改革所釋放的制度空間釋放了積攢下來的矛盾。中國在計劃經濟到市場經濟轉型的同時，不斷提高政治民主化程度，這一制度空間的釋放解決了一些長期積累的矛盾。可以說，不斷推進的中國制度改革是中國現代化的祕密所在，也是中國成功的祕密所在，更是中國「例外」的存在條件。

在現有國際體系下，你要重建一個霸權也是不可能的，所以中國的霸權也就不可能建立。任何想建中國霸權的人他也做不到。所以，在那些設計中國霸權的人當中，不管中國人也好，還是美國人也好，都超越了歷史的可能性，或者他把美國的霸權歷史想在中國身上複製一下，所以它是不可能的。這是第二個不可能。第三個不可能就是美國的硬實力和軟實力。美國的軟實力不在於它有多少個諾貝爾獎，而在於它的文化的通俗性，它的通俗到了每一個人不能不接受，麥當勞、牛仔褲、好萊塢、迪斯尼，這是美國真正的軟實力，它遍及世界各個角落。但是中國文化就沒有這套東西，沒有這套可以遍及每個角落的東西。

（王震整理）

在發展中世界發展中國：從體－用範式與視野出發

成中英

美國夏威夷大學哲學系教授

中國在現代史上遭受了日本的軍事侵略和眾多外國列強的政治、經濟剝削，這是由於帝國主義、機會主義和擴張野心，和中國自身的贏弱造成的。新中國建立後，中國掌握了自己的命運，然而為了追求安定和繁榮，仍不得不與主要發達國家進行堅苦卓絕的抗爭，因為後者可能並不真心希望看到中國的復興和崛起。當前中國顯然必須面對兩大嚴峻挑戰：如何維持領土完整和社會穩定；處理國際關係時如何實現平等、信任和公正。

我想用「提問」這一傳統中國探索問題的方式來討論中國發展模式的問題。作為一個現代國家，中國文化和中華民族的力量在哪裡？這種力量為什麼必定源自於整個儒家傳統，包括道德意志的精神蘊藏和創新頭腦的智力培養？我們可能確實認為，這種力量一定是來自我們不斷的自我提醒，即「志於道、據於德、依於仁、行於義」是我們長久以來認識、理解並遵從的傳統。這是儒家傳統的基本信條，它體現在中國的文化和哲學中，對處在當今全球化世界中的我們也有極大意義。這些關於人的核心道德觀念不僅同平等、自由、民主和權利等現代思想觀念兼容，而且導致了

後者在西方的興起。

因此，在革新和創造社會、經濟和政治制度的實踐中強化這一道德觀是至關重要的，這樣才能憑藉制度在道德和理性兩個層面實現這些核心價值。我想將之概括為「本體知用行」五個字，即在人類的智慧、創造力和生命活力的本質上來談「體」和「用」，達到知行合一的發展和存在方式。在此意義上講，中國的復興和發展有三個內涵：民族自強、國家建設、文化復興。這三者之間是互為體用的關係。

比如國家建設之於民族自強的問題，顯然國家政策必須考慮到生態問題、一個民族的衣食住行、醫療、健康問題。國家強，但民族的身體虛弱是不行的。同樣，國家特色之於文化復興的問題，一個國家要彰顯自身的文化價值，必須重視國民教育、道德規範和文化引領。

從體用的角度來講，國家建設要解決經濟發展、政治精簡、法律完善、民主發展和國家安全的五方面需求；民族自強要強調適宜人的存在的生態、環境發展；文化發展要強調對人的文化素質和道德規範的要求。彼此一體，互為體用，才是一個真正現代健康的國家。

我要特別強調的是經濟發展和文化復興的關係。簡言之，經濟的發展，是一個道德、政治、經濟的共同發展。文化發展需要經濟，但經濟也會腐蝕人的文化本能。我們必須同時面向國家發展、人類發展和世界發展的需要，並採取結合道德和經濟的動態視角，以達成「本體知用行」的目標。這是一個長期的目標，是中國的目標也是世界的目標。

唯有如此，我們才能進一步加強和改進治理的合法性和效率，鞏固中國的世界地位，促進世界的人權、平等、正義、和平與和諧。我們必須從中西歷史中汲取經驗教訓，才可能將歷史的知識和教訓轉化為有關真理、

人性和正義的積極價值。像任何偉大的事業一樣，我們需要戰略、戰術性的思考，使我們從任何形式的狹隘的本土化和偏見中解放出來，去爭取相互尊重和永久的世界和諧、和平。

（潘瑋琳整理）

中國和平發展道路的八點歷史經驗

胡　鍵

《社會科學》雜誌社社長、總編

中國的和平發展道路形成時間不長，並且仍在進行當中，但中國和平發展道路並非完全是一個摸著石頭過河的過程。這其中的一些基本規律，也可以說基本經驗，至少應該包括八個方面：

第一，它是追求中國和平發展道路硬實力跟軟實力平衡發展的規律。因為在歷史上，大國來看，基本上以硬實力為主，追求硬實力發展，特別是軍事實力的發展。中國不一樣的地方，它不僅表現在經濟發展上面，而且還表現在經濟發展有一定基礎的情況下，由於經濟本身受到了它的質量性的瓶頸制約，要解決質量的瓶頸問題，必須要從文化、從軟實力的角度來尋找它的突破口。正是這樣，中國才能夠真正地跳出歷史上大國崛起的歷史週期率的問題，也不會陷入大國成長的陷阱。這是第一個規律。

第二，中國的和平發展道路是堅持把本國歷史文化傳統與世界各民族優秀文化相結合的規律。軟實力的核心應該是文化，但文化本身並非是文化軟實力。中國擁有數千年的文化發展的歷史，而文化作為一個非正式的制度安排，在社會發展過程中，乃至於社會轉型過程中，它的影響是具有

非常大的慣性，它的影響是持久性的。因此中國的崛起絕不能拋棄歷史文化傳統，如果一旦拋棄歷史文化傳統，中國就陷入文化歷史虛無主義。中國崛起的過程中，如果僅僅強調中國的傳統文化肯定是遠遠不夠的，現在有種觀點認為中國未來發展道路，是儒家社會主義國家，這恰恰可能會陷入另外一個問題上面去，中國吸收各國民族創造的文化成果來實現自身的發展，也就是體現了中國文化不僅有開放性，還有它的包容性。

第三，中國是堅持和平進入國際體系與和平建設國際體系相結合。我們的和平發展，它進入國際體系的方式是和平的方式，但最開始我們通過政治的方式進入國際體系的時候，其實國際社會並不輕易地接受中國，特別是在二十世紀七〇年代，恢復聯合國地位的時候，其實中國並沒有得到大國地位的承認。但通過改革開放，特別是加入 WTO，通過經濟方式進入國際體系之後，中國才真正被國際社會接受。

第四，和平崛起一直被認為是一條沒有任何戰爭的發展道路，我覺得是一個錯誤的理解，其實鄧小平也講過，中國不否定正義和平的戰鬥，我們不要怕戰爭，當別人把戰爭強加給我們的時候，我們不要怕。我們不主動發動戰爭，但當戰爭強加於這個國家，我們不得不開展這種合法性戰爭。

第五，堅持國家利益至上同國際社會共贏發展道路，這可以說是從新世紀以來我們一直強調的，國家利益至上，但並不是自私的，我們是謀求和平共贏的發展戰略。

第六，堅持從本國出發走現代化道路，大膽探索與善於總結經驗相結合。過去現代化被西方所定義，他們認為現代化只有一種西方模式，恰恰在大膽的探索過程中，我們形成了自己的現代化發展模式，這是一個基本

的認識。

第七，超越歷史大國成長與超越自身歷史發展相結合的規律。所謂超越歷史發展大國，過去的大國成長，追求一種硬實力的發展，就基本上是工具性的，把實力當成工具來謀求自己的利益。而中國的崛起是制度性的崛起，把自己內部和外部發展協調，同時協調內部和外部發展模式。

第八，堅持自身崛起與其他國家整體性同時性崛起的這樣一種規律。我們講，今天我們的崛起與歷史上的崛起完全不一樣，歷史上往往一個國家打破另外一個國家最終成為主導國家，我們今天是金磚國家整體性的崛起，並不意味著它是結盟性的崛起，它不是形成一種集群式的力量，不會改變現有的國際體系，而是通過維持現有的國際體系來實現崛起的。

（王震整理）

第三次工業革命與中國發展前景

傑里米·里夫金
美國著名經濟學家、趨勢學家，美國華盛頓特區經濟趨勢基金會總裁

　　如果說美國是二十世紀世界經濟發展的楷模，中國則最有可能在二十一世紀擔當這一角色。美國將其經濟成功的原因相當一部分歸功於其豐富的石油資源。在二十世紀上半葉，美國（而非沙特）是世界上最主要的產油國，繼而成為第二次工業革命的旗手。然而現在，隨著全球經濟的衰落，美國的領導地位受到了質疑。

　　自二〇〇八年夏全球經濟危機爆發以來，各國政府、商業界乃至普通民眾一直就應該如何重啟世界經濟的發展進行激烈的爭論。雖然各方均認為應該採取緊縮的財政政策並對金融、勞工和市場等領域進行改革，但也清醒地認識到以上措施並不足以拉動世界經濟的發展。說到這，我想和讀者分享一個小故事。德國總理安吉拉·默克爾在就任幾個月後便向我發出了邀請，希望我能夠到柏林就德國如何創造新的就業機會並實現該國在二十一世紀經濟的發展等問題向其內閣提供一些建議。然而在談話伊始，我便首先向默克爾總理發問：「在化石能源經濟時代日漸衰退、第三次工業革命日漸興起之際，您準備如何實現德國、歐盟乃至世界經濟的發展？」

　　第二次工業革命已經日薄西山，工業排放的二氧化碳正在威脅世界上所有生物的生存，這些是愈發明顯的事實。我們的當務之急應該是對未來的經濟模式進行大膽的描述，以指引我們進入後碳時代的可持續發展之中。而這一目標的實現需要對推動當今社會發生顯著變化的技術力量進行

全面、透徹的剖析。

縱觀人類歷史，新型的通訊技術與能源體系交匯之際，正是經濟革命發生之時。新能源革命使得商業貿易的範圍與內涵更加廣闊的同時，結構上更加整合。相伴而生的通訊革命則為對新能源流動引發的更加複雜的商業活動進行有效管理提供了有力工具。現在，互聯網技術與可再生能源即將融合，並為第三次工業革命奠定一個堅實的基礎。這一革命無疑將改變整個世界。在可預見的未來，在中國這一片古老的土地上，數百萬的中國人將可以在家中、辦公室和工廠裡生產自己的可再生能源，並通過「能源互聯網」實現綠色電力的共享，正如我們現在創造並實現信息的在線共享一樣。

可再生能源的轉變、分散式生產、儲存（以氫的形式）、通過能源互聯網實現分配和零排放的交通方式構成了新經濟模式的五個支柱。如果在本世紀上半葉實現對第三次工業革命基礎設施的構建，中國還需要近四十年的努力，而這將創造數以千計的商業機遇、提供數百萬的可持續發展的工作職位，並將使中國成為下一次工業革命的領軍人。對新經濟模式基礎設施的五項支柱進行闡釋，並對隨之而來的新型經濟模式進行介紹，這也正是本文的重點所在。

在今後的幾年中，中國需要對未來的經濟發展方向作出重要的決定。中國是世界上最大的火力發電國，煤炭在其能源中比重約占百分之七十。此外，最近中國政府宣佈中國的頁岩氣資源潛力高達一百三十四萬億立方米，約是美國的兩倍。作為一個擁有超過十三億人口、年經濟增長率約百分之八點二的大國，中國現在是世界上最大的能源消耗國和僅次於美國的第二大二氧化碳排放國。

與此同時，中國也是世界上最大的風力渦輪機生產國，其太陽能光電產業生產總值更是占世界的百分之三十，是世界上最大的太陽能電池板生產國。但是，中國所生產的可再生能源科技產品幾乎均銷往海外。目前，可再生能源發電量在中國國內能源消耗總量中的比例只有百分之零點五。鑒於中國豐富的可再生能源，這一事實無疑令人失望。

　　中國擁有世界上最豐富的風力資源，其中海上風能資源占四分之三。根據二〇〇九年一項由哈佛大學與清華大學聯合進行的研究成果表明，只要中國提高補貼和改善輸電網絡，至二〇三〇年風力發電就可以滿足中國所有的電力需求。

　　中國也是世界上太陽能資源最為豐富的國家之一，但對太陽能的開發與利用卻僅僅在近些年才提上日程。中國的生物能與地熱能的總量也相當可觀，但尚未進行大規模的勘探。對其漫長海岸線所蘊藏的潮汐能，中國也未開展有效的利用。

　　因此，中國陷入兩個截然不同的發展方向的角力之中。中國蘊藏著豐富的煤炭和天然氣資源，這一誘惑使中國傾向於更加依賴日漸式微的傳統能源。然而，煤炭和天然氣固然令人興奮，但是相比於巨量的可再生能源而言，卻是如此的蒼白無力。可以說，中國在可再生能源方面的地位正如沙特在石油產業中的地位一樣，中國每平方米的可再生能源潛力要遠高於世界上大多數其他國家。

　　但這並不意味著可再生能源經濟模式在中國的發展是水到渠成之事。中國對水力發電的依賴令人擔憂。全球氣候變化引發的日益增多的乾旱將會對中國的電力生產造成極大困擾，導致電力缺乏乃至斷電。與此相似的是，生物乙醇的生產也將會與土地使用的問題產生激烈的衝突。

因此，中國人需要關心的問題是二十年後中國將會處於一個什麼樣的位置，是身陷於日薄西山的第二次工業革命之中繼續依賴化石能源與技術，還是積極投身於第三次工業革命，大力開發可再生能源科技？

　　如果選擇了第三次工業革命這條道路，那麼中國極有可能成為亞洲的龍頭，引領亞洲進入下一個偉大的經濟時代。在亞洲開展第三次工業革命基礎設施的建設將有利於泛大陸市場的培育並加速亞洲政治聯盟的形成。中國也將成為第三次工業革命的主要力量，推動整個亞洲實現向後碳社會的轉型。

　　第三次工業革命的基礎設施反映出了權力關係本質的變化。第一次工業革命與第二次工業革命均採用垂直結構，傾向於中央集權、自上而下的管理體制，大權掌握在少數工業巨頭手中。第三次工業革命的組織模式卻截然不同，其採取的是扁平化結構，由遍佈全國、各大洲乃至全世界的數千個中小型企業組成的網絡與國際商業巨頭一道共同發揮著作用。

　　這種由金字塔形向扁平化力量結構的轉變不僅將改變中國的商業領域，對文化和政治領域也將產生重要影響。對於在互聯網的影響下成長起來的、自己創造信息並通過在線社交網絡實現與數百萬人共享的新一代中國年輕人來說，自己生產可再生能源並通過能源網絡實現共享這一設想無疑具有極大的誘惑力。現在，對於中國而言，最大限度地利用其人才與資源，深刻地認知在二十一世紀上半葉開展第三次工業革命、建立可持續發展社會的重要性，應該是目前的當務之急。

（喬兆紅整理）

當中國成為世界第一大經濟體：國家戰略預案

姜義華

復旦大學中外現代化進程研究中心主任，歷史系終身教授

中國成為世界第一大經濟體，意味著中國 GDP 總量將由目前不足七萬億美元增長至二十萬億美元左右；人均 GDP 將由目前五千多美元增至一萬四千多美元。中國屆時將名副其實地成為中等發達國家。財富如此巨大的增長，給中國提供了極大的機遇，同時，也提出了前所未有的嚴峻挑戰。中國能否繼續保持穩定、和諧及可持續發展，能否應對外部世界的全新挑戰？我們必須及早設想各種可能狀況，制定各種戰略預案。

首先，對於中國來說，第一大經濟體意味著中國的整個社會財富有巨大發展，社會中產化的程度有比較大幅度的提高。而社會中產化就意味著中國的社會財富不僅在量上有大的發展，更重要的是它的流動幅度將大大擴展。而財富的流動以及它能夠在更廣的範圍之內為我們社會成員所普遍掌握、控制、消費，這會給中國社會帶來前所未有的挑戰。

第二，無論是工業化或者服務業的發展，其實帶來的最大變化可能是有史以來人們身分地位發生最深刻的變化。以前主要人口都是在農村，人口的主要身分地位是農民。隨著工業化和城鎮化的發展，他們從農民變為市民。這樣的身分地位的變化，包含了人們的教育，所從事的職業，以及整個居住跟生活環境要變化。這一挑戰可能也是中國的市場迄今為止沒有發生過的。

第三，隨著中國逐步走向世界第一大經濟體，社會的組織化程度將會

大幅度提高。實際上這帶來的結果就是，中國的全面流動也將面臨著前所未有的形式。幾千年來，中國的社會流動還侷限在比較小的範圍之內。當社會大發展以後，人們的組織化程度將空前提高。而一旦人們組織起來，形成了社會的自我管理，就會從傳統的社會成員變成現在的公民、市民，組成公民社會。面對這樣的環境，我們的整個權力機構，包括中國共產黨的結構應該發生什麼樣的變化？怎樣應對這樣的挑戰？

第四，中國的不斷發展將引起整個世界經濟、政治、文化版圖的巨變。四百年來基本上是西方文明主導全世界。現在情況發生了重要變化，中國、印度、俄羅斯，還有美洲國家，作為巨大的文明體都在復興。西方一家獨大的時代已經過去了。新的多種文明共同存在，都要有自己的發言權，有自己的發展路徑。中國怎樣應對這一切？原來我們主要是面對著西方一種文明，現在則是眾多文明體，大家怎樣和平相處共同發展？這對我們又是一個大的挑戰。

（盛文沁整理）

中國經濟發展道路中價值理念的內涵與張力

石建國

中央文獻研究室副調研員、副研究員

中國經濟發展道路中的價值理念作為社會意識就是中國人對經濟發展的總體判斷、方案選擇、理想追求。經濟價值領域的理念與我國經濟發展的歷史密切相關。晚清以降，一百七十多年裡，我國的經濟發展主要圍繞我們要達成什麼的目標、通過什麼途徑、解決什麼問題這個思路進行。其間，因為政權更替、時間推移，每個階段的價值理念也不一樣。

長時段來說，從清晚期洋務運動開始，到國民政府，再到改革開放，乃至現在，各個時期的政府和民眾追求的目標都是一致的——實現國家富強、人民富裕的目標。洋務派提出中體西用，國民政府倡導國家資本主義，新中國前三十年實行計劃體制，到現在實行市場體制，這些都是想通過調整資源配置的方式，實現工業化。另一個長時段的特點是，發揮政府主導作用來推動實現這一目標。現代中國脫胎於半殖民地半封建社會，中國要趕超，只能通過政府力量來實現加速發展。很長一段時間，中國都沒有形成一個完整統一的政府，沒能為實現現代化掃清障礙，中國共產黨領導的革命推翻了帝國主義、封建主義的雙重壓迫，掃清了發展的障礙。進

而把政府的作用發揮到了空前的程度。這個政府被稱作「人民政府」，這種人民政府的外延與拓展跟西方不一樣，不僅是行政政府，還包含共產黨領導的各級黨政機關、企事業單位、人民團體等，都擔負著政府的職能。

社會主義市場經濟體制所體現的價值理念可以提煉為四點。一是市場經濟要體現自由平等。市場體制有一些普遍特點，如作為市場主體的企業，不論是何種所有制，只要不損害其他的社會體制的利益都可以自由進入市場。二是社會主義的宏觀調控要體現公平正義。社會主義最大的優越性在於能保證人民的共同富裕，共同富裕不能一步到位，引進市場經濟是為了解決效率問題。三是市場體制要求體現改革創新的理念。計劃體制最大的弊端之一就是企業缺乏激勵機制，缺乏創新的動力，引入市場機制以後，就是想通過市場競爭來解決這個問題。四是市場體制下的社會主義包含包容、和諧的理念。我國是一個有著幾千年歷史、發展極不平衡的大國，在內部發展不平衡、外部發展多樣化的情況下，必須以包容的心態來看待這個世界，市場經濟條件下推進社會主義建設，必須體現包容性。

不可否認，目前的現實與這些理念還有一定的距離。一是模仿和創新的矛盾，中國利用自身的比較優勢，很快實現了經濟的跨越式發展，但很多人擔心中國模仿、學習的空間會越來越小。中國未來要實現大國的持續性發展必須解決創新這一問題。二是發展與共享的關係，中國的改革發展取得了巨大的成績，如何讓人民群眾共享改革發展的成果，是一個非常重要的問題。三是轉型與發展的問題，中國作為世界進口/出口大國，其經濟發展對世界經濟有重要影響，如果不轉變經濟增長方式，高速增長只會引起其他國家的恐慌。

（張燚整理）

從突破「貧困陷阱」到突破「中等收入陷阱」：
從中國發展階段看國情的「變」與「不變」

武　力

中國社會科學院當代中國研究所副所長、研究員

　　新中國六十四年的歷史，既是從一個「一窮二白」的農業大國走向「小康社會」的工業大國的過程，也是一個從新民主主義進入社會主義、再進入中國特色社會主義的歷史過程。其間歷史悠久、人口多、人均資源少、多民族、發展不平衡、工業化尚未實現以及黨的領導和大國等基本國情，對於中國發展道路的形成和轉變起到了最根本的作用，所謂實事求是、一切從實際出發，就是從國情出發。而在這個長時段中，隨著中國的經濟發展和制度變遷，國情實際上也在或多或少地發生著變化，國情的「變」與「不變」成為制約經濟體制和發展方針政策的重要因素，從而使得中國的經濟發展和制度變遷以及指導思想呈現出明顯的階段性特徵。

　　六十多年中國發生了翻天覆地的變化，但是一些基本因素仍然沒有改變，仍然在決定中國今天的理論和道路。一是中華民族的歷史文明。從秦朝到現在，中國實行的都是大一統的國家制度，悠久的歷史制度、燦爛的歷史文明在今天依然發揮著重要影響。二是中國的人口。中國現在是世界

第一大人口國，新中國成立至今，始終占世界人口總數的五分之一左右。三是中國人口多，底子薄，人均資源相對不足，至今也沒有改變。四是中國從古至今都是多民族國家，這點和發達國家不一樣。資本主義工業文明、資本主義制度在歐洲興起後，形成了很多單一的民族國家。五是我們堅持民族平等、民族團結、各民族共同繁榮發展的原則，一直沒有變。六是工業化還沒有完成，人均收入不高，中國依然是發展中國家。七是中國共產黨領導下的政府主導型發展，這一制度、模式沒有變。八是中國一直都是一個大國，大國有它的規模經濟，有內部市場，也有發展不平衡的問題。這些基本的沒有變的要素到現在依然在影響我們的發展道路。

我們雖然八個基本要素沒變，但是發展的階段、發展的水平、發展的條件都發生了深刻變化。比如，現在的經濟水平和新中國成立初相比，發生了翻天覆地的變化。新中國成立初期，中國第一產業所占比重高達百分之八十三左右，全國財政收入只有一百四十多億，外匯儲備只有一點三九億美元，一九五二年人均城鄉儲蓄只有一點五元，經濟總量還不如現在一個中等城市。一九五四年農村每戶只有零點六頭牲口、零點五張犁。中國是一個大國，但近代以來一直遭受帝國主義侵略，毛澤東總結了兩個原因，一是中國制度腐敗，二是中國經濟落後。毛澤東認為新中國的成立解決了制度問題，還要進一步解決經濟問題。如果不能在有限的時間內解決工業化、國家安全的問題，未來還有可能繼續遭受侵略。朝鮮戰爭、越南戰爭以及很多邊界衝突，都一再印證著毛澤東的想法。中國要實現跨越式發展，就要選擇蘇聯模式。這是當時特定歷史條件下的選擇。但今天我們的發展方式、政策、價值觀以及對政府作用的認識都發生了巨大變化。再比如，之前中國基本上是自給自足，一九七五年之前我國是石油出口國，

賺取外匯主要靠石油，而現在我國一半的石油和鐵礦石要靠進口，外貿依存度超過了百分之六十。我們的政策非常明確——中國的發展離不開世界，中國的發展必須利用國際市場、利用國際資源，這個是五六十年代幾乎不存在的問題。還有就是城市化。建國初期城市化率是百分之十六，一九七八年是百分之十七點九，現在達到了百分之五十二點六。從鄉村社會轉向城市型社會，會帶來生產方式、消費方式、生活方式，以及觀念、交往模式、社會管理等等的變化。

中國是變動的中國，不是靜態的中國。不同時期要解決不同問題，五〇年代要突破貧困陷阱，七八十年代要求富，到今天我們追求的是全面發展、與世界融合、追求共贏。相應的中國的基本任務、基本條件也存在著變與不變。同樣，世界各國發展也有變與不變，包括全球價值理念，找出人類發展的共同性和中國的特殊性，有助於我們與國外交流，有助於讓外國更準確地認識一個真實的中國。

（張焮整理）

關於發展的深層次思考

顏鵬飛

武漢大學經濟與管理學院教授，經濟思想史研究所所長

中國要實現從非科學發展向科學發展的轉變，必須專注五大轉型問題：第一，什麼是發展？科學發展應當實現從「物本發展」到「人本發展」的轉型；第二，如何發展？經濟發展應當向創新發展、協調發展、綠色發展、公平發展、非依附性發展轉型；第三，經濟發展的目標是什麼？經濟發展應做到效率與公平的辯證統一；第四，依靠什麼發展？應當從僅僅依靠國家和市場兩輪驅動，向政府、市場、社會、文化四輪驅動的模式轉型；第五，發展是為了誰？涉及到分配領域的轉型，應當在分配領域搬走「三座大山」：微觀層次是居民收入差距過大的問題，中觀層次是不同地域與不同行業之間收入差距問題，宏觀層面是國家財政收入與居民收入協調的問題。

在實現經濟發展的同時，不能罔顧社會、生態的均衡發展。應該很好地處理經濟、社會、生態發展這「三駕馬車」之間的辯證關係。我國經濟發展與經濟轉型應當從傳統僅僅依靠國家（政府）和市場「兩輪驅動」轉向政府、市場、社會、文化「四輪驅動」的新模式。聯合國有關報告曾經

指出：發展的最高境界是文化的發展。文化發展體現的是「隱性財富」，是人類的幸福，是人的全面發展。在我國傳統經濟發展模式下，單純依靠政府與市場力量的「雙輪驅動」，導致政府失敗、市場缺陷等諸多問題。今後，儘快明晰政府與市場的邊界問題是重中之重，我國近期推行的大部制改革是在這方面邁出的重要一步。今後在發展中應當實現三個務必：一是務必謹防市場異化。例如教育、醫療等公共服務領域的過度市場化；二是務必杜絕新凱恩斯主義的缺陷。例如過度注重大量搞基礎設施建設，但在分配方面關注不足等問題；三是務必防止中國式的經濟新自由主義。推動市場權力、政府權力回歸到法規樊籠中，杜絕新自由主義的負面影響。

（喬兆紅整理）

二〇一三至二〇二五年中國經濟發展前景展望

李雪松

中國社會科學院數量經濟與技術經濟研究所副所長、研究員

我們對中國經濟未來十年的發展做一個潛在增長的測算,這個測算是基於影響潛在增長的因素,這些因素主要包括:勞動力、物質資本、技術進步,這是影響長期增長的一些因素。除此之外,我們還考慮國際經濟進入深度調整期,對中國出口將產生影響,從而影響中國製造業的投資和中國資本存量。中國的增長率很快會進入一個下降通道,每年新增的勞動力已經在下降,FDI 增長率不可能像過去那麼高,未來也會是個位數的增長。國際經濟增長率也是一個低速的態勢。

消費的增長率是一個好消息。隨著人口結構的變化,勞動工資迅速上升,所以消費會不斷提升。出口則維持個位數,或者比 GDP 略高一點的速度。就整個中國經濟結構的變化而言,第一、第二產業比重有所降低。第三產業比重上升。資本對未來十年還是非常重要的拉動力。

按照中共十八大的部署,未來中國宏觀經濟政策應該能夠有所調整。從以需求管理為主的宏觀經濟政策轉向需求管理與供給管理相結合的宏觀經濟體系,因為世界經濟已經由危機之前的快速發展時期轉向深度轉型調

整期。我們過去用需求進行調整，特別是在應對金融危機方面取得了一定的成效，但是也會引起通貨膨脹問題。所以需求的管理雖有成效，但是還需要跟供給管理相結合。在未來的若干年特別強調要加強供給的管理來優化產業結構，以提高經濟增長的質量和效應為中心，使得我們的經濟增長與潛在增長率相結合。這也是今年政府工作報告提出來的。著重通過深入改革、放鬆準入、減少行政審批權，以創新驅動來支援中國中長期發展，提高生產力，不斷增強創新發展的後勁。

從經濟增長動力上看，中國經濟在二〇一三至二〇二五年繼續保持平穩增長具備不少有利條件：第一，中國正處於工業化、城鎮化的重要階段，許多基礎設施建設項目方興未艾，交通、通訊、信息化設施等需要建設，新增加的城市人口對城市基礎設施、房地產、汽車等支柱產業和相關產業將產生巨大的需求；第二，我國經濟發展不平衡，不同地區之間存在較大差距，縮小這種差距將產生巨大投資需求；第三，中國擁有一個隨著十三億人民收入水平的不斷提高所產生的巨大消費需求。但中國也面臨著國際經濟增長陷入低迷、國內資源環境約束強化、科技創新能力不強、社會矛盾較多、制約發展的體制機制障礙較多等方面的困難和挑戰。

（盛文沁整理）

第二次全球經濟大轉移及
中國二〇一二至二〇二二經濟展望

薛鳳旋

香港浸會大學當代中國研究所所長、地理系講座教授

中國製造業仍具有明顯優勢。全球經濟危機導致世界進入第二次經濟大轉移階段，為中國經濟發展、特別是製造業發展提供了四項新動力。第一，通過三十年的發展，中國對經濟全球化運行有了基本的經驗；第二，中國勞動力通過前期的世界代工模式訓練、提高了技能，企業也增強了生產組織效率；第三，中國的高儲蓄率使我們的成本更低；第四，中國經濟體制改革的積極作用將釋放出新的經濟發展能量。

全球經濟危機導致中國經濟發展動力正在發生轉變。當前世界正進入全球第二次經濟大轉移階段，這對中國乃至全世界都將產生重大影響。不過，當前中國在應對全球第二次經濟大轉移時，已經具備了一定的物質和社會基礎。這至少體現在三個方面：首先，中國在過去的三十年中成功利用了第一次經濟大轉移的機會，取得了舉世矚目的成果，積累了大量的經驗、資本和知識；其次，中國獨特的政治體制在其中發揮了積極作用。中國政府在經濟發展過程中擁有巨大的集中和動員能力；第三，中華民族勤

勞節儉的傳統美德也發揮了積極作用。中國大可不必為「人口紅利」逐漸消失而過度擔心。「人口紅利」是西方學者在一百多年前提出的概念，而中國的人力資源具有很大獨特性。在分析中國的問題時，需要對既有的概念作重新理解和演繹。

中國在承接第二次經濟大轉移中，將會出現四個趨勢：一是工業繼續深化，中國將成為耐用消費品的全球工廠；二是在西方各國經濟低迷的情況下，中國將出現世界級的高增長；三是中國的產業結構將產生變化，資本密集的重工業和化工業以及現代機械工業、環保工業和新能源工業的崛起；四是金融業及高端服務業將會擴大。西方金融業在金融危機中遭遇「信譽」危機，中國銀行業從購買力平價、國家擔保的信譽度方面，均具備了進一步主導全球的基礎。

（喬兆紅整理）

中國勞動力市場結構調整與經濟增長轉型

權　衡

上海社會科學院經濟研究所副所長、研究員

中國勞動力市場特有的多重結構性特徵內生性地決定了中國經濟增長具有的低成本的勞動力比較優勢、並由此決定了中國製造業的崛起以及中國經濟高速增長奇蹟；但是與此同時長期以來中國勞動力市場存在的一系列結構性的問題和矛盾正在促使勞動力市場結構發生內生性的變化。從目前和未來發展趨勢來看，勞動力市場收入分配調整、勞動者報酬上升、人口供求格局變化、收入分配政策調整、深度城市化發展、勞動法律制度完善等都已經或者將會引起中國勞動力市場發生一系列深刻轉型。為此應當正視勞動力市場轉型帶來的各種可能、挑戰及其影響。中國總體性收入差距持續擴大的根源在於勞動力市場建設滯後，而以工資薪酬指導、基本公共服務均等化以及工資集體議價機制構建為主要內容的勞動力市場結構轉型，一方面可以不斷完善內生性的權益保護機制，同時也可以增強勞動力市場的資源配置和價格調節功能。面對來自勞動力市場的諸多挑戰，未來中國公共政策的著力點須進一步關照勞動力的價量組合，消除帶有排斥性的城市偏向的社會經濟政策傾向，推動淺度城市化向深度城市化轉型，從勞動

力市場的歧視性政策向「同工同酬」轉變，從工資的行政定價向市場定價轉變，從「資強老弱」的勞資關係向平等互利的契約型勞資關係轉型。勞動力市場轉型作為中國經濟增長模式轉型的重要組成部分，本身就是導致中國經濟增長模式轉型的重要基礎和動因。勞動力市場轉型是理解未來中國城市化模式創新和轉型發展的關鍵變量。

（盛文沁整理）

中國從固定匯率制向浮動匯率制的過渡

關志雄

日本野村資本市場研究所首席研究員

近年來，中國的國際收支順差不斷擴大，外匯儲備急遽增加，人民幣面臨巨大的升值壓力。中國所處的這種局面與二十世紀七〇年代初期以尼克松衝擊為契機從固定匯率制向浮動匯率制過渡的日本的情況十分相似。二〇〇五年，中國啟動匯率制度改革。在這一過程中，日本以下的相關經驗值得參考：第一，在一九七一年，由三十六位著名經濟學者組成的「日本外匯政策研究會」就

日幣升值的必要性、多個政策目標下的最優政策組合、外匯的最優規模等問題進行了深入探討，這些問題與中國目前面臨的問題十分類似。第二，通過干預外匯市場以期壓低匯率水平的做法很可能會導致通貨膨脹和資產泡沫；第三，經濟高增長的國家都面臨著選擇貨幣升值還是放任通貨膨脹的兩難選擇（巴拉薩-薩繆爾森假說）。當局也只能控制名義匯率，而不能控制實際匯率；第四，日本在一九七三年二月正式採用浮動匯率制，但資本項目自由化最終在一九九八年才完成。可見，在維持對資本項目進行管制的情況下也能實現向浮動匯率制的過渡；第五，中國現行的管理浮動匯率制只是過渡性措施,最終還是會被完全浮動匯率制所取代。目前，在中

國當局不主動干預市場的情況下形成的人民幣匯率，可能已經接近均衡水平，人民幣大幅升值的擔心也隨之消失。可見，中國向「自由浮動匯率制」轉變的時機已經成熟。

宏觀經濟增長率和通貨膨脹之間的關係是：其一，通貨膨脹率是經濟增長率的一個滯後指標。其二，宏觀經濟對於經濟波動產生了積極的作用。通貨膨脹率跟經濟增長率的聯動性很高，每一次經濟增長率上升以後通貨膨脹率也跟上，反過來當經濟增長率下降以後，通貨膨脹率也跟著要掉下去。中間是有時差的，平均過去十多年的數據，這個時差平均是三個季度。

雷曼危機之後，中國處於低增長低通脹的衰退期，政府於是採取了刺激經濟政策的措施，包括四萬億投資政策。最先有反應的不是通脹膨脹率，是經濟增長率，經濟增長率到二〇〇九年第三個季度已經高於九點零，作為滯後指標的通脹膨脹停在比較低的水平，低於二點七。二〇〇九年中國經濟是經濟增長週期高增長低通脹的復甦期，大家對股票投資有興趣。可是這個復甦期不會永遠持續，通貨膨脹一定會出現，到二〇一二年第二個季度的時候，增長率仍然是高於平均的九點零。通貨膨脹率也超過平均值的二點七，所以中國經濟就進入了經濟週期的第三個階段，這是高增長，高通脹的過熱期。這時政府擔心物價不穩定，所以轉向緊縮政策。緊縮政策的效果最先反應在經濟增長率上，經濟增長率開始下降，到二〇一一年的第四個季度經濟增長率已經低於平均值的九點零。可是通貨膨脹率由於是一個滯後指標，還停留在比較高的水平。二〇一一年第四季度以後的中國經濟就是低增長、高通脹，所謂經濟週期裡面的滯脹期。因為經濟增長率的下降滯後指標的通貨膨脹率，到二〇一〇年，也開始低於平均

值的二點七。從雷曼危機開始，中國經濟從衰退期開始經過復甦期、過熱期、滯脹期到衰退期，我們看中國經濟的走向，衰退期下一步應該是邁向復甦期。

目前中國的勞動力從過剩變成不足，一個原因是勞動力人口從去年開始減少。另外，劉易斯拐點已經到來，從而中國潛在的增長率可能由從前每年百分之十變成百分之七點五到百分之八左右。中國經濟復甦以後，要回到從前百分之十的發展速度已經是非常困難了。要提高中長期的增長率，不可以靠宏觀經濟政策，而是要靠結構調整。包括中國政府要提高創新能力，更重要的是加快產業升級和市場化經濟改革，包括加快國有企業改革。

（盛文沁整理）

中國環境與經濟風險的規避

沃倫·卡蘭茲

美國 Common Current 主席

全球化發展的速度非常快，中國的城市化率已經達到百分之五十二，而在二十年前還不到百分之三十。而且城市化率到二〇三〇年將會達到百分之七十。作為城市化影響最集中的一個地區。中國也出現了人類歷史上最大規模的移民，因此，中國的城市化對於人口資源和環境方面帶來的影響不可低估。城市化就是全球的未來，因為城市為全球的 GDP 貢獻率達到百分之八十。

城市指標通過使用環境、經濟和社會文化等數據來評估城市的表現。城市化如果做得好將是成功的推動力。我們一講到低碳生態城市就會想到要提高能源使用率、減少廢物排放等等。還有就是降低建築的能耗、減少尾氣的排放等。雖然為了應對氣候變化和空氣污染，中國一直專注於打造低碳城市這一途徑，實施了可再生能源利用和能源效率提升等手段，但是更全面的方法正在興起，能幫助我們更好地分析和管理整個城市系統。那些用以比較中國城市在特定環境、經濟和社會條件下之表現的框架和工具，能為制定科學的戰略提供有效依據。使用這樣的戰略和數據，又能幫

助中國市級、省級和國家級的政策制定者們更為全面地規劃和落實新興城市以及擴大中的城市的發展。

中國現在已經提出了一個低碳生態城市的目標，如果真的要做到這一點還是需要建立一套可靠、一致的衡量指標。另外這也關係到對相關人員的教育，甚至也包括教育大眾如何打造低碳和生態城市。

（盛文沁整理）

中國潛在的綠色資源開發，以邁向真正可持續發展

羅伯特・恩格爾曼
世界觀察研究所主席

我今天的發言要回顧中國可再生能源發展的歷程，及其在國內外產生的深刻影響。

中國在清潔能源投資以及清潔產品製造方面已經處於世界領先水平。中國能源領域的節能環保措施推動了全世界環境經濟可持續發展的進程。這一進步離不開政府自上而下的政策支持，加快綠色能源產品及行業的發展，速度快於西方。廉價勞動力和大量社會資本的進入有助於推動行業的快速發展。但遺憾的是，美國和其他工業化國家政府高層缺乏清晰的目標，也沒有有效的行政措施。

中國的清潔能源發展和「中國模式」會導致投資集中於終端產品而非整個發展進程，結果就是隨著清潔投資增長和可再生能源領域的繁榮，帶來了環境和污染事故的增多。而且導致資本投資錯位，影響中國可持續發展的進程。如果政府行為引發問題，政府也要帶頭解決問題。

借鑑加勒比地區和拉美發展中國家經驗，世界觀察機構提出的「可持續能源路線圖」可能對中國有借鑑意義。要把基於科學的資源路線和技術援助與整個經濟、環境和社會影響分析相結合。還要結合融資模式分析，

讓中央、省級和地市級政府有效規劃綠色能源發展。世界觀察邀請中國參與這一進程，希望和中國各級政府緊密合作，讓中國的綠色轉型真正實現可持續。

（喬兆紅整理）

綠色經濟新理念與中國轉型發展

諸大建

同濟大學可持續發展與管理研究所所長、教授

　　如果說二十年前里約聯合國環境與發展大會確立的核心概念是可持續發展，那麼二〇一二年里約+20 聯合國可持續發展大會提出的新概念就是綠色經濟。綠色經濟的三個關鍵問題是：（一）當前的綠色經濟是世界綠色浪潮發展演進的新成果，具有比以往的綠色思潮不同的時代背景，具有對傳統的褐色經濟進行範式更替的革命意義。（二）綠色經濟比傳統以效率為導向的經濟模式增加了兩個重要維度，即資源維度與公平維度。（三）按照甜甜圈的理論，發達國家和發展中國家需要有不同的綠色解決戰略。

　　綠色經濟對於中國未來十至三十年的轉型發展具有重要意義。（一）綠色經濟意義上的突破中等收入陷阱，應該具有經濟高效、規模適度、社會包容的特徵，人均生態足跡保持在發達國家水平之下，有與人均 GDP 一萬美元相匹配的人類發展水平，同時大幅度降低窮富之間的差距。（二）中國可以運用綠色經濟中自然資本消耗規模要控制、資源分配要公平、資源生產率要提高的一般原理和量變關係，構建三位一體的政策體系，推動綠色轉型。（三）從區域看，沿海發達地區是生態優化功能區，應該在提

高經濟社會水平的同時降低生態足跡；中部地區是重點發展功能區，要儘可能提高生態效率，用較少的生態足跡增加實現有質量的經濟社會發展；而在生態禁止發展和限制發展功能區，重點是降低貧窮人口比例，提供均等化的公共服務。

（喬兆紅整理）

為中國城市化融資：中印比較

陸懋祖

英國南安普敦大學當代中國中心主任、教授

在低收入國家中，一般來講，工業化和經濟增長是與城市化同時發生的，這是因為勞動力從農業轉移出來。但是，由於中國嚴格的戶籍制度限制，人口遷移受到控制。從政治上看，中國是一個集權的國家；但是從財政管理來看，中國是一個放權的國家，如二〇〇九年中央政府占全國預算支出的比例只有百分之二十。有關中國財政改革的焦點集中在中央財政與地方財政的關係，以及農村公共融資的問題，但是人們較少關注到城市融資問題。在城市化加速的進程中，政府在公共服務、公共基礎設施方面的支出將會大量增加。但是，由於中國的分稅財政體制，各地城市政府主要承擔了為城市化而融資的負擔。

就中國的城鎮化道路，現提出五條操作性建議：一是改革土地所有權制度；二是建立全國性土地市場；三是明確界定並區分全國性的土地稅收體制與地方性的土地稅收體制；四是建立獨立的、有信譽的土地市場評級機構；五是建立全國性和各省級的土地市場監管機構。

（喬兆紅整理）

超越鍍金時代：中國城市的發展範式變遷

屠啟宇

上海社會科學院城市與人口研究所副所長、研究員

在二十一世紀進入第二個十年之際，中國城市運行的一些基本環境和指導理念正發生重大變化。中國城市曾經如全球大多數發展中城市一樣，選擇了通過融入全球化取得經濟發展作為衡量城市發展成功與否的標誌，其城市發展的基本策略可以歸納為所謂的「世界城市範式」。經過二十世紀八○年代以來將近三十年的實踐，中國城市在整體上完成了物質建設的更新，貨幣意義上的城市財富積累達到了前所未有的水平，這也是推動中國整體經濟持續上升的根本動力。我們姑且可以稱為中國城市的「鍍金時代」。

然而進入鍍金時代的中國城市，正全面遭遇新的挑戰。圍繞理想城市的認識正在全球範圍迅速變化，在財富衡量之外，公平公正、綠色低碳、幸福和諧都成為城市終極發展的新的衡量標竿。中國城市的發展正從財富衡量進入多元因素衡量，從採取唯一發展範式進入多重發展範式可選的新階段。

圍繞這一城市發展的理念與實踐升級，我們需要從城市戰略、城市經

濟、城市社會、城市文化、城市生態、城市治理和城市空間等七大不同領域，動態地梳理中國城市在超越鍍金時代之後的規律性經驗與現實性做法。

（喬兆紅整理）

創業城市

漢斯·德揚

荷蘭代爾夫特理工大學房地產管理教授、蒂爾堡市市長和市參議員顧問

到二〇五〇年，將會有百分之七十的全球人口居住在城市。這將會在能源、飲水、食品、住房、交通等領域帶來前所未有的挑戰。全球城市都在一個全球化的世界經濟中尋求應對這些挑戰的戰略，而一些大公司也試圖提供目前仍屬公共管理領域的服務。

城市還是社會的腳印，它是塑造我們生活的經濟、社會、技術和政治力量的體現。從農業經濟到工業經濟、從工業經濟進入後工業服務經濟，再到當前的觀念驅動和創新性經濟，西方社會的多數變遷都引發了塑造我們生活的各種力量。

當發達國家正在致力於尋找新的經濟增長路徑時，金磚國家卻在試圖「適應」它們的經濟增長。在城市規劃領域，西方發達國家在過去三十年中已經發生了改變。城市體系已不再傾向於更為統一、實用、平等，而是變得更傾向於私密性、選擇性和不平等性，傳統的公共推動也開始更多地由能夠滿足單個消費者需求的私人市場驅動。私人資助的社區與俱樂部開始增長，私人擁有公共空間開始成為常態。我們是否在建設一個能夠同時

滿足社會和私人需求的更為公民化的社會？這一點將如何轉化為未來城市建設中的解決方案？市場在這一過程中的角色又是什麼？這些問題需要引起深入思考。

（喬兆紅整理）

農民工的市民化、城鄉一體化與經濟發展

嚴善平

日本同志社大學教授，日本現代中國學會年報《現代中國》主編

本報告分前後兩個部分：首先定量描述半市民、半城市化的主要方面，分析半市民化、半城市化的主要特徵和問題，指出農民工市民化的意義和具體對策；其次，解釋城鄉二元結構的深層原因，從社會正義和經濟發展角度，強調城鄉一體化的必要性，並結合日本等東亞地區的經驗，探討具體的實施程序。

在計劃經濟時代，中國的城市化嚴重落後於工業化，但改革開放以來，城市化水平迅速提高，基本上實現了工業化與城市化的同步推進。城鎮人口比率從一九八○年的百分之二十上升到二○一一年的百分之五十一點三，突破了人口半數大關。但是，在六億八千萬城鎮人口中，有二億多人是沒有現住地戶口的流動人口，其中八成以上是所謂的農民工及其家屬。由於戶籍身分等原因，他們在就業、社保、住房等方面的權利受到種種限制，與當地居民相比，頂多也只是個半市民。二○○三年以來，政府實施了支農惠農政策，城鄉收入差距的擴大速度有所減緩，從二○一○年開始呈現了縮小趨勢。從國際經驗來看，中國的城鄉差距極為罕見，是各

種人為因素導致的結果。半市民的增加帶來的城市化也只能是半城市化，戶籍身分的存續必然導致城鄉分割。半城市化和城鄉分割都不同程度地抑制著家庭消費的擴大，進而負面影響經濟的可持續發展。

（喬兆紅整理）

創新領導力前沿研究與最佳實踐經驗分享

約翰·瑞恩

美國創新領導力中心（CCL）主席

不管是一個組織還是一個政府的未來，都掌握在領導者的手裡。也就是說，領導者塑造未來。世界充滿變化和波動，挑戰重重，因而在這樣複雜的環境裡面，好的領導力更加重要。創新領導力是思考和行為超出自身效能邊界的一種能力。在產業革命的新時代，適應變化的管理能力對於個人領導者和整體組織機構而言都無比重要。特別是在某些國家和地區，經濟衰退的程度有所緩和，就更需要領導者和組織專注於增長，而不再僅注重生存。

如今，鼓勵創新是企業和組織機構的當務之急，同時也是走向復甦的主題之一。作為一個好的領導者，培育一種創新型的企業文化非常重要，通過合作更有助於提高其創新能力。培育中小企業的企業家精神非常重要，問題在於如何提升其領導力。其中，團隊與合作、轉變管理方式、溝通、學習彈性以及戰略決策是五項基本技能。

最好的領導必須有非常好的理解力，知道如何有效、合理地利用資源，尤其是人力資源。人力資源在好的條件下應該能夠發揮出巨大的潛

力。因此，很多領導人都同意人力資源其實是最重要的條件。對於一個好的領導者來說，他必須要有能力不斷去拓展其活動範圍，進行不同領域的研究和合作。這裡所謂的不斷的拓展其邊緣，是指地域範圍，包括能夠促成不同的官方合作。

靈活性也是領導力中一個非常重要的元素。無論在何種組織中，各個層面的領導靈活性都非常重要。我們必須要學習如何能夠迅速結合外部環境來進行變化。如果一個人能夠具有這種靈活應變的能力，一般來說他們都會在應對環境變化方面做得比較好。

研究還發現，領導們認為他們工作中百分之八十的能力可以通過學習獲得，另外百分之二十通過和他人的協作完成。還有一點就是敏銳的判斷力。對於一個領導來說，他是不是能夠對重要的問題來作出重要的判斷和決策，這一點非常重要。創新思維也十分重要。如果要培養創新思維，首先要建立起一種鼓勵創新的文化。還有，要實現自由和有序治理這兩者之間的結合。這也是非常重要的。

（盛文沁整理）

創新領導力：應對當今世界的四大挑戰

陳朝暉

美國創新領導力中心大中華區合夥人，美國 JP 摩根大通銀行原副總裁

中國要真正融入全球化，創新是重要的，依靠人口紅利和低成本競爭優勢的年代已經過去了。那麼，企業如何培養領導者的創新領導力？營造一個很好的創新環境很關鍵。

比較一下世界各個著名創新領導力培訓機構，比如 CCL 的創新領導力專項培訓項目、斯坦福大學的創新研究實驗室、伊利諾伊大學的領導力培訓項目以及倫敦和巴黎等地類似的培訓機構，我們會發現它們有一個共同點，那就是對創意設計行業的借鑑。為什麼？

一直以來，商學院對管理者的培訓都是以理性分析為核心，基於數據和事實，注重過去的經驗，有固定的模式，鼓勵快速決策，強調執行力。這些都被證明是商業上的成功技能，並在潛移默化中形成一種思維模式和文化。但是要創新，這些就必須改變。如何改變？

商業不是藝術，藝術家依靠感性、直覺，不用去想經濟效益，但有一個行業是將左腦和右腦綜合在一起的，它既要謀生營利，但又不像企業那樣急功近利，又具備很強的創新特徵——它通過幫助企業把產品推向公眾，表達一種價值觀，讓公眾接受一種理性和感性的平衡，這就是創業設計行業。企業要從傳統的管理模式向創新模式轉變，最好的方式就是借鑑創意行業的思維方式。

（喬兆紅整理）

中國政治發展的理論價值

張樹華

中國社會科學院信息情報研究院院長

三十年以來中國的順利發展是世界歷史進程中的重要現象。在金融危機的國際背景下,「中國奇蹟」愈發彰顯出其深遠的國際影響和和理論價值。二十年前,東西方陣營之間的「冷戰」結束後,有著十三多億人口的中華民族在中國共產黨的正確領導下,沒有重蹈蘇共敗亡的覆轍,避免了蘇聯式崩潰和俄羅斯衰退的悲慘命運。實現了經濟發展和民族復興,始終保持著改革、發展、穩定的良好勢頭。二〇〇八年世界性的金融危機爆發後,西方社會經濟制度和社會治理模式或碰壁或擱淺,國際上不少國家面臨著不穩定和不確定的未來。與此不同,中國的應對和表現引人注目,表現出了獨特的制度優勢和治理能力。三十年來,中國經濟為世界經濟發展提供著強大的動力,中國穩定的政局和治理形式影響著世界格局,豐富著世界政治的面貌。中國發展的價值取向和經驗原則豐富了人類發展的內涵和理念,必將為世界文明圖畫留下濃墨重彩。

與西方國家一些學者繼續侷限於「民主－專制」、「西方－非西方」的兩極對立思維模式不同,中國發展採取科學性的發展方式,沿著協調性

的發展軌道，秉承著包容性價值理念，為當今國際社會提供了非凡的答案。中國發展改變著世界，也豐富著世界。藉助於發展價值的多元性、發展進程的包容性、發展理念的科學性，中國拒絕了國際上盛行的那些思想偏見和政治短視。中國政治發展顯示著強勁的政治競爭力和政治發展力，展示著良好的發展前景。

我們要發揮自己的政治優勢。對於民主問題，中國共產黨要善於駕馭民主化，要樹立科學的民主觀，走一條正確的真正科學的政治發展路。培養我們的政治競爭力，國際的競爭力和政治發展力，發揮我們的政治優勢。這樣我們中國能夠迎來十年或者更長的穩定的快速的發展時期。

（盛文沁整理）

普遍性與特殊性統一：中國政治價值的取向

胡　偉
上海交通大學國際與公共事務學院院長、教授

當代中國的核心價值觀，從國家形象塑造的角度看，最核心、最重要的在於政治價值觀，這也構成了國家軟實力的重要內容。正如白永輝教授所說，一個美國人喜歡中國的美食，並不意味著他對中國有好感，中國菜不會增加中國的軟實力，因為這不涉及政治價值觀的問題。約瑟夫・奈對軟實力的定義包括文化、政治價值、制度、外交政策等，大都與政治領域相關。我們思考如何塑造中國國家形象這一問題時，如果忽視了價值觀的政治層面，很多問題就無法處理。而我們現在比較弱的，恰恰就是梳理清楚我們政治價值觀的內容。

從現代的角度來看中國的政治價值觀，最權威的是十八大對社會主義核心價值觀的概括。第一是富強、民主、文明、和諧，第二是自由、平等、公正、法治，第三是愛國、敬業、誠信、友善。十八大的概括充分反映了改革開放以來中國政治文明的發展成果。它有兩個特點，一是突出了我們核心價值中政治價值的成分，民主、自由、平等、公正、法治，這些都是政治價值觀中非常核心的內容；二是把全人類共享的一些基本政治價

值寫了進去，包括民主、法治、自由、平等、公正等。

　　分析中國的政治價值，需要辨明普遍性、特殊性的關係。現在看來，中國的特殊性被過於放大了，過於強調我們和別人不一樣，對政治價值普遍性的一面有所忽視，這非常不利於我們國家形象的塑造。因為要改善你的形象，要讓大家對你產生好感，首先要讓別人感覺到與你有共享的價值，這是前提。如果把自己說成和別人都不一樣，怎麼能贏得別人的尊重和好感呢？任何一個國家的基本的價值觀、核心價值觀、政治價值觀都有其共性、個性的一面，從塑造國家形象的角度來講，應該更加弘揚的是人類共享的一些價值，而不是自己的一些特殊的東西。從這點來講，十八大對核心價值觀的闡釋是非常貼切，因為它突出了人類的共同價值的層面，而不是過於強調自己的特色。

　　從現實層面來看，中國改革開放三十多年，就是不斷融入人類主流文明的過程，是逐步擺脫狹隘、愚昧的過程，也是自由、民主、法治不斷深入人心的過程。我們應該大力地宣傳、弘揚這一進程，而不是宣揚我們與其他國家越來越不一樣。這對我們塑造國家形象非常重要。現在的問題是，宣傳上總是講我們國家跟其他國家不一樣，這非常不明智，既不能反映我們的理論上的成果，也不能反映改革開放的實際進程。從這個意義來說，解釋中國的核心價值觀、特別是政治價值觀時一定要把普遍性、特殊性的關係處理好，如何把民主、法治、自由、平等、公正等價值落實到我們具體的制度、政治層面更加困難，但是首先需要在理論上高揚起文明價值的旗幟，才能有助於實踐的展開。

（張娓整理）

中國模式：一種新的民主？

宋魯鄭

旅法政治學者，春秋綜合研究院研究員

新中國一九四九年成立以來，在時代需求和吸取經驗教訓的前提下，不斷進行著政治體制改革，在權力傳接、監督和制約方面形成了中國特色的制度模式。我並不讚同用民主這個詞來定義中國模式，因為民主已經不是單純的學術問題，它已經被政治化了，特別成為國際間國家利益博弈的工具。第二，民主話語權不在我們這裡。

中國民主的特點和優勢是什麼？

首先，與西方定期的換人換黨相比，中國制度有連續性和延續性。

第二，一直保持政治的獨立性和最高的決策權。改革開放三十年來有兩種力量，資本和民主的力量。政治、資本和民主這三種力量在博弈。西方三種力量博弈是通過民主選票獲得對政治的影響力和控制權，而在中國，傳統政治上就是強勢，處於獨立狀態。當然為了制約它，我們發展了民主主義。到今天中國政治的獨立性仍然存在。雖然也有三種力量在博弈，但是仍然有最高的決定權。一個以追求利潤為核心的資本主導的制度，一個以追求福利為核心的民眾主導的制度，其危險性遠遠高於相對中

立的政治主導制度。

第三，民主協商。國家的十二五規劃是上至最高領導人下至百姓參與的民主化的過程。它包括領導人、負責人、專家學者，以及人民大眾，甚至包括外部人士，歷時十三年，經歷了無數反覆論證和修改完成，這在西方是不可能的。

從中西方對比看中國民主治理的優勢，我們認為一共有七個優勢。

第一，可以制訂國家長遠的發展規劃和保持政策的穩定性，而不受意識形態政黨交替的影響。第二，更有效率。第三，在社會轉型期這一特殊時期內可以有效遏制腐敗的氾濫。第四，更負責任的政府。第五，人才培養和選拔機制，避免人才的浪費。第六，它可以真正地代表全民。第七，權利監督優勢。中國除了傳統政治理念，還有黨內或者國家體制上的制約措施。

從目前看，中國的模式表現最佳。原因在於，一個制度要想良好運轉，不僅要做到靈活性，還要做到延續性。西方的制度模式有靈活性，但缺乏延續性，往往隨著新政府的建立而出現大幅度的改變。阿拉伯世界有連續性，但缺乏靈活性，最後制度走向僵化。

（盛文沁整理）

「政體」還是「政道」，中西政治分析的異同

王紹光

香港中文大學政治與公共行政系講座教授

在看待分析過去、現在、未來方面，中西思維方式有什麼不同？自柏拉圖與亞里士多德以來，政體分析一直在西式政治分析中處於核心地位，其隱含的假設是政體對政治共同體生活的方方面面具有決定性作用，一切問題都與政體相關，諸如經濟增長、社會公平、腐敗、幸福等等，不一而足。從柏拉圖、布丹，一直到現在，政體是政治學裡面最有意思的題目，也是研究得最多的問題。比如說把政體作為一種被解釋變量，什麼地方可以出現民主的政體，民主在什麼情況下可以出現。同時政體變成一個解釋變量，用它解釋別的問題，比如研究政體與饑荒的問題，政體與腐敗的關係，政體與經濟增長的關係，甚至政體和幸福的關係。政體好，其他都會好；政體不好，其他都好不了。

但是政體思維其實是有缺陷的，因為它把全方位的觀察劃分為一兩個簡單的指標，關注最高權力如何分配。當政治實體的規模擴大以後，實際上沒有一個國家只有一個政體，所有國家都是混合政體，這就將複雜的現實簡單化了。第二個問題是重形式輕實質，政體假設本身是需要驗證的，

而大量的實證研究根本得不出這種結論來。第三個問題是只關注標準和形式，很容易忽略其他方面的變化，導致用靜止的眼光看待變化的現實。在政治學領域裡，用政體學分析現實世界非常困難。

而中國歷代先哲政治分析的基礎不是政體，而是政道，包括治道與治術。「治道」是指治國的理念，是政治之最高目的，是理想政治秩序。「治術」是指治國的方式，包括古代典籍中所謂「治制」（治理國家的法制、體制）、「治具」（治理國家的各項措施）、「治術」（治理國家的方針、政策、方法）。同樣是進行政治分析，政體思維與政道思維的切入點十分不同：政體思維關注的只是政治秩序的形式，而政道思維的著眼點是政治秩序的實質。

具體問題具體分析，所有的政治體制都是混合體制，沒有一個政治體制是純粹民主的，或非民主的。所以不管什麼樣的政體都面臨著各種各樣的挑戰。治國必須根據實際的條件來變化，一切治國之道都要因地制宜。中西兩種方式最關鍵的不同是視野的寬窄。政體是各種制度中非常小的一部分。中國的政體思維沒有忽略政體制度，也強調治理的方式，這不會陷入制度決定論，這樣的思維方式更複雜些。

（盛文沁整理）

維穩與久安之道

潘　維

北京大學國際關係學院教授、北京大學中國與世界研究中心主任

　　如何解決「維穩」問題，在民主和法治這兩種方法之外，我們還可以提出一個新的解釋體系。我國當前「維穩」問題的根源是黨政體系科層化和扁平的自然社區組織解體。以往的黨政組織是官民一致，黨政一致。在革命時期，這一扁平組織規定黨政幹部走群眾路線。現在科層組織依法辦事，縮小了幹部和群眾的情感接觸面。黨群之間的血肉感情喪失，信任喪失。黨政體系「辦小事」的能力嚴重退化，有心無力，無法滿足社區群眾對「公正」的需求。第二，科層化吞噬自然社區。自然社區組織解體了，科層體系無法與億萬無組織的家庭和個人「對接」。於是，「潛規則」盛行，「維權」和「維穩」成為悖論。科層化辦大事，專業化、菁英化、知識化，這些是必須的。各級社區，比如城市的居委會和鄉村的村委會基本上都被行政化了，都承擔政府的行政工作，不再負責組織居民、村民。第三，村民委員會組織法，社區治理，基層選舉，全國都是統一規定。這在農村引起了很大的混亂，變成以血緣家族為力量。

　　我們應該把國家大事和與人民生活相關的小事區分開來。科層系統能

辦大事卻辦不了小事，每個人每個家庭每天都遇到的小事應該靠人民自己組織起來解決。所以應該重建自然社區。天地教而萬物通，建立自然社區才能夠上下相通，這就是人民當家作主的思想。

（盛文沁整理）

臺灣政治發展的經驗與教訓

石佳音

臺北中國文化大學政治系助理教授

中國的統一不只是一個政治的過程，也是一個憲法過程。如果我們仔細看臺灣一九九七年來的修憲，其實臺灣的憲政失靈。陳水扁八年任內，臺灣的憲政基本上失靈。馬英九對憲政的問題不作任何的補救，可能未來歷史會重演。那麼，在臺灣的發展中，憲改的經驗究竟出了什麼問題？

首先，從西方發展出來的憲政學理來看，憲政體制有三種：內閣制、總統制和半總統制。內閣制和總統制的最大區別是行政權和立法權，行政權向誰負責就可以確定一個體制是總統制還是內閣制。行政實權是決定其政策並加以執行的權利。只有憲法明文授予的決定政策並加以執行的權利，才是行政實權。如果某一個憲法職位根據憲法的條文沒有實權的，即使在現實政治中有極大的影響力，不能說有這個權利就是正當的，我們尤其不能把任何一個跟憲政有關的慣例都稱之為憲政慣例。

衡量憲政體制的優劣要根據一些標準：第一，權責必須相符，任何現任機關必須清楚，一定要有配套的問責機制，這樣為他的作為和不作為負起政治責任和法律責任。第二，不能出現憲政僵局，所有矛盾都應該由體

制內的責任權責人迅速化解。否則不但帶來憲政危機，也導致權責不明，該負責的人卻可以卸責。另外，衡量憲政體徵的標準不能用民主。憲政不能沒有民主，政府最終負責的對像是全體人民，把民主矮化為民意調查或者選舉，過於高度的民主會失靈，會導致行政效率的下降。

臺灣推行的憲法是一九四六年制訂於南京的《中華民國憲法》，後來由於國民黨內戰失敗，使其只能施行於臺灣。不過，直到蔣經國去世以前，這部憲法從未在臺真正實行過。李登輝當政以後，本有機會落實該憲法，但從一九九一年到二〇〇五年，臺灣經歷七次修憲，結果憲政結構反而更加含混。這部憲法規定的政府體制原為內閣制，但在兩蔣強人政治的長期扭曲下，總統掌握實權成為常態。一九九一年之後的修憲非但未使政治運作回歸內閣制的正軌，對已習慣掌握實權的總統亦未明確規定其職權和究責機制。於是，臺灣的七次修憲並未解決根本的憲政爭議，反而使臺灣的憲政體制更加不明確。

臺灣的憲政體制是什麼？總統不是行政機關。行政官員對立法委員負責。在臺灣的體制中，憲法沒有給總統實際權力。陳水扁執政期間，他充分利用臺灣憲法，以及臺灣學界跟司法界虛構的半總統制，充分利用憲政掏空憲法權利。陳水扁貪污案說明臺灣憲政體制對總統是失靈的。陳水扁當然不是第一個帶頭擴圈的人，但他是充分利用這個憲政進行操控的人。而馬英九當選後，除了政治作風與陳水扁不同外，上述體制問題完全未獲澄清或補救。如果將來又出現一位作風類似陳水扁的領導人，所有的弊端又將重現。臺灣憲政問題之所以積重難返，首先是因政治人物對於憲政缺乏誠意，只以憲法作為政爭工具，而不是神聖不可侵犯的政治規範。究其背後的根本原因，則是國家認同的分歧壓倒了憲法的規範力量。於是，政

界和學界對於憲法的解釋南轅北轍，推動修憲時更是各有算計。不管憲法怎樣解釋、怎樣修改，憲政問題都很難解決。

（盛文沁整理）

中國政治現代化的臺灣啟示

蔡　瑋

臺灣政治大學國研中心研究員、臺灣中國文化大學中山所教授

　　近年來，有關大陸政治改革的呼聲甚囂塵上，外界多半持很高的期望。對於中國大陸的民主化，現在基本上有三種不同的想法。一種主張先建立機制；一種主張通過實踐的方式讓老百姓體會這個民主的好處，通過實踐來推動民主；還有一種則認為，對中國大陸來說，現在的重點不是追求社會正義。但北京多次表明，中國將按照自己的步調與時程進一步完善社會主義民主；而臺灣則動輒以己身的民主發展經驗為傲，馬英九也呼籲中國大陸進一步加強民主、人權與法治，以縮短兩岸人民之間的心理距離。中國大陸堅持自己的發展模式，臺灣則是珍惜自己的成功經驗，雙方的主張與堅持都有其合理性。兩岸經驗可以互補。

　　民主確實是個好東西，其原則、理想與價值應該得到認同，但各國應該擁有不同的表現形式及調整適應的時間和空間，沒有任何人或國家可以將自己的制度強加於人。臺灣的發展經驗，不論好壞，對中國大陸或許有其值得參考借鏡的地方。孫中山先生的政治主張對於臺灣的成功經驗發生了一定程度的作用，但臺灣近年來民主實踐過程中所出現的異化及民粹怪象則是將來中國大陸在進行政治改革時必須極力避免的。

　　就臺灣發展經驗而言，孫中山先生主張軍政，即以訓政方式，通過實踐讓老百姓體會到好處，而且這種實踐通常是從下往上，臺灣是採取從地方到中央逐步往上發展，最後才進入了所謂的憲政體制。憲政體制基本上

就是監督制衡，當然政府主導能力依舊存在。這是雙向並行，從地方走向中央。臺灣的經濟發展經驗也是實行控制型經濟，事實上中國大陸一九七八年以後改革開放也是這個模式。中國大陸的改革也是採取漸進的方式，先是經濟成長，然後是社會均富，人民的教育水準提高，然後中產階級出現，大家對於民主的呼聲自然越來越高。

大量學術研究已經表明，對於大多數國家和大多數人民，經濟發展對於政府是非常重要的指標。如果這個政府能夠保持七年有效，保持它對人民負責，保持高度的經濟成長，如若這樣，民主可行。同樣的例子也適合中國大陸。溫飽非常重要。當然政府也不能夠以維持人民的溫飽來抗拒改革，與其被迫的改革不如主動推行改革。隨著公民社會的逐漸成型，中國大陸的執政將變成管理型和服務型。

可以借鑑的臺灣經驗還包括：政策的透明化，媒體自由。在這些層面上，政府應該適度回應人民的要求。

（盛文沁整理）

發現民主的治理效應：
兼論「民主四維」與中國國家治理間的內在關聯

張樹平

上海社會科學院政治與公共管理研究所副研究員

中國的民主發展缺乏西方民主的歷史基礎和文化基礎，也就是說民主從最初來講並非中國社會和政治發展的內生需求。對於中國民主在近代中國的引入，必須放到近代中國時空轉化的背景當中去理解。實際上對於中國傳統政治來講，民主本質上屬於異域文明的一套體系，在中國近現代的架構當中轉變為新時代的事物，因此民主本身很難實現與傳統政治的共存或者共享。

中國的民主發展有四個維度。第一，中國民族價值。中國的民主化首先起源於一種反傳統，反對傳統的專制國家。第二，國家維度。民主本身是反傳統的現實理由和價值依據，因此建設新國家，實現國家和民主的結合就是核心問題。於是，我們看到在中國的國家建設實踐當中先有民國的創立再有共和國的創立。從整個國家的成長過程來看，中國共產黨領導的人民民主專政的建立，提供了一個廣泛的理論空間和政治空間。第三，社會維度。在改革開放以後，經濟發展已經成為中國最大的政治，民主與改

革的結合為社會的崛起打開空間。一種新的以社會為基礎的政治生成。改革開放的起點就是放權讓利。以權利為先導，以利益為支撐，成為中國民主發展的重點。當然，這也帶來了治理的困難，向社會自身提出了挑戰。第四，制度維度。民主和治理結合，國家的政治建設直接應對的是社會治理難題。

當代中國國家治理正面臨四個方面的重要問題：一是與國家治理息息相關的主流意識形態面臨價值多元化的挑戰；二是（四大）基本政治制度的實踐問題，亦即社會主義國家治理類型的鞏固問題；三是社會成長亦即多元合作共治的問題；四是科學化、民主化、法治化的治理結構和治理體制建構問題。很明顯，在上述四個方面，中國民主的發展構成了中國國家治理的基本資源：一是以中國式民主價值統御社會共識；二是以社會主義國家民主（人民民主）定鼎中國國家治理的基本性質、原則和方向；三是以參與式民主發展為核心，統一和整合選舉民主與協商民主等多種民主形式；四是以中國民主實踐的制度化創建為核心，構建真正運轉起來的民主治理（制度）體系。

（盛文沁整理）

中國法治化的新進展

夏　臘

澳大利亞墨爾本大學法學院教授

中國法治化的新進展體現在哪裡？目前廢除勞動教養的呼聲很高，一些地方已經開始有所改革。社會上出現的廢除勞教的興論反映了人們要求改進法治，發展法治。廢除勞教制度是中國法治化發展的必然要求。

中國的法治化發展主要集中在以下三個主要方面：一、《中華人民共和國立法法》在實質上要求，一切剝奪個人人身自由的權力必須由全國人大或其常委會授予；二、加強程序公正的承諾；三、中國承諾履行《世界人權宣言》和《公民權利和政治權利國際公約》規定的義務。廢除勞教制度是對改革現有爭議性行政權力的承諾，也因為它宣示了中國政府在依法治理和積極參與國際人權法律和規範方面的鄭重承諾。

首先，在法治觀念上要求法治化。限制人身自由，必須由法律來限制。另外修改勞動教養也要符合國際條約的規定。很多人在討論，怎樣改革才能符合國際人權條約的要求。

第二個要求是獨立審判。現在中國是以國家導向為本的。但目前最關鍵的是要保護個人的權利。如果不危害國家的根本利益，可以保護個人的

權利。在程序公正方面，我們必須要有效地防止隨意的，或者說濫用勞教手段，必須引入責任制。

第三、勞教的決定應轉交法庭來作主；或者可以把這樣一種決策交付到由法院所任命的委員會。而且要引入一個更加公正合理的程序來作出決策。如果能夠實現程序公正的話，那就意味著我們可以確保在決定勞改與否的過程當中，可以進行充分的辯論。在這樣充分辯論的基礎上，再來決定是否有必要進行勞教。

政府進行勞教改革，要考慮到穩定性。很多人認為勞教是一種威儡，但如果靠這樣的手段維穩，是非常僵硬的，沒有可持續性。還是要從公民角度入手來維穩。

（盛文沁整理）

中國刑事訴訟法改革的幾個問題

卞建林

中國政法大學訴訟法學研究院院長、教授

在改革開放之初，特別是三中全會以後，中央提出來要健全社會與法治。作為健全法治的第一個步驟，在一九七九年制訂了重要的法律，其中最重要的兩個法律就是中華人民共和國的刑法和刑事訴訟法。當時刑法其特色是：第一，重打擊輕保護。當時儘管有法可依，但是法律的價值是與犯罪作鬥爭。第二，重實際輕程序。法律就是整合一批資源，包括司法資源社會資源，調動一些積極因素，服務於懲罰犯罪和打擊犯罪。第三，公權力強大。

我國正處於社會轉型期的巨大變革中，與社會的轉型相適應，我國刑事訴訟制度也處於轉型期。這種轉型，在整體模式上，是由國家公權力獨大的傳統型刑事訴訟，向國家權力與公民權利相對平衡的現代型刑事訴訟轉換。在訴訟結構上，是由職權主義乃至超職權主義的刑事訴訟向混合型刑事訴訟轉型。我國刑事訴訟法自一九九六年修改之後，雖然在整體上符合社會的需要，但仍然暴露出一系列問題，存在諸多不適應當下時代發展需要的地方。必須通過進一步的制度改革，使我國新的刑事訴訟制度逐步

成熟與完善起來，因此需要修改刑事訴訟法。

二〇一二年的刑事訴訟法的修改正是刑事訴訟制度滯後性的有效回應。從程序法角度，二〇一二年的刑法修改比較符合程序法的規定，因為它操作性比較強。內容主要包括：一、在現有的基礎上完善政治制度，完善強制措施，完善偵查程序，完善審判程序，完善刑法執行。二、制度創新，適應社會的變化和老百姓的司法需求。包括對辦案機關辦案行為的規則，對訴訟當事人參與人的權利和保障都大大加強。三、提升訴訟的公開性民主性。法治的關鍵就是看能不能貫徹實施，怎麼從紙面上落實到行動上。

新刑事訴訟法是在新形勢下對我國刑事司法產生重要指導作用和實踐價值的里程碑式的立法成果，既加快了刑事司法邁向現代化的步伐，又順應了當下全球範圍內人權保障的國際需要，可以說，是中國刑事司法走向成熟的重要標誌，也是對當下我國政治、經濟、社會、文化與全球化語境的有力回應。當下中國刑事司法的主要任務即是貫徹落實新刑事訴訟法規範。

從文本到現實，我們可以全面評估和衡量新刑事訴訟法引發的整個刑事司法制度的發展與變革，以檢驗其回應當代中國實際語境的匹配度。一方面，我們適時跟蹤法律的落實情況，全面評估新刑事訴訟法的開展，尤其是對基層司法的影響，以衡量一項法律規範逐漸下沉到基層的速度、力度和幅度，為中國刑事司法提供最具價值的建議。另一方面，我們可以發掘新問題、提出新對策，通過掌握更多問題，總結經驗，提供智力支持，建立理論界與實踐界的良性互動。如果在這兩個方面取得長足進展，那麼新刑事訴訟法就可以引發未來其他司法制度的改革和創新，也可以形成真

正有價值的進步。這種變革將脫離依賴於西方法律移植而簡單更換規則的初級階段，而發展為根據本土資源的既定語境自發產生有針對性地適用於中國特定情境的行為舉措與制度創新，為中國司法走向成熟和現代化提供一種更為理性的路徑。

（盛文沁整理）

傳統矛盾糾紛調處機制對當今轉型社會的啟示

程維榮

上海社會科學院法學所研究員

當代中國正處於轉型時期，經歷著空前廣泛的社會變革。這種變革在給我國發展進步注入巨大活力的同時，也帶來了各種問題，致使當前各類社會矛盾比較突出。在這樣的背景下，有必要拓展思路，研究和借鑑歷史上調處矛盾糾紛的機制。近年來，黨中央一再強調要「傳承中華傳統美德」「加強人文關懷」；要「整合各方面力量，建立調處化解矛盾糾紛的綜合平臺」；「最大限度減少不和諧因素」。借鑑傳統調處機制，對於妥善處理人民內部矛盾、維護社會穩定具有重要意義。

中國傳統社會矛盾糾紛調處機制之所以在今天轉型社會仍然具有生命力，能夠加以借鑑，是由於存在若干條件：改革開放以來宗族復興現象出現；中國自古以來就有完備的基層組織，新中國建立後也有完善的組織，這些都與群眾有密切聯繫；中國傳統以「和」為中心的觀念始終不絕。中國傳統主張和睦共處，孔子開始主張以和為貴，首先是要對人民加以道德感化，其次再用法律手段。儘管近代以來引入西方觀念，追求個人自由等等，都對我國社會有很大的影響，但是以和為主的和睦相處的觀念直到今

天都是重要的社會共識，也是我們調節矛盾的基礎。

傳統調節機制值得我們借鑑的是什麼？第一，傳統調節機制強調法律應該順應實事和民生。第二，傳統調節機制重視基層建設和聯動。第三，傳統調節機制必須重視法律，要求官員和民眾知法守法，特別是要求官員知曉和熟悉法律。第四，傳統調節機制強調上下溝通，及時反應民意。第五，傳統機制要求防止民間的私鬥。第六，古代特別重視犯罪的事先預防。第七，傳統調節機制要求促使違法犯罪向輕緩的方向發展，這也啟示我們不僅僅注重審判，更要深入發覺人的內心感情，啟發他的內心良知。第八，傳統調節機制強調民事糾紛和輕微刑事案件的調節。第九，傳統調節機制強調教育文化和經濟環境的改善，提高人們自覺遵守法律和道德觀念的素質。

和古代相比，今天的社會環境有很大的不同，我們的法治觀念和過去的法治觀念也有所不同，但是一脈相承。要做好今天的維穩工作，以便在司法當中更多的維護正義，就需借鑑傳統智慧，引導當事人明理知理，為建設和諧平安的社會環境和人際關係，努力創造一個有序的社會環境和生活秩序提高條件。

（盛文沁整理）

探索東亞法院：三個形貌

葉俊榮

臺灣大學法律學院教授

東亞的崛起是當前非常受到矚目的議題，東亞的崛起有一定的時間脈絡可循。日本自明治維新以來的現代化，一直到大戰前的軍事擴張，乃至戰後經濟實力的展現，早已經展現出一個相當完整的亞洲崛起模式。二十世紀七八十年代以來亞洲四小龍的經濟起飛，尤其是韓國與臺灣自八〇年代末期以來的民主轉型與隨後民主經濟體制的發展模式，更是繼日本之後所呈現出一種鮮明的亞洲崛起模式。而近來，隨著中國改革開放所造成的快速成長，全面影響全球的權力與物質流動的結構。在政治與經濟分離發展的體制下，中國則創造出了最近一波最鮮明的亞洲崛起模式。

而在這些崛起論的背後，法院扮演何等的角色？崛起論的論辯，是否鑲嵌著法院功能與形貌的影子？從國際上對亞洲投資者對法院救濟功能的關切，隱約可以看出這背後的關聯。

談論法律，如何運用法律，怎麼解釋法律，其實有一個很重要的參與者，就是法院。法院時常扮演著一種解釋法律的角色，甚至在很多時候法院也在創造法律。更重要的是運用法律的人。所以，研究法律轉向研究法

院，其實對了解這個社會的經濟、文化、發展路徑，以及民眾的需求和政府的治理，其實都是很重要的視角。

就中國大陸、韓國、日本及臺灣法院的比較而言，存在三種法院模式。其中，日本與中國兩種模式的差別最大，臺灣與韓國之間則呈現非常多的相似。這呈現了東亞法院的多元性與動態性，打破呈現「一種」東亞法院藉以與西方對照與抗衡的迷思。

若對法院進行地區比較，在東亞地區，香港是最棒的。我們的評價標準裡面，法院是否獨立還是很重要的。然而最好是提供更為精確全面的比較。

第一，亞洲並非內部一致和相同，亞洲是多元複雜的。第二，法院會受到歷史、社會經濟結構、發展路徑的影響。傳統觀點認為法院就是解決紛爭的，而且紛爭的對像永遠是 A 和 B，他們相互對立。法院只是運用法律，非常獨立。不是你贏就是他贏，絕對沒有協調。但實際上法院有自己的想法，以及對社會的看法。法院的判決反映出這個社會的正義感，而非一切都依據法律。第三，更全球化的法律秩序越來越複雜，與國際法產生關係。

研究各國法院，可以用三個軸線進行分析：一、傳統和技術；二、轉型；三、全球位置和聯繫。以中國大陸、日、韓、臺灣為例。臺灣的法院制度與日本有關係。日據時期，日本將法院系統引入臺灣。一九四九年後，國民黨在臺灣推行自己的制度。因此臺灣的現有法律制度有日本背景。一八九五年韓國建立了現代法院系統，被日本占領後則學習日本制度，擺脫殖民之後又開始建立自己的法院。日本在明治維新之後學習西歐，推行行政法院，美國占領時期則引入最高法院模式。現在日本法院的

獨立性很高，但內部官僚化，因此造就了所謂的法院保守主義。中國在一九四九年後，法院體系受到蘇聯法律體系的影響，「文革」時期法律系統崩潰。改革之後逐漸完善法院系統。

無論哪個國家，其法院體系的發展都不是百分之百用法律，也不是百分之百獨立的，它在思考怎麼跟社會互動。特別是，法院體系與政治體制的關係非常深厚。

（盛文沁整理）

中日行政復議制度的改革方向與法治發展

尹龍澤

日本創價大學法科大學院院長、教授

法治主義在東亞各國的最大公約數是保障人權，追求依法立法、司法、行政。現階段，東亞法治主義的根本問題多起因於立法過程 —— 前近代法治主義課題。

從日本行政復議制度的爭議來看，由於日本在第二次世界大戰敗降以後被美國占領，行政復議法的修改必須等到一九六二年行政復議法的實施，所謂的現實優先主義，超法規主義，即與法規相比，應優先克服現實問題。之後，行政訴訟法有大規模修改，但行政復議法沒有與之一起修改，這表明日本法治主義的根基還不深。日本行政復議法的修改過程表明法治主義在日本的根基還不深。

在中國，基於政治體制的原因，通過立法權、司法權來實現對行政權的外部、他律性控制是有侷限的，故與日韓相比，更有必要通過行政復議制度來實現內部、自律性控制，但成效不太令人滿意。為實現公正、便民等目的，中國推行了行政復議委員會制度，而大大提高行政復議工作人員的意識、業務水平是促進行政復議制度的要素。行政復議制度本身處於變動中的行政訴訟制度與信訪制度之間，所以有無限多的形態。可以且有必

要在與行政訴訟、信訪或行政程序等有機關聯中，建構理想的行政復議制度。

在中國、日本，確保獲得國民的信賴是最重要的課題。行政復議的空間無限廣闊。所以在構築理想的行政復議制度時，有必要考慮行政訴訟，信訪，尤其是和信訪制度的聯繫，中國的這些經驗已成為東亞行政復議制度的重要參考。

（盛文沁整理）

當代中國社會的結構性特徵及其面臨的主要挑戰

文　軍

華東師範大學社會發展學院社會學系兼社會工作系教授、社會學研究所所長

當代中國社會正處在快速的轉型發展之中，如果從社會轉型的結構性特徵來看，中國三十多年來的改革開放歷程，其大體上經歷了起步與探索、確立與調整、深入與優化三個不同階段，其發展過程表現出來的一個顯著特徵就是社會分化正在加速和社會流動不斷加快，與之相伴隨的結果就是傳統的社會整合力也在下降，從而導致了社會衝突與矛盾的日益加劇。

當前在中國研究社會結構主要是有四種視角：一、權力的視角。二、制度的視角。三、文化的角度。四、職業的視角。當前若觀察中國社會的結構性特徵，不能忽視四個社會背景：一、社會分化在加速。二、社會流動加快。有所有制之間，地區之間，城鄉之間等等。三、社會衝突加劇。四、社會整合力的下降。一大半人實際上生活在體制外，再要依靠國家的行政整合能力來進行社會控制和社會整合顯然不行。各種各樣的矛盾和衝突也在頻繁地發生。這是當代中國社會結構表現的整體性特徵。

中國社會結構的轉型是整體性的，其影響也是全局性和持久性的。但

同時，作為一場深刻的社會變革，它正進入一個更多觸及深層次矛盾和更多面對外部複雜因素的關鍵階段，其中一個鮮明特點，就是社會進步與社會代價共存、社會優化與社會弊病並生、社會協調與社會失衡同在、充滿希望與飽含痛苦相伴。從社會結構的角度來看，影響未來中國發展的主要結構性矛盾體現在城鄉結構和階層結構上，這一問題的產生具有中國獨特的本土化特性，是中國改革開放取得巨大經濟奇蹟之後的又一個「社會奇蹟」，完全不同於以往西方現代化國家所經歷的社會發展之路。

現階段最大的問題是，除了上層有一個階級化的趨向，包括財力菁英、財富菁英組成一個結盟。下層則碎片化，底層社會沒有真正形成。正因為下層碎片化，很多群眾性的鬧事、群訪事件屬於一個可控的狀態，上層關係處理好就形成了菁英結盟，上層和下層還沒有形成對抗。如果下層也是一種階級化，上層也形成一個階級化，就會形成兩個極端，兩個極端就形成碰撞，那就非常可怕。我們希望把中產階層做大。還有階層結構定性化的趨勢，不同階層之間的流動在減少，各種排他性因素出現。一旦這種分層結構固化下來，階層已經不具備再生產的能力，這樣可能會出現社會分裂和斷裂的現象。所以一個好的分層的社會結構並不可怕，可怕的是縱向的階層成為唯一的分層，各縱向之間缺乏流動性。

重要原因在於權力的作用。中國更多的是一個壓力型的政治體制運作方式，從上至下進行管理。好的方面是政府主導能力比較強，組織資源能力比較強，控制社會矛盾比較強。但是消極作用是所有事情都往上看。當前中國的重要任務就是體制改革，應該走向一個結構性改革，未來在政策選擇上應該構建一個更加具有包容性的社會。隨著個體化時代的來臨，各種不確定性，差異性和多元性在不斷增加，這個時候很需要有一種社會政

策更多包容彼此之間的差異，形成更具有包容性的社會。

　　必須從中國本土的實情出發，實行以體制性改革為重點向以結構性改革為重點的轉變，逐步打破單方面的體制性改革，從市場經濟、公民社會、公共服務型政府的建立等不同角度來全面推進結構性改革，充分發揮社會結構的平衡性作用，通過建立順暢的社會流動機制、合理的利益協調機制、安全的社會保障機制和有效的矛盾疏導機制，來確保社會結構的和諧有序與良性發展。

（盛文沁整理）

社會轉型中的管理、治理問題與社會公正

周賢正

聖公會東南亞教省大主教、新加坡聖公會大主教

在任何社會中，現代化主要表現為政治或社會經濟，甚至是宗教與文化的轉型。不同社會的現代化之間的區別可能僅在於發生的原因、變化的範圍和程度、進展速度、造成的衝擊及其後果。這在人類歷史上的任何社會都發生過。然而，如果我們看到中國在過去三十年間就躍居為世界第二大經濟體的驚人轉型，那麼中國在現代化過程中的努力和經驗，無論是正面的還是負面的，都還難以斷言她給自己、所在地區和整個世界帶來的是好的結果還是壞的結果。

一種內在的、有意識的社會轉型治理／管理將賦予社會公正以有利於社會弱勢群體的定義。首先，在基督教的觀點看來，實現社會公正的道德律令是超越「行善」的，它是一種綜合的道德-宗教-文化的律令和義務，要適時而恰當地作出有利於弱勢群體的「差等」回應。國家權力無法決定對其的取捨。其次，這是一個在歷史上不斷出現的社會現象，從舊約時代到新約時代乃至西元後的基督教會。

（盛文沁整理）

中國代際流動的趨勢和變遷（1966-2010）

李　煜

上海社會科學院社會學研究所副所長、研究員

代際流動概念就是指父代和子代是否處於一個階層，如果有變動就屬於流動，如果沒有變動就不屬於代際流動。在這個意義上，代際流動的多少是一個社會結構開放性的指標。

社會流動有兩個指標，一個是絕對數量的指標，就是觀察流動率，就看多少的子代不同於父代。這是一個總量指標。但是即使是很多的孩子不再從事父母的職業，比如說農村的孩子進了城打了工，未必意味著這個社會更加公平，流動的不平等性或者流動機會的不公平性未必是改善的。所以就引申出下面一個指標，所謂相對流動率是測量群體間流動機會的不平等程度的，它越高，即使你絕對流動的機會增加了，但是相對向上流動的機會可能會惡化。

改革開放以來的社會經濟制度變遷深刻地影響著社會結構及其運行機制，但對於我們這個社會是走向開放還是封閉仍然處於爭議之中。市場樂觀派認為，市場打破了舊分層秩序，為社會成員提供了一個公平的競爭機會。按照經濟增長邏輯，中國近二三十年農業人口越來越少，工業化越來越發達，所以一定會造成農民越來越少，工人越來越多，包括第二產業到

第三產業的升級。所以這個邏輯得出的判斷是，流動機會的總量會增加，也就是說絕對流動率一定會上升。而另外一些學者則強調權力和資源的不平等分配邏輯下社會結構的再生產，或者得出社會已經「斷裂」或「階層固化」的結論。我們現在已經進入「拼爹」時代。在拼爹時代，無論是教育還是就業，家庭背景的作用是越來越大。所以在這個邏輯下面相對流動率會下降。

結構（絕對）流動和循環（相對）流動水平、代際關聯性等代際流動核心指標在各歷史時期有差異，以及城鄉、性別間在流動機會上有不同，這反映了社會不平等機制的作用和變遷。

改革開放之後，特別是二〇〇〇年前後，代際變化到底是怎樣的？如果很多孩子脫離家庭背景可以跑得比較遠，我們稱為是一個開放社會。比如剛剛改革開放時期，農民的孩子真的能夠跳出農門的機會很少，要麼不出門，要出門就很遠。這個可稱為高鐵模式。還有一種所謂的公交模式，跑不遠，也就上下一級，非技術工人變成技術工人，農民變成體力工人，或者一般的行政辦事人員。在二十世紀九〇年代之前、九〇年代和二〇〇〇年絕對流動率是在上升，向上流動的概率也在上升。同時，結構流動率方面，這個指數越高，說明初流動率是因為經濟結構變遷所導致的，並不是因為這個社會越來越公平、流動機會增加導致的。因為太多的農民的孩子在他就業的時候就不從事農業工作了，在我們的社會流動分析中他們是被迫流動。這三個時期流動率越來越上升，很大程度上是因為中國經濟的升級，或者中國經濟的轉型導致的，而未必是因為這個社會的流動機會更加開放的結果。二〇〇〇年前後，流動性在減弱，或者說關聯性在減弱。分析絕對流動率，我們看到不同社會群體他們的流動趨勢是不一樣

的，對於城市男女，從高鐵模式向公交模式轉化，農村男性是固化傾向，
而女性可能是更加開放的呈現。

（盛文沁整理）

經濟增長、收入不平等和主觀幸福感：來自中國的證據

吳曉剛

香港科技大學應用社會與經濟研究中心主任、教授

已有的對不平等與幸福感關係的研究存在若干方面的不足。其一，在研究背景上，對發展中國家和轉型國家的經驗研究明顯欠缺，因此我們不清楚已有理論是否具有普遍的適用性，對經驗性的研究發現的穩健性還有待進一步檢驗。其二，在研究方法上，關鍵變量的測量和統計模型的設定對結果具有很大的影響，對這些問題的處理不當可能正是導致經驗發現互不相同的原因。其三，在理論上，一方面很多研究都把幸福感、生活滿意度和主觀福利等視為可以互換的概念，缺乏對概念之間關係的認真梳理；另一方面不少研究都從對變量關係的觀察直接跳躍到對過程機制的猜測，缺乏對不平等到底如何影響幸福感的具體分析和深入理解。我們應力圖解釋，人們的主觀幸福感是如何受到個人特徵和地方的社會經濟發展的背景的影響的，特別是經濟因素的影響。

中國在十年前就提出「和諧社會，以人為本，科學發展」。今天講幸福感，是指你對周圍的世界、對你整個生活總體的判斷。

中國經濟增長非常快速，經濟增長帶來環境、貧富差距、住房、空氣

問題。主觀生活滿意度是社會分層的一個後果。這些東西都對人民生活產生了很多影響。在生活滿意觀的民意調查中，我們發現在這十年內中國人民所謂的生活滿意度在下降。怎樣提高人民的滿意度，成為各級決策者考慮的一個最主要的問題。

幸福感當然以物質為基礎，無論是在個人層次上，還是在家庭層次上跟你的滿意程度呈正相關的，就是你越有錢，你越幸福。可是從國別層面上，並不是富裕的國家其幸福感就比窮國的幸福感高。幸福感不是由絕對的收入來決定的。社會心理學家講社會比較機制。幸福感是跟收入是成正相關，但收入不平等會讓人產生一種相對剝奪感。

（盛文沁整理）

中國勞工運動：範圍、語境和限制

瑪麗‧加拉格爾
美國密歇根大學政治學副教授、中國研究中心主任

中國的勞工運動始於二十世紀八十年代。從九〇年代開始，尤其在中國沿海城市出現了勞動力用工荒的問題。勞動力用工荒是由市場造成的。用工荒產生了勞動力討價還價的權力。戶口等制度樊籬，以及中國經濟結構性的變化導致勞動力不足。近年來中國工人頻繁進行大規模的罷工、遊行及鬧事事件。這樣活躍的工人運動有可能會對中國勞工關係帶來意義重大的變革，並預示集體工人運動的到來。自二〇〇四年勞動力短缺現像在珠三角一帶被首次發現以來，它促成了工人運動的人口、社會以及政治發生變化。制度狀況以對立的方式影響中國工人運動，即一方面導致自發罷工，另一方面又受到缺少長期組織權利的制約。

在勞工維權問題上，新生代的農民工已經有更好的教育背景，而且家庭規模更小，他們的資源，父母親給他們的資源，他們家庭給予的資源會更多。所以在進入勞動力市場的時候，他們的預期就與他們的父輩不一樣，預期更高。他們對於自己的發展也有想法。從大規模的運動來看，在過去五年當中，這些農民工可以用互聯網等信息技術共享信息，而且能夠

很好地組織起來。我們應該記住，這些改變的基礎還是經濟變化所造成的。在政策層面，過去六七年有關政策發生了很多變化，對勞工給予政治上的支持。一些底層的工會權力和作用都體現出來。

這些運動自下而上，從二〇〇八年開始勞工運動得到諸如媒體，還有勞動保護法的支持。勞工們能運用一些法律武器。從二〇〇八年開始勞動糾紛成倍增加，這些糾紛主要通過調解方式解決，而非在法庭上解決。總體而言勞工的群體性事件越來越多，最關鍵的問題還是中央與地方政府在政策制定和執行上的不一致。中央政府發佈規章制度，但是地方政府並沒有很好地執行。其次是工會問題，在大多數情況下，工會並不是很積極地組織罷工，通常情況下他們在管理層和工人之間做一個調停者，但是他們並沒有權利代表工人，他們只是作為一個中間人。

體制上的弱點則與法律體系相關。從理論上來說，工人有集體勞動法律討價還價的機制，但是在真正實施當中都是個體的，個體的勞動關係增長的速度比集體的要更快，所以在法律上個體的案件更多。另一弱點就是過度依靠維穩手段管理勞動關係。當大的罷工發生的時候，或者大的活動發生的時候，他們希望能夠去管理，但是它不是一種預防性的，只是對這個事件發生以後做出反應而已。

（盛文沁整理）

香港特別行政區的公眾預期與制度安排

王卓祺

香港中文大學社會工作系教授、亞太研究學院副主任

福利增長是不是一個難題，一方面有不斷增加社會公共服務的要求，另外一方面財政負擔跟不上。但是有一些國家和政府，它有良好的財政收入，這個問題可以控制。香港有很強的競爭力，政府的通常開支少於他們的收入，財政很好。香港和新加坡的公共開支中用於社會保障的數量很低，但香港和新加坡很穩定。它們在制度方面有能力控制公共期望，在福利消費方面則主要用基金模式，而非社會保險模式。比如新加坡用中央公積金，它不但在社會保障方面，還在財政融資、醫療、房屋、教育方面有融資。香港是用強積金，它主要用於推銷保障。他們背後的原則就是激勵照顧，老闆和工人取出然後投資，為工人將來消費助力。所以這個是制度安排限制道德災難或者是道德風險。但是基金模式的問題是，有一些低收入工人的競爭力比較差。在二〇一二年，新一屆特區政府就採用國際貧窮線，這是很重要的措施。

中國香港特別行政區的「為福利清賬」舉措其本質並非全部與資源相關，而是如何達到公眾期望，而這些人恰恰對現行的制度表示出極大興趣。雖然政府持有大量財政盈餘，但無法滿足大眾對長期性方針承諾的期

盼,在這樣的背景下,公共合法性隨之下降。因此,制度安排在調整公眾期盼中扮演著重要角色,同時對其福利消費行為具有決定性作用。

最大的問題不是資源問題,而是公眾是否授可稅後轉移貧窮率。一個例子就是全民健康服務,香港使用英國全民公共醫療服務制度,醫療情況十分好。但是收費太便宜,服務太好,這個制度的延續性就有問題。百分之七十病人在香港都是用公共醫療,包括大部分中產階級。當然太好的服務、太便宜的收費代價就是等候時間長,另外不可以選擇醫生或者護士。

制度安排很重要的一點就是控制管理福利收費,確定人民行為和影響他們的價值。這不但是社會資源夠不夠的問題,這個資源永遠不夠。另外最重要的是怎麼管理社會期望。

（盛文沁整理）

中國兒童福利體系建設：科學、研究與實踐的啟示

傑奎琳・麥克科洛斯基

美國南加州大學社會工作學院 John Milner 講座教授

自二〇〇六年起，支持社會工作成為中國十分重要的新方向。政府和主要機構都取得了極大的進展，發展了近二百七十個本科和七十個研究生培養項目，建立了職業培訓的標準，與全球其他國家的相關機構建立夥伴關係、開展教育交流，並設立了各種社會服務項目。中國在如此短的時間內取得了這樣的進展值得慶賀，但是在扶助困難家庭、保護和幫助失依兒童、防止弱勢者受到忽視和傷害等方面仍有許多工作要做。中國有三點二二億年齡在十八歲以下的青年和兒童，還有七千八百萬失依兒童。中國的社會福利體系在扶助困難家庭、保護和挽救失足青年等方面任務艱巨。為這些孩子建立更好、更安全的住所（孤兒院和看護所）都是好事，但還不夠。二十一世紀的社會服務體系必須全面應對健康、防護、治療和維護等方面的問題，科學研究表明，這些對防止青少年精神、情緒和行為紊亂等都是十分必要的。

防護科學的新概念正在改變美國社工對兒童福利的認識。我們有三個目標：一、保護兒童免受虐待和遺棄。二、要有穩定的家庭。三、增加和完善兒童的成長。同時我們有三大期待值：非常安全；非常穩固的家庭；

能夠使他們的潛力極大地發揮。

如何看待兒童安全問題？從神經學角度，大腦的架構從底部開始建立，也就是指兒童非常非常小的時候，然後慢慢聚集發展的。當兒童受到虐待或者被遺棄的時候，他會有一種持續性的恐怖，而且不知道什麼時候會受到虐待。他們一直處在這種高度緊張的時候，根本就不會去學習，而且學習也會不好等等。如果缺乏學習的話，大腦當中的神經元就受到影響，語言詞彙有問題。

在學習和挖掘潛力方面，個人情感，以及與家庭進行交流的時候，會為今後如何跟別人打交道奠定基礎，同時還有助於挖掘學習潛力。因此這是社會的能力，社會的潛力。現在我們通過授課會教給兒童一些行為規範，而且告訴他們為什麼十幾歲的年輕人會產生很多問題。

另外還有一種理念非常重要，就是保護性的效應。也就是說如果有不好的事情發生，你必須是受保護的，能夠避免產生負面問題。兒童必須要有社會的交往，或者是社會關係。比方說和朋友、親人的交流。還應建立一個關愛兒童的體系。比方說一方面要照顧那些需要照料弱智的兒童，另外則要傳授一種技能，不能永遠只依賴社會公共服務者。

中國應該從西方經驗中獲益，從源頭上將防護和早期干預加入到社工服務的網絡中，把重點放在對家庭和社區的加強上，而不是在兒童已經遭到傷害後才介入。這個體系必須足夠多樣，以應對不同的家庭情況，包括農村地區托養留守兒童者，沒有時間照顧孩子的農民工家庭、因家長服刑或無撫養能力而失依的兒童。這當然是個巨大的挑戰，但是中國人都十分關心自己的孩子，那麼整個社會也必須保護這一最寶貴的資源，以防止未來由於失學和貧困兒童帶來的社會經濟代價。

（盛文沁整理）

澳門的兒童福利保障制度

葉炳權

澳門特別行政區政府社會保障基金行政管理委員會主席

隨著近年急遽的社會經濟發展，澳門兒童及青少年問題愈趨複雜。澳門是以家庭作為基數，特別關注兒童福利保障，在醫療衛生、教育、社會福利和權力保障等範疇都投入大量資源和宣傳工作，努力達到預防、支持和補救的政策目標。

在醫療衛生方面，所有居住在澳門華裔的婦女都可以免費獲得政府提供的家庭計劃，產間保障，產後檢查，確保母嬰的健康，而且在政府醫院分娩可以得到免費的醫療服務。政府醫院設有新生兒科、發展科、兒童和青少年科等專科門診，提供免費的醫療輔導服務。政府透過跨部門的協作進行個案跟進，適時為母嬰提供免費的醫療轉介、復健和輔導服務。

澳門已明確兒童及青少年享有基礎教育的權利，並全面落實十五年免費教育。對貧困家庭，政府會提供經濟援助和特別生活補助。澳門教育體系一直都重視在校學生的溝通和輔導工作。從一九八九年開始發展了各種家校合作服務，包括駐校輔導服務，學生嚴重事件通報服務，校園危機事故支持小組，還有離校學生支持服務，回歸校園適應學習計劃，幼兒園學

生支持計劃。我們不斷改善駐校學生輔導員和學生比例配額，學生越多，我們配的學生輔導員也越多。政府還向處於成長危機、社會不適應或偏差行為的兒童及青少年，安排院舍監護服務；對突變事故的家庭，提供短期的住宿照顧和寄養家庭服務。

對於貧窮家庭，特區政府社會工作局提供經濟援助和社會補助，通過補助幫助貧困家庭使他們能夠維持基本的生活保障，政府也向民間支援服務機構提供經費資助。兒童及青少年服務也慢慢轉向綜合服務。比如介入社會保障制度，處理監護權、親權，調查父母身分，處理危機或社會生活不適應問題，處理離婚訴訟導致的兒童撫養權等等。在體制機制層面，特區政府成立了跨部門阻嚇販賣人口措施關注委員會、青年事務委員會等政策諮詢機制，草擬制訂家庭暴力防治法，預防兒童及青少年免受傷害。社工局向一些遇到特別事故的家庭提供服務，疏解家庭壓力。特區政府積極履行兒童權利公約兒童保護工作。

兒童和青少年作為我們社會重要的資本，在未來十年人口空窗期將扮演重要的角色。澳門跟其他地區一樣現在面臨一個老齡化問題。所以對於兒童和青少年福利不僅要保障他們的身心發展和成長需要，還希望這些教育提高他們的技能。社會保障體系強調對兒童和婦女的家庭保障，特別是兒童因為這個保障獲得良好的生活醫療和衛生基礎，從而就能增加他們社會向上流動的平等機會。如果我們將兒童福利保障制度與未來的人力資本投資和其他的社會保障制度政策聯繫一起發展，肯定是互為補足，也對整個社會發展起一個十分重要的作用。

（盛文沁整理）

中國青少年教育不平等狀況及變化趨勢

李春玲

中國社會科學院社會學研究所研究員

中國城鄉差距巨大，城鄉之間的不平等是最突出的問題。這也反應到教育的領域裡，所以在討論中國的教育不平等問題的時候，其實最突出，最嚴重的是城鄉之間的孩子上學的機會差別很大。這跟其他社會有些不一樣，在大多數社會裡面階級之間的教育不平等會更突出一些。但是在中國，階級教育機會不平等和城鄉之間不平等交織在一起。

一九四九年新中國建立以來中國教育事業發展迅速，尤其是改革開放以來，學校教育規模和教育機會增長極為迅猛，然而，教育機會不平等程度並未隨之持續穩定下降。雖然在性別差異方面，以及小學和初中教育階段，教育機會不平等有所降低，但在高中和大學教育階段，不平等程度未有明顯下降，而且城鄉差距仍在增強，階級不平等還具有強烈影響。

大學擴招政策有後續影響。大學擴招政策當然提供了更多上大學的機會，但負面效應就是大學生就業困難。實際上這一現象對不同出身背景的人的教育選擇就產生兩種截然相反的影響：對於城市居民和中產階級，或者上層階級的家庭來說，不管大學生就業多麼困難，他們一定認為子女教

育非常重要，對子女進行更多的教育投資。對於中產階級和上層階級家庭的父母來說，他們覺得現在的孩子不僅要進入大學，而且一定要進入好大學。所以大學擴招政策對這些家庭的影響是增加了他們對子女教育的投入，增加了他們對孩子教育的期望，要他們去讀名牌大學，不僅讀本科教育，還要去讀更高的學位。

但是與此同時，對農村人和下層民眾來說，大學生就業困難帶來相反方面的影響：對子女教育期望和教育投入的下降。大學考不上，即使考上大學又找不著工作，他們就覺得不值得進行教育投資。現在大量的九〇後農民工基本上是初中畢業就離開學校了，然後就放棄他們的受教育機會。這一現象產生的後果就是社會經濟地位的代際傳遞，農民的下一代還是處於社會底層，中產階級和上層階級的子女獲得更好的社會經濟地位。

如何採取有效的社會政策和教育政策促進教育公平，為農村子弟和弱勢群體提供更多的教育機會，增進社會融合與和諧，是政府決策者需要考慮的問題。

（盛文沁整理）

中國高等教育改革：是否需要新的研究範式？

趙力濤

新加坡國立大學東亞研究所資深研究員

從一九九〇年代中後期以來，中國高等教育經歷了規模空前的發展。相應地，對中國高教改革的研究也在大量湧現，取得了很多成果，但是能夠從整體上把握中國高教改革的研究仍然不多，亟需更有深度的研究。

很多研究採用了全球化的視角，把中國高教改革看成是全球高教改革的一個組成部分，強調全球高教改革趨同的特徵，例如重視治理結構，強調「去管制」（deregulation）、「分權化」（decentralization）和「市場化」（marketization）的改革思路。全球化的視角有助於解釋中國為什麼要搞大學合併，為什麼要把絕大多數高校劃歸地方政府管理，為什麼要建立「現代大學制度」，等等。另一類研究採用了區域化的視角，把中國高教改革看成是東亞高教改革的一個組成部分。如果說全球化的視角強調「去管制」「分權化」和「市場化」，那麼區域化的視角則強調「有管制的去管制」（regulated deregulation）和「集權下的分權化」（centralized decentralization）。兩者的不同之處在於全球化的視角認為政府和市場的角色在高教領域發生了根本的變化，而區域化的視角認為政府仍然主導高教

改革，不是市場取代了政府，而是政府利用了市場。

中國高教改革的最大特色是從上到下動力非常足。這個動力來源在哪裡？中國高教改革是一個資源大量釋放的改革，政府為高校釋放大量資源，社會也為高校注入大量資源。相比之下，歐美的高教改革已經過了這麼一個階段。所以他們面臨的問題是在後高等教育階段，財政出現緊張的情況下，大學面臨一個節約開支的問題。中西的高教改革背景非常不一樣。資源投入是一個比較大的不同。

充足的資源是辦好高等教育必要的條件，實際上它也帶來一些積極的變化，解決在硬件方面制約高教發展的瓶頸因素。現在制約高教發展的是投入的問題，還是所有深層次的問題？我們更加偏向於後者，如果深層次問題不解決，再多的資源投入也難以讓高教再上一個台階。

從資源配置角度來看，中國高校有幾個方面的問題。

從結構方面來看，中國高校有兩個偏低。第一就是大學支出結構，工資和福利占支出結構比例偏低。二、從大學老師收入結構來看，中國的特色是基本工資占收入比例也是偏低，這樣的支出結構和收入結構其實是會影響高校，影響個人的行為。所以很多老師把大量的時間花在和個人研究沒有關係，但是和利益緊密掛鉤的活動當中，這種激勵機制鼓勵的是低水平重複的勞動，而不是附加值很高的學術創新活動。

如果要看中國的高等教育改革，如果要看它的資源投入釋放的方式，那麼不僅造成了資源的分散，資源的切割，而且這個過程非常複雜和混亂，缺乏有效的監管和問責。

有的研究項目立項本身就有問題，這樣的立項本身就沒有學術研究的價值；有的項目它設立了前置性的條件，通過前置性條件，就排除了很有

潛力的競爭者。有的項目甚至沒有競爭的成分在裡面，以指標的方式戴帽子下達。有的項目有直接的指定受益人，這裡面已經涉及了利益輸送和利益交換。不同類型的項目有不同的玩法，通過這個項目配置高教資源，裡面摻雜了非學術的資源，附著利益越大的項目，裡面非學術的因素就越明顯。

涉及利益交換的項目，問題嚴重性已經超過了我們一般的關於資源配置的討論。即使那些不涉及利益交換、利益輸送的項目，由於特殊的配置方式，比如說通過設立前置性條件，也造成一些問題。比如說設置前置性條件排除那些有學術能力，但是沒有滿足這些條件的單位和個人，就導致競爭不充分，從而影響到資源的配置效率。同時它也是保護既得利益者，就不符合公平的原則。

過多通過項目配置資源，導致資源大量分割，反而製造了很多矛盾，製造利益的對立，比如「海歸」和「土鱉」的矛盾。又如，類似「千人計劃」的人才計劃造成資源分割，造成經濟利益的對立。現在為了平衡，中國又出臺一個針對本土人才的「萬人計劃」，但是「萬人計劃」只會進一步加劇資源的分割，有可能製造更多的矛盾，造成更多的問題。

和資源大量分割、切割有直接關係的另一問題，就是那些沒有項目的單位或者學者、個人，他們面臨資源就相對有限，所以他們要面對一個競爭非常激烈的局面，在中國高教系統裡，資源分配方式既有競爭不足的情況，也存在競爭過度的局面，當然競爭不足或者競爭過度對於學術發展來說都是不利的，所以在競爭過度這麼一個生態系統裡面，學者需要做很多他們不擅長、沒興趣的事情，甚至有的時候以違反學術規範的方式來做這些事情。

由於同時存在競爭不足和競爭過度的情況，不管是學校，還是學者，他們都會調整策略，他們的策略力爭從競爭過度的場域進入到競爭不足的場域。就是所謂的構建平臺，做項目。平臺這個概念對於理解中國高教改革非常重要，在英文文獻當中也沒有相對應的概念。在中國，平臺是資源獲取的一種機制，是承接項目的一種機制。

高教改革過於重視資源分配環節，處在資源分配環節的末端給他們競爭和考核，忽視在資源分配前端競爭和問責。因此，下一步改革需要調整主攻的方向，這方面可以借鑑社會管理創新的方法叫關口前移，一直移到資源配置方。針對行政化配置高校資源這個問題，可以將很多高校資源和科研相關的科研資源委託給獨立的、專業的機構來管理，比如說基金會，可以通過獨立專業機構的競爭，通過他們問責加強科研資源，加強高校資源的使用效率。

針對大量項目造成的高教資源的分割引發的種種問題，應該改變通過項目大量配置資源的方式，其實大量的項目可以削減，附著在這些項目上的資源可以釋放給高校，可以保留少數出於改革的目的、需要先行先試的項目。

在微觀層面，需要調整大學老師的工資結構，提升基本工資在工資結構當中的比重，降低其他的競爭型收入在工資結構當中的比例。削減項目釋放出來的資源，很大一部分可以用來提升基本工資。工資結構改革看起來好像和大學能力建設沒有直接的關係，但是它影響高校和學者的行為。高教改革其實不能只關注微觀層面的競爭，最需要改革的不是資源分配環節的末端，應該改革開端。

（盛文沁整理）

▌第二部分　中國精神

從喜馬拉雅圈到中華文明圈——中國文明史新探

譚　中
芝加哥大學東亞研究中心訪問教授

喜馬拉雅圈是一個生態圈，也是印度文明圈和中華文明圈的搖籃。根據現有考古發現，隸屬於中國境內長江流域文明的三星堆文明和印度境內的哈帕拉文明早有貿易往來。三星堆文明圍繞喜馬拉雅山麓從青海向雲南、四川發展，是「巫山猿人」與新石器時代大溪文化持續發展的象徵。中國古代的「蜀」字是蠶的象形字，「蜀國」的意思就是「蠶國」。三星堆文明將絲綢送到了印度，在古印度的《治國安邦術》（The Arthasastra）一書中就有「蠶繭與絲綢都來自 cina 國」的說法。「cina」即「絲國／蠶國」。印度又把「絲國」的信息傳給了古希臘。古希臘人沒見過蠶，原來以為絲是樹上長的。他們到印度買了絲綢後才知道蠶繭，所以「Seres」的意思是「絲國／蠶國」，這個信息是印度人傳給他們的。過去人們錯誤地認為「Cina」是「秦」、「羌」，其實應該是與絲綢有關，可能是「巾」或

「錦」。早期中印文明圈的交往其實就是喜馬拉雅圈的內部交往。

另一方面，中國和印度都是河流文明。黃河和長江畫出了中國的輪廓。發源於同一地點的地球第三大河長江與第五大河黃河分道揚鑣，最後在入海前匯合，構成一個半封閉式文明圈架構，中華文明圈在這個架構上穩固建立起來。兩條超級大河構成的中國輪廓使中國統一政體覆蓋兩河流域及周邊土地。中國人使用統一文字，採取孔孟和諧社會文化，發展灌溉農業與畜牧業。「家」的字形就是屋頂下養豬，這反映了中國人安土重遷的特點。

印度文豪泰戈爾曾說自己繼承了印度文明中「家園」與「行僧」的兩種動力。借用泰戈爾的說法，中華文明的基本動力是「家園」精神，中國成為了家園式的「超大國」而不是「超強國」，因而得以持續發展。「超大國」不逞強，不搞「帝國主義」征服擴張。但是，不逞強的「超大國」仍然受到「絕對強權絕對崩潰」規律的制約而難以穩定持續發展。中華「超大國」依靠印度文明圈的幫助才打破了「絕對強權絕對崩潰」的規律。歷史上的中國發展得益於「喜馬拉雅圈」內的交往。

從漢明帝開始，中國熱烈歡迎印度高僧來華宣揚印度文明，印度寺廟文化使中國社會在經濟、政治、文化各方面改觀。中國成為比印度更虔誠的「佛國」。印度文化注入幫助中國家園式「超大國」鞏固穩定持續發展。佛教的繁榮使得中國從分裂狀況中重新統一起來。統一中國有功的隋唐王朝的十二位皇帝，除唐武宗外，都是虔誠的佛教徒。從隋唐開始，中華「超大國」歷代王朝都信仰佛教，印度能量注入、繼續發揚光大。明太祖曾是和尚，遼、金、元、滿清的外來統治者都信佛，西藏喇嘛文化在北京的繁榮，象徵聚焦「喜馬拉雅圈」。

佛教促使中國這個「超大國」形成了自己的指導思想，即「父天母地，子養下民」，「為天地立心，為生民立命，為往聖繼絕學，為萬世開太平」。譬如，唐太宗「轉金輪」、著《金鏡》，以「聖人政治」精神造成負責任統治者的風氣，他的名言「民可載舟，亦可覆舟」成為懸在政府頭上的「達摩克利斯之劍」。此外，佛教的「平等」精神發展為「打抱不平」，使「超大國」具備了通過「起義」推翻暴政的機制，從而避免「絕對強權絕對崩潰」的結局。

（潘瑋琳整理）

在歷史中重新審視中國文化

葛兆光

復旦大學文史研究院院長、教授

六年前復旦大學文史研究院推出「從周邊看中國」的課題，其中一個內容就是把中國文化史放到亞洲的背景裡討論。我們注意到，法國文化史特別強調國家與文化互相影響的過程，比如法語的形成，法蘭西民族的形成，她的歷史記憶和歷史源頭如何形成，集體認同如何形成等。這啟發我們如何通過歷史，來重新思考中國文化的複雜性。

第一個問題，什麼是中國文化？現在學術界對「中國文化」和所謂「國學」的理解太狹窄。首先，我要說明，即使只是漢族中國文化傳統，也並不僅僅是先秦儒家、宋明理學、五經與經學。我認為中國文化有五個方面組成：一是漢字，使用漢字寫作和表達；二是家庭、家族，國家是前者放大的結構，並且在此基礎上產生了儒家及其社會倫理、政治制度；三是在政治控制下形成的三教合一的信仰世界；四是陰陽五行；五是中國人獨特的天下觀念和由此觀念形成的朝貢體系和看待世界的方式。

講到這裡，問題仍未得到解決，因為這還只是漢族中國和漢族的文化。古代中國的文化是在各種文化雜糅交融下形成的。歷史上的中國文化

實際上經過了三次凝聚，每一次都重新打散又摻入很多別的東西，在此過程裡，中國文化已經成為複數。秦漢帝國第一次凝固並形成了早期的中國文化，但在中古時期它仍然疊加了各種異族的文化元素。經歷了唐宋變革之後，宋代中國受到異國、異族與異文化的壓力，「中國」意識再次凸顯，漢族中國文化第二次凝固，並開始自覺區分「漢」與「胡」、「內」與「外」、「我」與「他」。但是，接下來的蒙元和滿清兩個異族的統治王朝，又對漢族中國的文化形成衝擊與融匯，造成文化的再次「疊加」。最後，儘管明代初期也曾試圖「去蒙古化」，造成漢族中國文化第三次凝固，但清代再次在漢族文化上疊加了多種文化因素。

第二個問題是為什麼我們討論中國文化史？過去，歐洲和西方是中國文化的對比參照體。近代以來，我們一直是在西方的大背景和大尺度下了解中國文化的，因此，有些細部未必就真的了解。實際上中國和印度、蒙古、越南、朝鮮、日本等周邊國家的文化差異不見得就比中國和法國之間的文化差異小。所以，我們應該把中國文化史放在一個亞洲的大背景下來討論，而不僅僅是用西方或是歐洲的尺度來討論。

由於現代中國繼承了傳統中國複雜豐富的族群血緣，也沿襲了逐漸變化與擴大的領土疆域，更融匯了魏晉南北朝、隋唐、蒙元和大清帝國歷次疊加的民族文化。因此，究竟什麼才是「中國文化」？當今的詮釋困境既來自古代中國的歷史，也來自現代（多）民族國家的特殊性。雖然我們可以承認漢族文化在中國文化中的核心地位和重要意義，但不必堅持所謂「漢化」或者「華化」的說法。

我特別要指出的是，由於中國經歷了晚清民初「兩千年未有之大變局」，漢族文化為主的中國文化處在「斷續」之間：（一）漢字在經歷了

白話文運動和簡化字運動後，加入了很多西方語言、新概念、新名詞，已經不再是過去的漢字了。（二）家庭、家族和家國結構在交通便利、男女平等、家庭縮小的現代社會，已經與傳統中國的很不一樣了。因此在古代家庭、家國結構下形成的儒家禮制也發生了變化。（三）宗教方面，現在不是三教而是五教合一了，但是事實上它又不能承擔信仰世界的作用。（四）陰陽五行也縮小了它的領地。（五）在西方近代條約體系的衝擊下，中國原來的天下觀和朝貢體制已經不復存在。

在這樣的情況下，當前中國究竟是應當固守原來狹義的中國文化，還是重建廣義的中國文化？如果是這個廣義的中國文化，那麼當今中國構成「認同」的基礎是什麼？這些都是棘手的問題。

從歷史角度看，我們必須承認以下三點：第一、中國文化在歷史中形成，並沒有一個固定的、一成不變的文化傳統；第二、歷史形成的中國文化是複數性的；第三、以「原教旨」的方式固守想像中的文化傳統，是故步自封的做法。我認為，歷史學家要做的工作就是把這個文化史的過程描述出來，把中國文化放在歷史變遷的過程中加以理解。

（潘瑋琳整理）

從中西之學到新舊之學

周　武

上海社會科學院歷史研究所教授

中國向以夷夏別中外，由此形成的夷夏之防和夷夏之辨積久而成為一種淪肌浹髓的種族意識和文化意識，深刻地影響了中國的歷史和文化。

在中國歷史上相當長的一段時間，中國人用來區分中外的並不叫中西而叫做夷夏。夷和夏的區別就是文化，如果認同和接受中國文化，就不是夷，夷夏之間也沒有不可踰越的鴻溝。夏代表開化、文明，夷代表落後、荒蠻的這種說法就成為一種種族意識。我們經常說的夷夏之防在明清時期演化成滿漢之間劇烈的對抗。清朝由邊地民族王朝成為中原王朝的時候對此非常擔心，所以他們千方百計以君臣之意來改變這一點，也用此來證明自己的合法性。無論是自覺繞開還是刻意遮蓋，這都是一種種族意識。中國人最早用以對抗西方的利器就是夷夏之辨。那時中國面臨的是西人而不是夷，當時先進國人經常以跳躍的方式將夷夏變成了中西，以一種不平等取代了另一種不平等，中西取代夷夏而成為並列之詞。鴉片戰爭以後，中西、新舊就是一個主宰思想、學術、文化的重要的命題。很多學者把中西和新舊混為一談，其實中西和新舊並非同時出現，它們各自代

表了一個時代，既相互聯繫又顯然有區別。

　　甲午戰爭前，西學是一個邊緣性學問，中學和西學在中西交沖中形成一定的格局，在甲午戰爭時出現了異變，有關西學的書籍開始以叢書、政書的方式出版發行。庚子國變以後，十九世紀後期的中學西學之爭就變成了新學舊學之爭，這是近代中國思想文化最深刻的變遷。中與西大體還是一個事實的描述，新與舊相對立，且明顯帶有價值判斷，雖然新學並不能完全等同於西學，但是跟西學是相關的。即使是西學成為潮流的時代，還有一些不向西學妥協的學者。王國維是那個時候最具悟性的思想者，他提出的學無中西、學無新舊、有用無用的主張體現了一個思想者的悟性和深刻。他的這種悟性很深刻，雖然不能改變潮流所向，中國的學術思想、文化越來越偏離本土的軌跡，但是在思想界和知識界並不乏呼應者、認同者和行動者。中國文化之所以歷劫而復，跟他們的努力有著內在的關聯。

　　今天我們講中華民族的偉大復興和中國夢，就學術思想文化而言，我們不能不在快速實現現代化的過程中，努力在文化方面重新找回並確立自我。當跟著西方走和照著做已經成為學界的一種慣性的時候，中國要在文化上重新找回並確立自我、自立骨架，無疑是比物質層面的現代化更為迫切、也遠為艱難的時代命題，而這也正是中國學的題中應有之義。

（褚豔紅整理）

傳統歷史觀念與當代中國

喬治忠

南開大學歷史學院教授

中國自古以來歷史觀念非常豐富，最根本、最早和影響最大的，是「以史為鑑」。歷史學在中國的產生和發展源遠流長，先秦的西周初期就產生了「殷鑑」的觀念，這是古代中國政治思想和歷史意識共同萌發的肇始，西周滅掉了殷商之後，西周統治者思考殷商滅亡的原因。這是最早的，因為之前沒有別的王朝歷史可以跟它比，殷商時期都是占卜一下。中國這一最早的文化思維是從歷史開始，這個觀念在後來的各朝代不斷強化。日後歷史學和歷史觀的長足發展中，「殷鑑」的思想基因始終深植其中，使得中國的政治思想總是與歷史觀念緊密結合在一起。解決當代的問題，不能拒絕歷史知識和智慧的參與，但這種參與必須注重與多種自然科學、社會科學等知識和方法的協同配合，應主要依靠對現實中國和世界作實事求是的調查研究，避免將具體的歷史事例作跨時代的簡單比附。抗日戰爭時期出現的「戰國策派」，將二戰時期的國際形勢與古代戰國時期作生硬的比附，提倡一人專制制度和軍國主義政策，反對政治民主體制，其荒謬極其明顯，乃是以比附思維貫徹「以史為鑑」的反面典型。

近代鴉片戰爭面臨著過去沒有過的問題，不能在中國歷史中找到可以借鑑的歷史和辦法，於是就從外國借鑑，想知道外國的歷史，所以被稱之為「睜眼看世界」。但問題是沒有看到最重要之處，真正的「以史為鑑」要像唐朝研究隋朝一樣進行系統研究，不是隨便抽出一個歷史片斷或者畫面進行比附就是「以史為鑑」了。我們改革開放當中也有例子，比如深圳剛剛搞特區的時候就有文章發表，認為搞特區就是搞租界，這引起了很大爭論，這種「以史為鑑」就是值得警惕的，會造成很大的錯判。這種例子非常多。解決當前問題就要作當前的調查，搞清楚現在真正的國際形勢和國內形勢，從實際出發，這才有助於解決問題。解決當前的問題，卻從以前找辦法，這在邏輯上就是一個大錯位。

智慧和素養建立在對歷史學的深入、系統研究之上，不能一知半解或半知半解地去跟現實作比附。「以史為鑑」不能丟，但這應該是系統的史學研究。「鑑」的直接意思是鏡子，意指一種判斷力，是和別的知識結合在一起。更重要的是，歷史學的作用是要建立一種對歷史的責任。我們須想出辦法，讓各層次的人，尤其是菁英人物和領導人物建立和增強歷史感，對歷史負責、對人民負責，甚至我們的道德教育、誠信教育等，都可以放在這個歷史責任裡面。

（褚豔紅整理）

儒家「慎獨」作為一種社會行為模式

王安國

澳大利亞悉尼大學教授和語言文化學院院長，美國加州大學伯克利分校中文 Louis B. Agassiz 榮譽教授

我今天想講的是古代儒家的「慎獨」如何成為一種社會行為模式。我研究中國早期思想史時，關注一些我認為不太尋常的或被低估的概念。在我看來，今天應該深入思考這些概念，以更全面地理解中國的學術、文化和歷史。這對我們把握中國文化的未來也有一定的意義。比如，我曾經研究《呂氏春秋》，因為其中包含了很多涉及到社會組織和治理的非同尋常的觀念。

我在一九九七年寫的一篇文章中探討過「情愛」觀念與「慎獨」觀念，中譯版於二〇〇八年發表於《中華國學》創刊號，題目為「情愛、內向性與早期《詩經》詮釋」。二〇〇九年，我在美國東方研究協會會刊上發表了另一篇論文，中譯文將刊載於二〇一三年的《出土文物》上。在這兩篇論文中，我關注的都是「情愛」觀念。

現在，我想進一步探討儒家的「慎獨」概念，或者說「內向性」的概念。儒家傳統常常通過外在的形式界定、社會政治等級（如血統、當地環

境和官僚制度等），還有通過儀式去表明人與人之間的地位關係。我認為如果從個人道德價值角度出發，可以發現「慎獨」是中國早期文化中一個非常重要的概念。它並不是我們平常認為的謹言慎行，而是儒家所說的「內省」。

馬王堆帛書《五行篇》把專注內省和聖人聯繫在一起，同時也與個人在哀悼時的內心修練聯繫在一起。《五行》用「捨體」和「中心」來定義「慎獨」，即忘記了你自己，忘記了你的軀體，關注於自己內心的意思。我覺得必須指出的是，那些恪守禮儀的人更多地是在關注自己的情感，而不是外表。我們發現，「禮」與「法」的不同之處在於，它並不嚴格規定人們的行為模式，而是更多地體現情感的自主性。如果注意力被外在細節分散，哀痛的情感也會隨之消失。中國古代思想家賈誼就曾說道，內省的方法是反自我的，他反對「慎獨」。他認為在擇友時，不應太孤立自己，應該更加關注社會性。

我們能夠在很多儒家的早期作品中發現對於「慎獨」概念的重視。《論語・八佾篇》第十二章講：「祭如在，祭神如神在。子曰：『吾不與祭，如不祭。』」意思是對死者哀悼的情緒非常重要，哀悼者表達這種情感也同樣重要。因此，孔子說，如果我不參加祭祀，好像我就沒有這種悲痛的情緒。他要求個人的情感投入。在第二十六章中，孔子說「居上不寬，為禮不敬，臨喪不哀，吾何以觀之哉？」意思是，身居高位者不寬待下人，行禮時不嚴肅，或在弔唁時沒有哀容，這是他看不下去的事。所以，孔子無法忍受的是感情的缺乏，或者說沒有感情的表達。在一些人認為完美的地方，孔子卻看到了缺憾。

儒家強調的「內省」實際上是內心對道德價值的體驗和強化過程，這

一過程往往要藉助儀式等環節來進行，使人在某種形式（「禮」）下更好地體察相關的道德價值以及思想感情。培養這種感受過程是早期儒家思想家最為關注的內容，這也可以讓我們真正體會到儒家學說及其儀式的內涵和價值。儒家的慎獨哲學有助於推動人們的深層交流和道德提升，無論其身處何種社會文化背景。它啟發我們在審視一個社會的體制時，必須看「法制」社會的缺憾，我們需要一種基於人情的責任制度。在這一點上，「慎獨」是具有借鑑意義的一個概念。

（潘瑋琳整理）

論道家哲學中的弱/強和病/康

漢斯‧穆勒

愛爾蘭科克大學學院哲學系高級講師

我想探討的是古代道家哲學中有關「健康」與「疾病」、「強」與「弱」的概念，以此展現中國古代哲學是如何豐富了人類的發展。我想特別指出的是老莊哲學中有關「健康」與「疾病」、「強」與「弱」等詞語語義的含混性，以及這種含混性是如何幫助我們理解健康的。

大家知道，《道德經》中有許多豐富的形象，比如說軟和硬、弱和強，這些對立的概念反映了現實中的矛盾與衝突。弱和強各有所指，但是強可以轉變成弱，弱也可以轉變成強。比如說，水是至柔的，嬰兒也是弱的，但它們各有其轉變的潛力。在我看來，軟和弱實際上構成了老子哲學中健康的標準。

這又與《道德經》中有關「德」和「病」的文本聯繫在一起，「德」的概念是最具健康的正常情況。從政治和歷史的角度來分析，也就是說，只有在「德」的基礎之上，才有健康。同時，老子還竭力推崇把健康作為政策的做法，健康的基礎就是「德」的不斷積累和集聚。也就是說，如果一個人能夠無縫地融入到自己的環境中，那麼各種精力和優化的效果就可

以顯現出來。從這個角度講，「德」是一種力量，是可以培養的，但是如果沒有得到有效的使用，也可能會被浪費。這也可以用來說明一個人的器官以及他的能量、健康狀況。所以，我們可以把《道德經》當中「德」的概念作為健康的概念。

《道德經》第五十四章說：「善建者不拔，善抱者不脫，子孫以祭祀不輟。修之於身，其德乃真；修之於家，其德乃餘；修之於鄉，其德乃長；修之於邦，其德乃豐；修之於天下，其德乃普。故以身觀身，以家觀家，以鄉觀鄉，以邦觀邦，以天下觀天下。吾何以知天下之然哉？以此。」我認為，這裡面對「德」的詮釋也是對健康的一種表現，可以說既是對治國的指導，也是對個人健康的一般性準則。

這個由一身到天下的過程也可以被理解為，健康，像疾病一樣，是可以傳播的。如果個人的膳食和生活方式都是健康的，那麼他的身體基礎就會非常堅實。如果一個家庭中人人如此，則每個成員的個人健康就會得到加強。進而，推及一個社區，乃至一個國家，只要遵循好的生活方式，那麼整個國家都會繁榮，最終達到普世的健康。病和弱，由於和「德」的概念聯繫在一起，它們和健康就可以在「厚德」的基礎之上進行轉換，個人和社區通過「德」的培養可以達到更加健康的狀態。

在《莊子》中，病和康也是一對矛盾的概念。《莊子‧內篇‧德充符第五》往往被人們看作是核心文本。他在其中講道，這些病人，比如說跛子或者是受到毒打而致殘的，是病的典型。這些人在有些情況下是為了正義而受傷，表現出其品行的至高境界，這反而表現的是康而不是病的概念，這對矛盾的概念發生了轉化。「德充符第五」告訴我們，完美的外表可能會給你一種誤解，你會覺得這個人非常健康或者說這個人非常的善

良。但這個往往是錯誤的，也就是說大家對於一個健康的人，他的外表應該是怎樣，有時候是有誤解的。健康的外表之下，可能隱藏著德的缺乏；而一個病人的軀體中，也可能埋藏著一個強大的內心。這是一種對於健康更加全面的理解。

道家能夠幫助我們更好地理解健康，把健康和德聯繫在一起，或者說倡導一種更加全面的健康理念，對我們這個現代社會來說也是有借鑑意義，不管是社會還是個人的層面上。現在整容業在東亞非常繁榮，這個現象可能代表著一種對健康理念的錯誤理解。所以在這種意義上說，道家著作及其健康理念，可以糾正現代社會流行的一些病態的健康理念，非常有啟發性。

（潘瑋琳整理）

中國傳統思維模式的當代意義

何錫蓉

上海社會科學院哲學所副所長、研究員，上海哲學學會副會長

一個民族的思維方式，自有其由來已久的傳統積澱。受不同的生存環境和人文條件的影響，中西方的思維方式在客觀上存在著差異，不同的思維方式指導和制約著中西方的人們認識事物和生存實踐活動，形成對待和解決生存問題的不同態度和方法。

近代伊始，中國人在向西方學習的過程中，從物質的長技到精神的文明，一直以西方為榜樣。十九世紀末以來，梁啟超、嚴復、魯迅、陳獨秀、李大釗等一批有識之士都對東西方文明進行對比，作出了諸如西方文明是主動、是人為、是積極、是科學、是向前，中國文明是其反面的價值評價。這種崇尚西方的思維方式成為了一種風尚，到了二十世紀五〇年代更是這樣。於是，在哲學上就是學習西方的形而上學、邏輯推理、概念範疇等，並以此作為思維訓練的必備途徑。這固然對啟迪民智、推動中國文明起到了重要作用，可是，一個民族的思維方式有其根深柢固的歷史性，並不是可以通過某種倡導或革命可以將其盡然更新的，於是，在走向現代化的過程中，我們的一些思維傳統正在丟失，在面對全球化中出現應對有

難的局面。我們需要反思其走向極端以後對傳統文化的全面否定。關鍵在於我們要改變這種西方式的思維方式。

中國人的思維特點形成了自己的思維傳統，這就是中道思維。西方是強調主觀和客觀、理性和感性等二元對立。中國沒有西方那種對立的二元思維，而是把天地人看為一體，三者之中人為貴。人之所以為貴，因為他與環境（包括自然和社會）進行互動，在生命體驗中找到合適的生存方式，而這個方式不是固定不變的，而是達到平衡。人貴在有自知自覺，通過思維不斷地調正自己的行為以適應天地（包括社會）的變化，通過提高生存質量和培養人格，達到重新察覺自己生存的世界。一個人是這樣，一個民族也是這樣。

中道思維的特點主要有三：一是正確、恰如其分、不偏不倚、無過無不及；二是「義」，即適宜、合宜、適度、合理。就是審時度勢，找到一種最適宜的方法，以取得最大的效果；三是對立統一、共養互存。就是在陰和陽的相互作用當中達到和諧。

中國傳統的中道思維的精髓就在於，在處理人與自然、人與社會和人與人的關係中，把握一個度，即適宜。這種思維方式對於人們根據事物的變化而不斷調整或改變解決問題的方式，對於維護人際、社會與世界的和諧和平，都有著理論與現實意義。現在講的思維革命或者思維方式的改革，在我看來，一定要建立在對傳統認識的基礎上。思維方式的調整，不是以一種思維代替另一種思維，而是在一種思維中加入另一種思維。因此，中國人思維的調整，或者說現代化，首先要回到我們的傳統，掌握我們的傳統思維。

（潘瑋琳整理）

在追求公正和包容中持續發展：
從公眾的價值取向的角度考察中國問題

趙修義

華東師範大學哲學系教授

對改革開放以來中國的社會經濟發展可以採取不同的視角加以解釋和理解。既可以從全球現代化進程的一般趨勢加以解釋和預測，也可以側重於從中國社會內部的演進加以考察。若從中國公眾的現實處境與由此生發出來的追求（也就是公眾的價值取向）去理解和解釋這一歷史進程，最近三十年中國人的價值追求的目標是什麼？一個目標是富強，第二個目標是公正。公正和富強是貫穿在我們三十多年的變革中比較穩定的價值目標。

中國在一段時期裡面確實有過效率至上，甚至是效率唯一，也就是把富強作為唯一目標。但是事實更為複雜。一九七九年之後，三中全會以後的改革是重新回到以經濟建設為中心，注重個人利益的追求。但鄧小平在八〇年代初的時候曾經對這段歷史有過一段概括，叫經濟民主。經濟民主是什麼？就是放權，放權給老百姓，放權給地方。不僅鼓勵大家追求經濟效益，而且是把計劃經濟時代束縛人們經濟活動的各種各樣的不公正的東西逐步破除，逐步把權利讓給各種不同階層的老百姓。在這個過程中就突

破了體制的不公正。所以這個階段，就有對公正目標的追求。

市場經濟時期以效率為主，實際上市場經濟也是兩面，市場改革本身也是破除了一些不公正的制度的束縛。之所以當時的輿論沒有這種認識，第一個原因是，當時的知識界在學習市場經濟的過程中將目光轉向西方的自由主義。第二個原因是知識界沒有用公正這種視角去分析市場經濟，但是不等於實際過程中沒有這個問題。

中國人三十年來追求的就是富強和公正。這一問題為什麼突出？除了歷史的原因，另一個可能的原因是，經過社會主義實踐的國家，平等的觀念在公眾中間的影響力遠遠要超過其他的國家，

到底怎麼看現在中國觀念的多樣化和各種思潮激烈的爭辯？中國的文化傳統歸結到《易經》裡面的一句話「同歸而殊途，一致而百慮」，同歸和一致是前提，在一致下面百慮，這跟西方的二元思維不一樣。因此，我們要透過看起來紛繁複雜的東西去找出穩定的、能夠形成共識的東西作為我們爭論的前提，即當今社會的思想狀況。

（盛文沁整理）

承認的倫理抑或政治：中國馬克思主義的視角

馬奧尼

華東師範大學政治學系副教授

中國取得的最大成績是把很多西方的想法成功融入到中國的思維方式當中，而避免了人們認為的歷史終結帶來的問題。

黑格爾提出了承認倫理。他認為，人類的進步關鍵就是爭取承認，更重要的是在這個過程當中提供更多生產力。其他學者提到內部化和擴大化的概念，我們可以用新儒家的和諧觀點來解釋這個內部化和擴大化。和諧是指整體、部分綜合起來，一般有兩種和諧，一是承認整體當中有差異的和諧，二是要承認不同當中也有相同地方的和諧。我們應該集中注意力於培養「承認倫理」，它不僅能從理論上解決黑格爾的主從問題，也能為像中國這樣多元化、以改革為方向的社會主義國家的法制和社會正義的發展提供強有力的基礎。

除了承認的倫理之外，也應該有關愛的倫理，這跟中國的博愛觀點一致。承認的倫理和關愛的倫理能夠作為我們社會進步的基本倫理框架，能夠幫助中國進一步建設社會價值體系，能夠幫助提升中國的治理。特別是解決一些與少數民族關係，以及醫療教育等問題，它也可以幫助我們解決不平等城市化，以及城鄉差距的問題。它也能夠給我們提供有益的指導，

讓我們重新反思國際關係和國際環境問題。

（盛文沁整理）

人性理論與文化選擇

俞吾金

復旦大學國外馬克思主義研究中心主任，現代哲學研究所所長、教授

 文化在不斷演化，它朝哪個方向演化，它拋棄的是什麼，吸納的是什麼，這不是偶然的。傳統就是古代延續到今天。我們要從批判反思的眼光看待這種歷史過程。我認為，文化選擇和走向與一個民族和國家主導型的人性理論有著某種不可分割的內在聯繫。

人性理論是文化理論的基礎。中、西人性理論存在著重大差別。西方文化以基督教為支持意識，基督教崇尚「原罪說」，即人生下來就是有罪的，因而西方文化主導性的人性理論即「性惡說」。性惡說的長處是重視法律、強調三權分離。也就是說，社會因此重視外在法律對個人的限制，並促使分權政治的產生。它的短處是既然人性在根本上是惡的，救贖就是不可能的，於是尼采出來宣佈：上帝已死。要讓上帝「活下去」必須拋棄原罪說。正是「性惡論」使西方文化陷入危機。

中國傳統社會有各種不同的人性理論，其中占據主導的是性善論。性善論的好處是發揚善端，培養理想人格，但是在文化選擇上有著重視倫理道德而輕視法律的傾向。因為自然人性是善的，人們在文化選擇中就會普

遍重視道德教化。而（以現代民法為中心的）法律本身因為是外在的強制力量，主張人心向善者就不太重視它。性善論的另一個弱點是阻礙分權制度的可能性。從性善論出發，當官的人也是行善的，所以中國政治的本質是好人政治、賢人政治，老百姓心目中期待的也是清官。

回過頭來看，人性本善和本惡論都是沒有出路的。要實現中華民族的偉大復興，不是做一些小修小補的工作，而是要反思我們的人性理論，找出根本問題，使我們的文化避免在不斷的傳統的失落中陷入各種各樣的錯誤，真正獲得一種批判的眼光來審視我們過去的歷史和文化。中國文化的未來選擇是回到告子的「性無善無惡論」，由此，重視發展教育，從正面引導人性的發展，此其一；重視民主政治和法制建設，有效地遏制人性向惡的方向墜落，此其二。

（潘瑋琳整理）

中國平等觀念的世紀嬗變

高瑞泉

華東師範大學哲學系教授

我要討論的是中國人觀念世界的現代化,它是中國現代化和人的現代化的一個非常重要的部分。平等的觀念在中國實際上有著非常曲折的經歷和複雜的爭論。我希望揭示這種觀念和社會變遷的互動。

從十九世紀到二十世紀的百餘年間,平等的觀念在中國經過了古今之變。一切與社會、革命相聯繫,中國發生了從消極平等向積極平等的轉變。嚴復說,有消極的自由也有積極的自由,所以這是兩種平等,一種是佛教式的平等,即消極的平等;還有一種是積極的平等。

我們知道,中國古代最早講「平等」這個詞的是佛家。儒家也有平等的思想,但沒有用這個詞,儒家講的是「齊」。這說明儒家沒有把平等作為一個概念,雖然它有一些平等論的東西,比如性善說。我們通常會把它與佛教的平等放在同一個層面上理解,但它在本質上對社會的抗議性是比較弱的。儒家不是用平等作為建構這個社會的原則,從來不會說社會應該奉行全體平等的概念。所以古代中國的平等觀念是消極的。

經過一百多年的轉變,平等在中國成為了一個積極的觀念,即一種規

範性的觀念。如果我們批評某件事不平等，這就表示我們要改變這種狀態。所以它已經可以轉變為行動、制度，變成在風俗和心理上非常有力量的觀念。當代的平等觀念是一種建構性的原則，它在現代社會的制度和風俗建構方面，在規範公民行為和政府行為方面有很強的實踐性。所以，當代的平等是民主的平等，但是平等的中國道路決定了中國人的平等觀念有其自身的規定。

簡單說，中國平等觀念的嬗變有幾個緯度。首先是中國人對西方自由平等的理解。這個過程實際上很複雜，簡單來說就是從異端變成正統，從邊緣走向中心。在此過程中，我們文化中原有的類似平等的觀念和消極平等觀念進入了現代。比如，《禮記·禮運篇》直到近代才成為《禮記》的中心。

與西方主流意識形態在契約論傳統中的平等觀念不同，中國人有關平等的諸多訴求，經濟平等（包括分配正義）最為突出，它和民族平等的追求一起，時而超過現代性的其他追求。最近，習近平主席在講到平等時強調了平等參與、平等發展。與西方個人主義基礎上的社會合作不同，中國主流意識中的「平等」，通常指在一個高居社會之上的權威支配下，通過權力的垂直運用，使民眾都得到平等對待的觀念。

其次，中國人追尋平等的百年心路並非單一的路徑。實際上，圍繞平等觀念有著十分複雜的爭論，從類型化的分析角度可以分出自由主義、保守主義、激進主義等。這深刻地折射出現代價值世界「諸神紛爭」的複雜性，同時也深刻地影響了中國社會變革的現實面貌。一九四九年以後的三十年，我們有過平均主義，現在我們面對的是社會兩極分化和貧富懸殊的問題。但是在奉行平均主義的時候，按照新馬克思主義的架構，事實上仍

然存在著城鄉差別和由單位、幹部身分、私有制等造成的不平等。因此，在未來較長的一段時間內，中國仍將經歷一個不平等和平等互相博弈的過程。

（潘瑋琳整理）

未來十年的中國信仰重構

李向平

華東師範大學社會發展學院教授

改革開放三十年來，信仰危機問題如影隨形。特別是伴隨著中國經濟的巨大發展與社會變遷的深層表現，利益分化、共識斷裂的現象格外嚴峻。因此，在這樣一個利益分化、卻又要求深化改革的時代，信仰呈現為一個非常多元的概念：政治信仰、民族信仰、宗教信仰、文化信仰、國家信仰……與此同時，面對當下中國發展道路的討論，社會誠信、政治反腐等問題的思考，有關信仰的議論受到格外關注，比如，信仰缺失、信仰無用、信仰混亂等思潮不斷湧現，而信仰重建也成為了時代的要求。

因此，須再度建構價值共識，十年之後中國發展道路的構成，中國信仰之重建，無疑是其根本。換言之，中國改革開放事業的深度發展，必然推進中國信仰的時代性建構。理性而深入地研究、討論這一重大問題，對於中國社會形成價值共識、對於執政黨的建設與信仰轉型、對於社會誠信的構成、對於中外文化觀念的進一步匯通、對於中國社會文化的建設與繁榮，均非常重要。而未來十年左右的改革進程，恰好可為中國信仰重建的一個週期。

用社會學的方法，有助於我們重新思考當代中國的信仰源頭和信仰秩序的構成問題。信仰的本質是一種終極關懷。二十世紀的國民革命是信仰在中國興起的源頭，簡單講這個變化是「反宗教、要信仰」，或者概括為從天命信仰到主義信仰。主義信仰是孫中山提出來的，他是基督教徒，希望用主義信仰建構國家的力量和資源。直到今天，我們仍然用信仰而非宗教的概念來討論改革開放以來的中國文化建設和精神關懷。

　　在現代性的問題背景下，改革開放有兩個起點：一個是真理標準的討論，一個是人生道路的討論。前者關於意識形態，後者關於精神層面。中國的改革開放和經濟發展是帶著這兩個問題走過來的。現在，中國的經濟發展了、國力強大了，為什麼談信仰問題的越來越多，且涉及面也特別廣？那是因為原來意識形態的信仰和行政權力高度整合起來的單位社會，逐步變成了一個多元化、多樣化的社會，於是產生了價值選擇的問題。當代中國（包括現代中國）的信仰問題就是，沒有信仰是否就是道德腐敗？沒有信仰是否導致了社會誠信的缺失？

　　另一方面，中國人不同層面的信仰很多，比如，五大宗教，其信徒總數達三四億人。除此之外，我們還有民間信仰，以及現在特別熱的、作為傳統文化的儒教信仰。

　　我們討論改革與信仰轉型的問題時應該看到，信仰方式的表達與認同中存在著利益主體和權力主體的衝突。如果說毛澤東時代強調用道德激勵人民和國家的經濟建設，那麼鄧小平時代就是用利益。當下我們如何用公正作為利益重構的基礎和憲政建設的信念，從而造就一個公民社會、民主社會，這是信仰成功與否的大問題。現在，我們遇到的最根本的問題是，改革進入深水區、攻堅區，要觸動固有的利益格局。在意識形態依然強大

的背景下再加上一個利益格局的問題，我把它歸納為中國特色的靈與肉的衝突。

我曾經把中國當代社會的信仰歸結為四種信仰思潮：（漢）民族主義信仰思潮、民粹主義信仰思潮、國家主義信仰思潮、政黨基要主義。在此，我要特別談到第四種信仰思潮。黨的十六大提出了價值觀的轉型，即從革命黨的信仰轉向執政黨、憲政黨的信仰。國民黨時期提出的民主主義信仰，是在一個黨和一個領袖的權力高度整合的社會環境下。如果執政黨的權為民所賦，則這種機制的改變將導致政黨合法性的轉型，而這個轉型是由信仰作為其深層價值基礎的。所以，國家和政黨本身不是一種信仰模式，而是一種為人們提供信仰的架構，保證人的內在關懷不被外在權力濫用。

因此，當代中國的信仰是一個多元博弈的模式，有多神論的，也有一神論的，以及中國背景下的無神論。但是在好人政治語境中仍然起作用的是傳統的聖人模式。

最後，我要指出，信仰是有功能的，信仰的功能決定了信仰的重構方式。如果是民族的建構就是民族的信仰，國家的建構就是國家主義的信仰，社會的建構就是社會的信仰。不同的信仰帶來不同的模式，它們將給未來十年的中國改革帶來更深刻的價值關懷與文化建設的影響。

（潘瑋琳整理）

重新反思「宗教」的概念

宗樹人

香港大學社會學系副教授、全球文明研究中心主任

現代中國的宗教發展，有三個趨勢：一、越來越往西方的方向走，宗教越來越自由，宗教的空間越來越大，信仰自由越來越寬鬆。二、有一點回到晚清的一種模式，政府也想支持某一些宗教的方式，也想克制其他的一些，所以宗教在中國扮演一個有主動性的角色，而不是自由放任。三、國家有一點回到革命傳統，也想自己主動構建一種政治信仰、政治道德體系，代替人們信仰的需求。我們覺得這三種趨勢都不可能完全實現。因為：第一，中國不可能完全接受西方的這種治理的模式、西方的宗教自由框架。第二，中國不可能變成國家直接扮演一種宗教角色。第三，由於長期的革命的意識形態道德的建設，很少有人認為這是可行的。

如果回溯過去一百多年的歷史，宗教問題有五個層面：

第一個層面、宗教問題是歐洲啟蒙的宗教問題。在那個時候隨著理性和科學發展的需求，人們要自由進步，就要擺脫或者離開宗教的理性。宗教克制人的自由，克制人的主動性。如何擺脫宗教的迷信和無知？這個來自西方啟蒙運動的觀點引入中國，也成為中國的一個宗教問題。但是這就

產生了第二個宗教問題。因為第一個宗教問題裡面的概念不符合中國的宗教文化，所以有一些人，就像胡適，認為其實中國根本沒有宗教。第三個問題在建國以後就產生了，在中國政治體制下，宗教團體如何解決自身信仰和對政府的忠誠這兩者的關係。

到了二十世紀八十年代以後，出現了各種各樣的文化現象，比如說氣功熱、宗教復興。還有隨著改革開放，不同的民族、不同的信仰與國外他們共同信仰的群體的關係越來越密切，所以產生了第四個問題，就是宗教和民族國家的關係。從十九世紀到二十世紀，一般宗教建構和民族國家的建構都是一致的，所以每個民族國家都有自己的一個宗教信仰，所以很難去處理全球化、跨國界宗教關係。現在我們進入全球時代，民族國家和宗教信仰已經不是合一的。越來越多的華人都是基督徒，越來越多外國人都信佛教，已經沒有東方、西方宗教的界限。這個不僅挑戰中國的宗教概念，也挑戰西方的宗教概念，西方社會的制度性宗教影響力越來越弱。

第五個問題是全人類共同的信仰會是什麼，我們怎樣讓不同背景的人可以和睦共處，可以尋求我們共同的價值觀？雖然中國人沒有自己的單一宗教體系，一個具體的宗教信仰，沒有一個宗教能夠包含整個中國的文化的共同價值觀，但中國人有一個共同價值觀，而且是比較強的共同價值觀。應該將這種共同的價值觀表達得更清楚，又符合我們傳統的的歷史和傳統價值，又可以幫我們走向世界，幫我們與全球各個民族、各個背景的人建立或者尋求一些共同的理想。

（盛文沁整理）

「基督教中國化」的三重學術視野

張志剛
北京大學哲學系、宗教學系教授

「基督教中國化」是一個廣受國內外學界、教界和政界關注的重大課題。改革開放以來，中國政府撥亂反正，落實宗教信仰自由政策，各大宗教都得以恢復和發展，其中尤以基督教信仰人數的迅速增長最引人注目。於是，如何妥善處理基督教與中國文化、中華民族、特別是當今中國社會的關係問題，便作為一道歷史難題再次湧入了我們的研究視野。

關於基督教的「本色化」（indigenization）、「本土化」（localization）、「處境化」（contextualization）和「中國化」等，海內外學者長期以來作過大量的研究。我們從歷史、現實、未來這三個角度分析基督教中國化。

一、歷史的角度，即基督教中國化的必要性。

基督教中國化是一道歷史的難題。在以前的研究當中，國內外學者最重視的就是後兩次傳入過程，但是對於這兩次傳入過程，中外學者有不同的看法。

明末清初天主教傳入中國，並不像以前研究大部分人關注的是一段傳教史，是一段宗教史，而是中西方兩種原先相對發展的文明和社會的第一

次相遇。第一次相遇的結果是中國禮儀之爭，這場禮儀之爭也第一次在歷史上暴露了西方基督教與中國文化傳統的差異矛盾和衝突。鴉片戰爭時期，歐美天主教傳入，再一次加深了西方基督教與中國傳統社會文化的衝突和矛盾。西方的基督教與侵華戰爭，教案解紛，非基督教運動、非宗教運動這些重大歷史事件就成了中國近現代史上不可忘卻的民族記憶。基督教中國化所面臨主要的歷史難題是由西方傳教士所傳入基督教與中國文化和中華民族和中國社會的矛盾衝突，這個歷史前提正是基督教之所以要實現中國化的根本原因，必須要中國化。

二、思考現狀，即基督教中國化的重要性。

基督教中國化是一場現實的挑戰，基督教尤其是新教在中國大陸迅速發展廣受學界、教界、政界的關注。目前基督教在中國社會面臨的所有疑難可以歸結為一個觀念問題：基督教的迅速發展將對整個中國的宗教文化和社會狀況產生什麼重要影響？

我們應該主要著眼於當今的中國國情，特別是改革開放三十多年來中國社會所發生的巨大發展進步來正視中國基督教整體的現狀。從當今中國的國情和宗教狀況來看，廣大的基督徒和其他廣大的信眾一樣，屬於人民群眾和國家公民，我們就有充分的理由認為絕大多數中國教會組織及其信眾都是愛國愛教，以他們追求的信仰境界與全國人民一道建設美好的祖國家園，並且能在經濟發展、文化繁榮、社會服務，特別是道德倫理建設等諸多領域作出正面而積極的重要貢獻。當然也不應該否認有些境外勢力企圖利用基督教惡意滲透中國，國內的確有極少數的教會組織和個人打著信仰的招牌，懷有政治目的。

三、未來，即基督教中國化的建設性。

我們所治理的中國化基督教研究是要面向未來，富有建設性，有助於克服中國基督教所面臨的主要難題，推動基督教積極融入中國文化、中華民族，尤其是當代中國社會。廣大信徒與人民群眾一道共創美好的未來是一項長期而艱巨的任務，有三點建設性：一、基督教中國化可以為構建文明對話神學奉獻中國智慧，是一種文明對話神學，在這方面中國的文化傳統給我們提供豐厚的思想和學術資源，值得我們去發掘。二、基督教中國化可以為應對重大現實問題作出積極貢獻。三、基督教中國化為拓展中外文化交流鋪路搭橋。在我們國家和平崛起走向世界的背景當中，如何處理好和世界第一大教之間的關係的確非常重要。

若要切實推進基督教中國化，我們不可或缺「三重學術視野」，即「過去、現在與未來」；我們只有全面地探討中國基督教的過去、現在與未來，才有可能客觀而如實地呈現基督教中國化所存在的主要難題，以期通過百家爭鳴、集思廣益而達成基本共識，積極探索具有前瞻性、且富有建設性的理論成果。

（盛文沁整理）

中國宗教的「和合共處」與和諧社會

葛　壯

上海社會科學院宗教所研究員、上海市宗教學會秘書長

中國經濟發展是全球目睹的事實，大國崛起必定伴隨著相應的責任一定要增加。中國社會中不同宗教實體的關係也是外界觀察我們中國真實情況的一面鏡子。

社會的和諧向來就是我們人類夢寐以求的美好境界，如何深刻認識中國當下社會發展和轉型時期的特徵，全面而科學地剖析種種社會矛盾與問題產生的主客觀原因，做到正視矛盾、解決問題，增進社會和諧，將是我們能否取得構築社會主義和諧社會目標的重要保證。

當前的中國宗教可以充分施展與發揮自己特殊的社會功能，積極參與和共同創建和諧社會，使我們人民的安居樂業從夢想或憧憬成為現實。而使不同的宗教達到真正意義上的和合共處，就是朝著這個方向所跨出的一大步。和合共生看似簡單，怎麼和合，宗教和合共處還有什麼意義？至少在今天中國社會中具有非常重要的社會意義，承載其應有的道德作用。

具體而言，各宗教實體間的和平相處、合作共生的狀況作為理想的願景，還須依循以下幾個前提：一是相互尊重彼此的宗教信仰；二是開展積

極有效的宗教對話；三是進行多渠道的社會合作；四是共同承擔提振社會倫理道德高度的責任；五是形成妥善處理彼此衝突的社會機制，為社會和諧作出應有的貢獻。上述前提雖說知易行難，實施起來會有很多羈絆甚至是難以踰越的障礙，但各宗教實體在中國都程度不等地完成了本土化的過程，不同宗教的和合共處就完全有可能取得實質性的效果。各宗教在構建中國和諧社會方面，將會有取得更大成果的發展空間，從而為人類和諧社會的大廈增添更加堅固的基石。

（盛文沁整理）

美國夢和中國夢——關於文化軟實力和文化戰略的思考

陳聖來

上海社會科學院文學研究所所長、研究員

我今天要講的是關於美國夢和中國夢的思考。十八大以後，習近平主席就提出了中國夢。而在二十世紀的一本美國雜誌上曾發表了一篇關於美國夢的文章，雜誌主編理查德把當時的美國總統競選歸於誰能最大限度地做到美國夢。該文把當時的美國與二十世紀二三十年代經濟大蕭條時期相比較。當時美國有一首著名的詩提出，我們所有階層的公民過上更富裕、更好的美國夢。從此以後，美國夢就這樣流傳下來，成為家喻戶曉的美國夢。近年來美國夢深入到每一個美國人心，向全世界人推銷。在這樣一個夢裡面，一個汽車推銷員的兒子和皮鞋推銷員的兒子，都可以當總統，鼓舞美國克服困難的信心，但是在這篇文章中說美國夢可能正在悄悄流走。

那麼，對中國而言，是否也有這樣一個家喻戶曉、蘊藏在每個人心中，並激勵人們孜孜以求的夢？實際上從我們這一代來講，我們孩童時代就有這樣一個夢。十八大以後，習近平總書記提出中國夢，這是他第一次把中國夢作為一個概念提出來。他不但站在國家和民族的高度，而且參入了個人和家庭的元素，所以這樣的夢不僅宏大、振奮，而且溫馨，得到了

全世界的共同關注。一方面，美國夢正在悄然衰落，一方面中國的夢正在悄然升級。所以我們的中國夢歸根到底提出了兩個一百年，就是中華民族的偉大復興。何以為中華民族的偉大復興？兩年前我們中國的 GDP，我們的經濟總量達到了世界第二位，許多學者就在算，有的人說二○二○年，有人說二○五○年中國將趕上美國，成為第一大經濟國。如果到時中國真的超過了美國的經濟總量，中國是不是就成為了一個現代化的強國呢？我們誰也沒有回答這個問題。

我注意到，在前不久舉行的上海論壇上，龍永圖提出了三個令人深省的問題：什麼時候才能使全球大多數國家的菁英願意把自己的孩子送到中國留學？什麼時候才能使全球大多數特別是年輕人更多地看中國電影，聽中國音樂，閱讀中國書籍？什麼時候全球的消費者選購產品時，更多地選擇中國品牌？這三個問題，看似普通，但實際上講出了中國文化實力和文化強國的問題。我認為沒有文化的現代化，沒有人的現代化，中國就不可能躋身於世界之林。我注意到這三個問題的同時，也注意到三個新聞：一是最近一段時間來，蘋果手機的熱銷。從來沒有見過一個電子產品能讓大家通宵排隊的。所以奧巴馬在評價喬布斯時說，他取得了人類史上最罕見的成就之一，即改變了我們每個人看世界的方法。二是百老匯音樂劇《媽媽咪呀》在大陸熱演。二○一一年內演出一百六十場，票房突破八千五百萬。三是迪斯尼樂園落戶上海。迪斯尼總裁說，迪斯尼在上海落戶是一個里程碑。

這三條新聞看似風馬牛不相及，但都表現了文化和軟實力。試問我們有哪個企業可以跟蘋果相媲美？我們有哪個音樂劇可以跟《媽媽咪呀》相提並論？我們有哪個樂園可以跟迪士尼一樣有這麼大的影響力？

約瑟夫・奈的「軟實力」概念有三個層面：一是文化吸引力；二是意識形態或價值觀的吸引力；三是制定國際規則的能力。翻開我們自己的歷史，我們現在都是講國民經濟的總量，在一八二○年，我國的國民經濟總量占世界工業經濟總量的百分之三十二點八，幾近世界總量的三分之一，是世界最大的經濟體。但是這個經濟總量有什麼用？二十年以後，一八四○年，中國很快就淪為半殖民半封建社會。所以我認為，一個大國的地位需要四方面的維護：軍事基礎、政治基礎、文化基礎、經濟基礎。而沒有文化軟實力，前面幾個基礎都會崩塌。美國前總統肯尼迪說得好：「GDP並不代表我們後代的健康，也不代表他們所受教育的品質，或他們玩耍的樂趣。GDP並不代表我們詩歌的美好與我們婚姻的穩固或公共辯論的智慧。GDP無法衡量我們的機制和勇氣，我們的智慧或學習，更無法衡量我們對國家的忠誠和奉獻。它似乎衡量一切，但唯一漏掉了生命的價值。」美國是在包括了迪士尼、好萊塢和百老匯等後才可稱為完整意義上的世界強國的。

　　中國進入快速發展期，提升國家軟實力刻不容緩，因為它反映了一個國家的文化能力和文化創造力。我原來做了二十年的上海國際藝術節，這就是在塑造中國在國際上的國家形象。二十年以前上海是怎樣一個情形？一個是美國費城交響樂團，當時是我引進的。上海第一次引進費城交響樂團，當時沒有場地，是在上體館演出的。如何提升城市的文化品位，開拓文化的消費？九○年代以後，我們才有了大劇院、上海博物館、八萬人體育場等。但是，如果沒有相應的文化環境，地標性建築就會成為「聾子的耳朵」。建造這些建築，要考慮誰來唱，誰來演，和誰來看的問題。

　　城市文化環境的營造有多個切入口：文化保護、學術研究、百姓認

同。最令人揪心不安的是百姓認同，我認為我們要在這方面加強，要做到三個目標：個體的目標、社會的目標、世界的目標。

個體的目標，就是要培養懂得美、欣賞美、文明禮貌、高雅寬容的觀眾。就是要培養具備國際文化視野和鑑賞品位、有自覺文化追求和文化消費習慣的市民。我認為這是文化軟實力和競爭力的重要體現。

社會目標是要培養能夠產生美、接納美的環境。對上海來講，就是要不斷有世界各國與全國各地的優秀藝術的展出，逼迫和催生上海本土作品的問世以及本地藝術產量與質量的提升，使上海始終處於生生不息、此起彼伏的文化當中。

世界目標是讓中華文化與世界平等交流平等對話。現在我們文化的貿易逆差很厲害，要扭轉巨大的文化貿易逆差，在虛懷若谷地接納世界各國優秀文化的同時，讓中華文化大踏步地走出去，面向世界。

我認為實現世界目標有三大關鍵：文化上的代表性人物、代表性品牌和產業鏈。如果沒有這些，我們就很難使我們的文化能夠為世界所接納。同時，我們的文化如果不能登臨世界，中國就不能躋身於世界民族之林，我們這代人也圓不了我們的中國夢。所以亞當的詩裡說，如果要讓美國夢成長、成真並伴隨著我們，那麼它就取決於人民。我覺得這句話對我們中國人，對中國夢同樣適用。

（潘瑋琳整理）

從音樂創作談中國文化如何走出去

陳其鋼

旅法作曲家、北京奧運會開幕式音樂總監

今天，我想談談中國文化的輸出、創新，以及中國文化在整個中國發展中扮演的角色。應該說，過去三十年，從改革開放初期開始，中國有很多文化人非常有意識、有激情地想去做一些事情。但是我個人對這三十年的變化是很失望的。當代中國文化表現出一種非常急功近利的狀態，即過於強調文化的實用性。其實，真正有質量、有發展、有魅力的文化，必然是一個純精神的產品。

我生活在國外，很了解西方的藝術節、電影節、音樂節的籌辦是建立在一個網絡關係的概念上，實際上是非常獨立、自我的。因為他們有這樣的話語權，有這樣的深度、歷史、傳統。而中國實際上還處在搭車的狀態下。試想一下，為什麼國人那麼重視奧斯卡獎、重視諾貝爾獎？一個這麼大的國家，有她自己的歷史，應該有她自己的自信，而我們卻沒有。我覺得人應該有自己的追求和個性，急功近利肯定不行。追求一時的感官上的滿足──就像我們現在看到的多數文化現象那樣，偏重娛樂而不重視精神領域的超越和追求──我覺得對於中國未來文化發展是一個非常大的問

題。

　　具體來看最近中國文化走出去的舉措。我們都知道，中國歌手和樂團頻頻走出國門演出。比如，去維也納的金色大廳，租人家的場地，演一場音樂會。其實在當地毫無效果，但在中國卻炒得沸沸揚揚。在文化交流方面，我們現在還處在一個相當不平等的狀態。我們是在以強力輸出，自己花錢，賠本賺吆喝。原因在於，過去我們追求的是表面的東西。比如在流行音樂方面，可以說中國完全沒有輸出力量，而外國的流行文化非常強勢地影響著中國的流行音樂人，使我們處在一個低層次模仿階段。其實西方在二十世紀七〇、八〇年代也有過類似的情況。那麼，我們在為中國文化的將來做什麼？我自己的體會是，在西方文化中生活時，除學習之外，就是要有一個起碼的自尊、自信，去做別人不喜歡的事情。我說的別人不喜歡是指對另外一種文化的不了解和不理解。我覺得中國古典文化不需要做宣傳，因為那是一個既成事實，那是過去人做的，它的質量和個性非常鮮明。我們可以從中國的古典文化人身上學到東西。為什麼古琴家的演奏有這樣的韻味和感覺？因為他是為自己或一兩個聽眾演奏，不可能浮誇，實用性很有限。我自己在做音樂時常想，自己喜歡還是不喜歡不是最重要的，最重要的是自己追求的是什麼。

（潘瑋琳整理）

中國敘述：文化發展與文化外交

顏海平

美國康奈爾大學戲劇電影系教授、康奈爾大學中國研究所所長

中國的核心價值，想讓海外尤其是歐美可觸可感，從而可理解甚至可共鳴，非常困難。首先是沒有現成的話語方式、敘述氛圍。冷戰及其遺產，以及滲透進社會肌理的西方中心格局及其各種主義是一大原因。同時，我們自身也有侷限。在核心價值的表達上，中國的知識界基本使用政府定位的統一語言語調，以一致性、整體性、政治性為特徵，沒有個體性的呈現。這點上，我們可以借鑑美國，美國就是把核心價值融化為個體生命方式。這樣的例子很多，比如電影《國王的演講》《盜夢空間》《社交網絡》等等，都是通過千變萬化的個體表達，來傳達美國的核心價值。它的核心價值既從未顯形，又無處不在。也就是說，核心價值需要個體化。上世紀九〇年代我完成博士學位，剛剛進入美國高校執教，當時我開設現代中國文化史、藝術史的課程，費大力氣備課、講課，想讓美國學生理解中國，但總是感到學生內心裡的巨大阻力。我開設另一門現代歐洲的課程，在教學中就明顯輕鬆、順利和愉快。當時我覺得這種阻力來自對中國意識形態的偏見。但我後來嘗試著講述中國各式各樣的個人，從近代以來的抗爭者、

犧牲者、奮鬥者，到現在的開拓者、苦幹者，包括八〇後、九〇後，這些一個個的個人是怎麼生活的。這種對話就取得了很好的效果。

核心價值的有效載體是具體化的生活方式，及千變萬化的個體表達。核心價值的具體化就是文化發展的深化、強化。巨變中的現代中國，它的核心價值是如何活在不同的人的生活中，我們如何把握這樣的具體過程，從而提煉出具體而又深廣的意義，這個命題指向中國文化發展非常廣闊的領域。我們國內其實有很多非常優秀的藝術作品，比如由中國殘疾人藝術團出演的大型音樂歌舞《我的夢》，是關於夢和願景的演出。春晚上的「千手觀音」曾經震動全國也感動世界，《我的夢》就是對「千手觀音」的深化。這部作品意境示意的是對善良人間的想像呼喚，貫穿了中國歷史尤其是憂患深重的近代史的記憶，包含在當代中國對友愛關愛、善待人生的價值嚮往中。中華文化和人類精神在其中得到交融。這也是第一次使「中國觀音」的價值審美同時進入了當代不同的文明之中。改革開放以來，國內的藝術領域，都有同樣成功、值得珍惜的案例，但可惜的是，我們這方面的研究還不夠，研究趕不上生活的發展，趕不上實踐的創新。同樣，近現代中國的藝術文化史上也閃爍著這樣的珍珠。這些在實踐中照亮的中國故事根本內涵是中國道路、中國敘述，其巨大的政治生命和歷史力量，今天還沒有被人們認真注意。

準確的受眾定位是文化外交的突破口。具有深厚政治內涵的文化作品、凝聚中國發展道路根本內涵的文化產品，現在都會被貼上「小眾」的標籤，甚至認為這些作品無法開拓國際文化市場。這類看法並沒有認識到，這些跨文明交流的「小眾」文化產品，超越了一般的消費領域，具有公共外交的屬性。在美國，百分之十的人對公眾意見起引領作用。東部的

常春藤盟校系統和麻省理工學院、西部的斯坦福大學和加州大學十校系統,以及中部的芝加哥大學和密西根大學系統構成了這百分之十的支柱部分。這些人具備寬闊的文化視野,是美國主流意見的引領者。我們應該高度重視這百分之十,做得好,他們就是中國公共外交在北美的文化槓桿,是中國發展模式及其核心價值在國際上獲得表達、有效傳播和贏得認同的驅動樞紐,做得不好,他們就會變成主要的阻力。

（張娥整理）

未來十年的中國文化戰略思考

顧　　敏

臺灣慈濟大學國際漢學教授

全球化的最初立意和實際結果在過去二十年間是一致的趨同嗎？全球化給人類社會帶來了多少福祉？

最近西方人士提出經濟上的兩個集團說（G2），極可能是另一種典型歷史資本主義征伐的開始。二十一世紀前半葉的世局和平，不可再落入赫爾德及黑格爾等人的近代文明觀點，那會是亨廷頓擔憂的文明衝突，或終究要再一次走上征戰的開端。

我認為，經濟上的「G2」是歷史資本主義的轉機或危機。如何突破經濟上 G2 背後的陰影？只有從文化上的大處著手，一方面通過中華文化復興增加中國自身的實力，另一方面在西方世界廣泛推廣「人類文明新認識」的觀點。我們應從這兩方面進行文化戰略的思考。未來十年如何形成文化上的「G2」，甚至「G3」？我認為，應當要本著「和而不同」「和諧和平」「和衷共濟」與「和合共生」的大文明氣度。這是中國與世界雙方面共同發展的核心課題，也是實現人類文明長久和平，更加精進的課題。

通過借鑑二十世紀英國大哲學家羅素和歷史學家李約瑟看待東西文明

的大氣度及全球觀，可以發現，未來十年發展的關鍵在於西方世界需要一項包容東方文明的文藝復興運動；中國亦急需從傳統文化復興與現代化融合中找到新中華文明的起點，並且協助世界點燃全球性的文化協合與融合，在二十一世紀形成多元文化的人類文明，這就是未來十年中國與世界雙方面都需要的文化戰略思考。我主要從以下三個方面展開論述：第一，羅素眼中的中國文明及其對後世的啟發；第二，李約瑟實證研究開啟的中華文化新契約；第三，中華文化的文藝復興與文明發展，亦即中華文化內涵的再造與重新點火。

英國哲學家羅素是首位將中國研究帶入現實社會的西方學者。一九二一到一九二二年，羅素曾在北京教學，後來撰寫了關於中國問題的專著。他認為，在亞洲近代化過程中，日本襲取歐美和自身的缺點，變成一個新資本主義，並導致了二戰爆發。羅素指出，當時的西方人深信，對中國人能做的最仁慈的事就是把「他們」變成「我們」，因此，白種人到中國去只有三個動機，打仗、賺錢、傳教。他認為這是一個錯誤，文明之間應該互相學習。所以他在比較東西方文化時講，中國文化更呵護人情，中國文化的特色是「禮」「理」二字。他眼中的一九三〇年代的中國是知禮、好禮的祥和社會，也就是《禮運‧大同篇》的即景。羅素的觀點為我們今天進一步探討人類共同的問題——文明的取向——提供了參考。

我還要提到的是李約瑟的「中西文明對等觀」。李約瑟以研究中國科學技術史著稱。他認為，要對中國科學發展進程提出一套令人滿意的解釋，須更深刻地理解中國社會的本質。歐洲中心式的評論阻礙了西方對中國的理解，甚至影響了近代中國人對自身歷史的理解，使之對自己文化與文明喪失自信。他覺得，近代西方文藝復興以來的四百多年受到所謂「歷

史資本主義」的影響。對於英國來講，遙遠的中國文明其實是一個對等的存在。與李約瑟同時代的著名英國歷史學家湯因比也認為，人類要想解決二十一世紀的問題，必須要從中國孔子思想和大乘佛教中汲取智慧。以中華文化為主的東方文化和西方文化的結合，將是人類最美好和永恆的文化。

在此基礎上，我要進一步申論中華文化的文藝復興與文明發展。中國的政治文化傳統是以利他精神治國。堯舜之治天下，以協和萬邦為首要工作。和平共處、相互合作是中華文化的繁榮之道。另一方面，中國的宗教信仰為崇尚天地，追求天人合一的最高境界。中國文化的發展須面對「傳統的復興」和「現代的形塑」，應本著領航東方文化的雄厚潛力，提出和諧世界文化的具體作法。

未來十年中國可以進行的實質文化發展包括：漢字文化的推廣、中華傳統文化精神的闡揚與創新、傳統表演藝術的振興與再創造、中華海外文物數字化國際合作、中華文化海外遺產合作調查、數字出版與經典出版的全球化發行、中文在聯合國機構的實名化、因特網全球管理權的共同治理，倡導一種包含仁、禮、恕等概念在內的新全球普世價值。

未來十年中國與世界需要共同培養的文化思考則包括：引領世人對於人類文化與文明的新認識、思考東亞文化的內涵與融合、平衡或再平衡G7 國家的人類文明觀和透過聯合國教科文等國際組織舉辦「人類文明的學習與對話」。

（潘瑋琳整理）

第三部分　中國力量

未來十年中國面臨的國際環境大趨勢

陶文釗

中國社會科學院榮譽學部委員、美國研究所研究員

　　未來十年中國面臨的國際環境至少有兩個大的發展趨勢。

　　首先是經濟方面，以「金磚四國」為代表的新興經濟國的崛起正在改變世界上財富極端不平衡這種狀況，正在縮小南方與北方的差距。有的學者把這個趨勢稱作財富與權利重心從西方轉向東方。從十八世紀七〇年代第一次工業革命以後，三次工業革命都把更多的財富集中到西方。在全球化的競爭當中，全球化的公司聚斂了大量的財富，貧窮國家和貧窮人口變得更為貧窮。但是從上世紀新興經濟體成為世界當中引人矚目的現象，美國首先看到這個現象，奧尼爾首先提出了「金磚國家」這個概念，這個概念之所以被大家接受，大家覺得這確實是一回事。現在金磚國家的 GDP 將近占了百分之三十，現在 G7 只占了百分之五十。世界沒有一個國家否認這些新

興經濟體的增長潛力。

現在，美、日、歐發達國家都面臨相當嚴重的問題。美國的問題是比較嚴重的，美國現在的國債已經達到十六點六萬億美元，已經超過了GDP。奧巴馬要重振美國製造業，復興美國經濟，將會面臨很多問題。但是，我也不認為美國從此一蹶不振了。歐洲情況比美國更嚴重。歐洲做了福利國家，你要削減福利，影響購買力，結果引起經濟蕭條。日本這個國家這麼少的資源，這麼小的領土，在很長時間內成為第二大經濟體，非常了不起，我非常欽佩。我覺得日本的潛力恐怕已經不太多了，這個國家已經把潛力發揮到了極致。今後十年裡面這個趨勢可以保證的。

其次是政治層面，國際政治民主化的趨勢會繼續向前發展。但是恐怕在未來十年裡面，美國還是世界上唯一超級大國。冷戰以後，美國乃至整個西方世界都在興高采烈地慶祝冷戰的勝利。一個超級大國自己瓦解掉了，另外一個超級大國當然就是霸主，全世界當然成單極世界了，美國在世界上獨領風騷。在本世紀初的時候，美國又處在歷史的制高點。二戰結束的時候美國顯然是一個制高點，慢慢有點下降，七〇年代初是美國最低點，然後它慢慢恢復。到本世紀初的時候，美國的 GDP 重新占了世界的百分之三十，所以小布什又打這個戰爭，又打那個戰爭，為什麼呢？美國確實有力量，再加上 9・11 事件的衝擊，它沒有理由不打仗，但是一打這個仗就危險了。

二〇〇七年「次貸危機」剛剛爆發的時候，美國人認為「次貸危機」可能要延續兩年，結果到二〇〇八年不僅沒有結束，而且變成了金融危機。現在看來全世界人都低估了金融危機的影響，現在不管是歐洲還是美國，還在金融危機的陰影裡面掙扎。所以奧巴馬上台以後要建立一個全球

夥伴，他自己都知道單邊主義不行，必須要搞合作。現在全球性的挑戰就逼著美國必須要搞多邊主義。應對氣侯變化這是一個成立新的國際的機制，所以哥本哈根會議的時候，尤其是歐洲忽視了這個事情，他們認為開一次就會可以解決，大大忽視了這個事情。今後我們可以看得出來，全球的多極化國際政治民主化的趨勢會更向前發展。

總結起來說，未來十年的大趨勢對中國基本上還是有利的，但是也有不利的地方，美國和歐洲是中國的大的經濟夥伴，美國和歐洲經濟不好會影響中國的經濟，影響中國的外貿。意識形態領域當中這個發展，價值觀問題上的發展，這個對我們會造成相當的壓力。

（王震整理）

歐洲對中國崛起的心態和戰略轉變

辜學武

德國波恩大學政治學與國際關係學終身講座教授、全球研究中心主任

歐洲看待中國崛起存在十種心態，了解這些對我們不乏啟示和借鑑意義。

一、震撼：歐洲對中國的發展速度感到震撼。因為歐洲從工業化到現代化的道路走了一百五十年左右，美國走向現代化也花了六七十年，但中國僅僅用了三十年，這是歐洲沒有預料到的，因此，他們的第一反應是感到震撼。

二、佩服：歐洲佩服中國的發展與崛起。這主要在於兩個方面，一是在大轉型過程中，在城市化進程中，中國沒有像巴西、印度等國家那樣出現貧民窟現象；二是中國崛起過程中，雖然發生了一些變革，但並未出現戰爭。對於這些問題，歐洲找不到答案，但是佩服中國做到了這些。

三、迷惑：歐洲對中國崛起的迷惑。主要表現在兩點：一是人們通常認為經濟自由化必然導致政治民主化，但中國的高度的經濟發展並未使中國走上西方議會制或者多黨制民主。二是人們通常認為市場經濟下私有制占主導並會存在競爭，但在中國，國有企業是經濟命脈占主導地位，也就是說，中國以此融入了以私有資本為主導要素的世界經濟體系。對於這

些，歐洲在既有的理論體系中也找不到答案。

四、不服：中國的崛起離不開西方。歐洲認為中國的崛起和發展不僅僅是依靠中國自身的努力，不應該把成就歸功於自己獨特的發展道路，這其中，也有西方的功勞。他們認為，如果沒有美國主導的全球化，如果西方沒有向中國打開國際市場，如果不是西方在中國改革開放的時候接納了中國，中國就不可能有如今的發展。

五、蔑視：許多歐洲人不太認同中國的發展增長模式和政治體制。他們認為中國的發展依靠的是高污染、高排放，而通過污染環境取得經濟發展沒有什麼可鼓勵和效仿的。他們對中國的匯率控制、產權保護、勞工權益等問題也存在諸多負面看法。而這樣的心態甚於中國威脅論、中國崩潰論。

六、傲慢：認為中國三十年的發展道路並不獨特，只不過是在重複歐洲的老路，重蹈了歐洲的輝煌乃至錯誤。他們認為中國發展的理論諸如社會主義、馬克思主義、資本主義、自由主義、憲政等都是歐洲的思想，中國發展至今，不過是為這些歐洲思想提供了試驗場。這是一種以歐洲中心論看待中國發展的心態。

七、憂慮：歐洲對中國崛起的憂慮。主要表現在三個方面：一是憂慮歐洲政治的邊緣化。歐洲感覺到中國崛起中迸發的強大影響力，因此擔心如果歐洲不能團結起來，則可能會導致國際影響力下降而成為二流政治實體。歐洲對於自身政治邊緣化的憂慮情緒甚至瀰漫在歐洲政治上流群體中。二是憂慮歐洲經濟的空洞化。隨著經濟實力的提升，中國企業開始到西方尋求投資和發展機會，由於在美國遇到了極大障礙，許多中國企業轉而向歐洲推進。不僅大企業，一些中國的中小企業也在歐洲進行併購和擴

張。這些現象使歐洲憂慮自身經濟會被中國掏空。三是憂慮歐洲環境的博物館化。歐洲由於其人文景觀具有悠久的歷史，常被作為旅遊目的地。歐洲人擔心亞洲人有錢了，就到歐洲遊玩，只是把歐洲當作一個博物館看看，而忽視了更深層的人文精神。

八、反思：歐洲人現在開始反思中國的崛起歷程。他們認為，可以從中國道路學習很多東西。歐洲現在面臨高福利社會難以維持、政府債務危機等諸多難題，而中國則發展快速，解決問題的效率也很高，歐洲應該可以從中受到一些啟發。中歐之間應該有許多可以互相借鑑和啟發的東西。

九、期待：歐洲期待中國能夠脫亞入歐，成為西方的一員。實際上，持這一觀點的人都是樂觀主義者，他們堅定地支持中國的經濟改革，希望中國更加深入地融入國際體系。他們非常贊同多與中國打交道，認為這樣更容易使中國接受西方的普世價值。

十、衝動：對中國在國際舞台的動作進行規範。中國崛起使歐洲感覺已經無法再對中國產生決定性影響，也無法左右中國的發展方向，因此，歐洲希望能夠有能力規範中國。西方對華戰略正處在由理想主義向現實主義轉變的過程中，所以其規範中國的策略概括講為「三高三低」。「三低」是低市場準入、低市場經濟、低軍費開支。「三高」是長遠目標，包括高度的產權保護、高度的遊戲規則、高度的世界責任感。

（王震整理）

中美在國際體系中的領導權之爭

郝雨凡

澳門大學社會科學及人文學院院長、教授

最近幾年，中美關係險象環生。美國不僅軍事戰略重點東移，劍指中國，並用巨大的政治和外交資源壓制中國。二〇一二年美國總統大選和中國高層換屆都為中美關係的前景增加了不確定性。隨著兩國菁英層對彼此猜疑的不斷加深，任何意外事件都可能影響未來兩國國內政治發展和經濟走勢。美國正在成為影響中國崛起的最大外部因素，結構性矛盾與戰略猜疑不可避免地帶來中美在國際體系中的領導權之爭。

雖然我並不是很同意中美在際體系當中有一個領導權之爭，但我們無法迴避這一問題。雖然中國可能並不想參與所謂的「領導權之爭」，但它實質上仍然是存在的，只是我們叫「建立新型大國關係」。實際上，美方普遍認為，中國的發展已經不再是一個簡單的「崛起」的問題，而是進入了一個趕超美國的階段，恐怕將成為美國在世界體系中領導權的一個最大的競爭對手。不管中國怎麼說，美國的菁英層根據西方的歷史經驗斷定一個國家的經濟勢力增長一定會導致政治和其他方面雄心的擴展。從這樣一個角度講，美國的防範心理正在加重，這也是為什麼這幾年中美關係會險

象環生的原因。長期以來美國對華一直是俯視，居高臨下。現在慢慢開始學著平視中國，在這個階段應該是雙方摩擦最頻繁的時候。

事實上，中美關係的實質不同於傳統意義上的你死我活的競爭，而是從競爭對手走向新的超越意識形態、摒棄陳舊過時的觀念的「新型關係」。雖然我們不敢肯定這是一種什麼樣的關係，但的確是一種新型關係。從這個意義上來講，競爭是存在的。而且美國過去十年應該看得出來，對華政策軟硬兼施，最近已經轉向以硬為主，並且這種強硬的政策有常態化的趨勢。美國國內經濟越困難，它對中國施加的壓力應該是越大。這就是為什麼美國有一些學者提出，其實中國應該考慮不是鼓勵美國經濟越來越困難，而是在一定程度上去幫助美國經濟復甦，幫助美國重新回到和中國接觸的相對友好的大氛圍中來。在一定程度上講，應該說三十年前美國對中國的接觸不多，但信任度遠比今天大。今天雖然彼此接觸頻繁，但是互不信任的程度越來越深。在這樣一個大背景下，奧巴馬才會提出「再平衡」的政策。所以，國內一些學者也認為，不管怎麼說，中美的冷戰其實已經悄然打響，我們應該丟掉幻想準備戰鬥。

在未來一段時間內，美國的確是中國國家安全最大的潛在威脅。我認為，中國未來一段時間的主要外交目標應該是防止美國成為中國國家安全的主要威脅，現在它還只是一種潛在的威脅。這就要求中國對美國有一個「兩手策略」，既要與美國進行接觸合作，防止過早成為美國的戰略對手，又要積極地進行「防圍堵」，建立強大的國內和國外的機制。同時，對內防範美國的滲透和情報收集。對外防止美國的壓力，維持我們核心利益。中國需要有一個寬泛的、靈活的對美政策機制，能同時包容兩種不同的選擇，在競爭中有共存，使其不至於脫軌，這需要智慧，需要學界提供

一些學術支持。應該看到，其實美國雖然把中國看作競爭對手，並擔心中國崛起後對美的意圖，但現在還沒有看成是美國當下的敵人。其實裡面還有一些餘地讓我們去運作，防止雙邊關係的惡化。

　　構建大國關係不是一件很簡單的事，我們現在基調是應該怎麼去限定，未來有沒有可能產生軍事衝突，應該說是有這種可能的，但是也不一定，這完全取決於傳統的大國願不願意作某種程度的讓步來滿足新興大國的要求，以及新興大國願不願意遵守傳統大國制定的規則，並在這個規則裡面作某種程度的調整。如果雙方都能做到這個程度的話，戰爭還是可以避免的。

（王震整理）

中國與國際規範的倡導

凱瑟琳·莫頓

澳大利亞國立大學亞太學院副院長、國際關係系高級研究員

作為全球治理的新參與者，中國在遵循國際規範和慣例方面常顯不足。中國不斷擴大的全球存在意味著中國不能再袖手旁觀或置身局外，中國必須積極參與全球秩序的重新塑造。那麼，中國能給國際政治帶來何種新的規範？中國的觀念將如何影響本國在全球治理中作為利益相關方的行為？

國際規範是一個不斷發展變化的東西，所以對於中國來說，不管是保持現狀，還是隨之變化，它都會對中國產生影響。中國對於國際規範的倡導，總的來說是保守的。現在，我們也看到了中國政策的改變，雖然這比當代世界的發展略有滯後。中國今後會更積極地把自己所倡導的內容轉化為國際規範，值得我們關注。

在這一過程中，有三個陷阱值得關注。首先國際的規範，實際是一系列的各國所一致認同的一些做法。但並不是所有國家都會接受這種做法，它多多少少有些差異。所以，我們可以看到：這是一個持續不斷的過程，是不斷對話和討論的過程，而不是簡單的和平。在新的國際規範建立過程中，中國會參與更多。第二，我們要把長期進行的說法和戰略性的想法進

行分開，這樣就不要過多把一些不切實際的想法加入到正常的討論中。第三，國際規範實際上是一個國家的一種意識表達，並不是說一個國家一定會完全遵守這些國際規則。儘管這些規範事實上會被突破，但它會隨著各國間的關係而得到一些調整。

國際環境正在發展，中國的參與也變得越來越重要，使得我們能夠更好地建立一個全球性框架。從上世紀七〇年代到本世紀，全球治理一直在不斷發展，但還是存在著很多不確切的地方。中國作為聯合國安理會成員，承擔著非常重要的維持國際和平的作用。隨著中國和其他新興國家的興起，它們將能夠對未來的國際干預起到更好作用。我們有足夠的證據表明，中國在新的國際規範制定過程中，發揮了更加重要的作用。事實上，中國能夠繼續參與到國際秩序中來，能夠有更好的願景塑造全球政治觀點。在中方的日程當中，中國實際上對於自由的規範有更多新的想法。中國正在不斷改變著遊戲規則，不再是從一個觀者的角度，而是積極參與了全球規範的商談和制訂過程。當然，這仍在發展過程當中，實際上是一個早期的階段。

很多人認為，中國在很多時候過於關注自己的利益。國家自然要關注自身利益，但只要這種政策能夠有利於全球和平。事實上，十九世紀英國的政策或者二十世紀美國的政策也都充分展現了它們的自利性，二者的政策目的也是為了更好地使自己獲得安全。因此，中國需要加入新的國際規範塑造過程，也要能夠保證其自己的安全感。

（王震整理）

構建中國外交的「和力」

吳心伯

復旦大學美國研究中心副主任、教授

崛起後的中國與外部世界的互動主要在兩個方面：一是追求什麼樣的利益目標；二是中國怎樣使用越來越強大的力量。相比較而言，中國對後一問題的思考較少。中國作為一個新興大國，必須提出新的改良理念，倡導新的力量方式，超越近代以來傳統大國片面追求和濫用硬實力的侷限。中國提出「和平發展」理念和構建「和諧社會」目標，但這兩者之間缺少彼此聯繫的橋樑。我認為外交的「和力」新理念可以將兩者有機聯繫起來。所謂「和力」，即是通過正向運用一國的力量，促進國際社會和平、和諧。

「和力」理念是合和、相互協調和補充，這既是中國文化的重要元素，也回答了現代外交理論的世界觀、利益觀、矛盾觀三個基本問題。當今世界是全球化的世界、相互依存的世界，必須用新的理念和方式構建命運共同體和利益共同體，這是和力的世界觀。「和力」理念「遵循利益均衡、強調共同利益、追求利益共贏」的原則，這是和力的利益觀。「和力」理念強調用和平而不是用武力方式解決爭端；強調解決爭端要順其自然，在條件不成熟的時候，要擱置爭議；強調以包容的方式來解決分歧，解決

矛盾的上層而不是追求完勝，這是和力的矛盾觀。「和力」構成具有綜合性的特徵，在經濟、文化、外交、安全、國際政治等多個領域都有它特定的使用方式。在經濟領域，通過對外經濟交往謀求互利共盈，促進多國經濟發展；在外交領域，通過說服和談判而不是施壓解決國際矛盾，不對他國實行政治控制；在文化領域，尊重文化多樣性，不搞文化擴張或輸入價值觀、意識形態，不謀求文化霸權；在安全領域，鼓勵和平解決國際爭端，不是動輒武力相向，有限使用軍事力量。

隨著中國的崛起，中國應該發揮一種建設性的、負責任的領導作用。在「和力」理念下，中國不謀求壟斷世界事務的領導權，主張相關國家共同合作。外交「和力」最主要的特色就是可以體現中國的外交風格和獨特的中國智慧，通過理念、力量和運用方式的闡釋，讓世界更清晰、可靠地了解崛起後的中國。

（王震整理）

中國民主政治的發展與國際體系的和平轉型

蘇長和

復旦大學國際關係與公共事務學院教授

既有的民主理論和民主政治制度大多建立在排他性領土基礎上，國內利益集團和選舉政治極容易導致將國內政治中的壓力和危機向外排放到國際政治體系中，從而損害國際安全和他國利益。在一個各國利益日益交織的狀態中，建立在排他性領土政治基礎上的第一代民主理論和民主制度已經越來越不適應國際體系管理和全球治理的需要，它甚至正在成為越來越多超越國界的全球公共問題得到有效治理的制度障礙。當前的國際體系處於敏感的轉型時期，如何從國內政治和國際關係結合的角度，探討有助於國內政治和國際體系和平發展的第二代民主政治理論，已經成為政治學和國際關係學研究必須面對的重要議題。這也是西方的再民主化運動必須認真對待的問題。

以往的民主制度，特別是西方的，是把國內政治和國際政治分開的。從國際關係和國際角度看，民主政治制度還不是最好的，因為它沒有把兩者結合起來。國內政治的很多決策，應該考慮到其他民族的感受，而中國制度中有這些內容。中國的國內決策，或者說制定外交政策的時候經常考

慮把本國人民的利益及其世界各國的人民利益結合起來。考慮安全問題的時候，將本國安全的關切和其他國家的安全關切結合起來。關於發展，也盡量使國內發展成果跟其他的國家進行分享。

中國特色的民主政治發展道路並不侷限於第一代民主理論那樣，僅從國內政治層面思考自身民主以及制度建設，而是一直試圖將國內政治發展與國際政治發展緊密結合起來，思考全球化時代新型民主制度建設。中國制度自身不能夠確保國際體系和平轉型，那些對於國際體系穩定具有系統性影響的國家，在國內政治改革進程中，都需要將國內政治和國際關係更好地協調起來，才能共同推動國際體系向更高階段發展。

中國的制度是如何推動國際體系和平轉型的？中國參與國際事務有七個原則：第一、在不觸動國際體系中既得利益的前提下努力開闢了新的利益增長點。第二、在自身根本利益和總體利益不受損的前提下願意盡量讓對方先得益，積極讓利原則。第三、不應損害別人的利益。中國制度內在的節制和治理環境有關。我們很少通過向外轉嫁危機的方式改善環境。第四、盡量幫助對方製造條件。第五、任何國際體系的改革不應該以優勢利益最大化為指導原則，盡量保持弱勢國家最大得利或者損失最小化。這是公平比例和均衡的原則。第六、遵守規則，並完善規則，不是像有些國家那樣破壞規則再制訂規則。第七、不以外部事件的成就來否定中國道路，妄自菲薄，也不以中國道路取得的發展成就否定外部事件或者他國的一個發展道路。

（盛文沁整理）

中國與世界：國際秩序和東亞秩序變遷

鄭在浩

韓國首爾國立大學政治學和國際關係學教授

如果世界的中心真的東移至亞洲，那麼新的世界秩序會是亞洲的秩序嗎？這取決於以下三方面：一、美國的霸權地位還能維持多久以延緩新秩序的建立。二、後美國時代的世界秩序會是怎樣。三、未來會給中國帶來什麼。

美國有多久能夠繼續稱霸和控制多長時間，並且抑制住反美力量，這要看中國要用多長時間崛起到能夠和美國平起平坐。毫無疑問中國是美國最大的戰略競爭對手。中國面臨很多國內的問題，但是這些國內問題沒有那麼重要，因為每個國家都有很多國內問題，但是對於外交政策來說影響不是那麼深遠和重要。我們處理國內問題的同時，還要進一步加強國際交流和對話。

國際社會對中國崛起有一個良性的質疑，會不會回到以前的霸權模式？如果沒有，亞洲國家還是歡迎中國的。從美國的角度來看，中國會不會威脅到美國，會不會威脅到美國的戰略統治地位，美國人肯定不會坐視不管，中美之間已經出現了較量的跡象，並引起一些緊張局勢。

亞洲國家非常關注中美關係，因為中美關係主導亞洲局勢，中美之間會有一些衝突。美國說亞洲是戰略中心，要重返亞洲，需要平衡，中國則要和平崛起，和平發展，這些都有衝突和互動。中美戰略不同，所以它們不能完全融合。美國對中國的經濟、政治、文化方面有一些擔憂，而中國對美國的一些戰略和政策也有一定戒備。那麼東亞怎麼辦？東亞國家其實什麼也做不了。

　　東亞權力格局的變化之快超出了許多學者的想像。中國的對外關係開始進入「第三週期」。有一點十分明確，中國不會再坐等機會的到來。

（盛文沁整理）

亞太地區的二元領導結構與中國崛起

趙全勝

美國美利堅大學國際關係教授、亞洲研究中心主任

在亞太地區的領導權問題上，中國和美國開啟了一個新模式。崛起的中國掌握經濟方面的領導權，而現有的霸權國——美國的領導權則體現在軍事、安全和政治領域。這就是當前亞太地區所面臨的新的二元領導結構。

所謂「二元結構」，是指中國正在逐漸增強和積累自己在經濟領域的影響力，在某種程度上，或是在某些方面還承擔著領導的作用。中國一直在加強自己的影響，尤其是從全球金融危機以來，現在愈加明顯。但與此同時，我們也看到：美國繼續在軍事、安全等領域保持其固有的領導權利。所以這是一種類似於互補的關係，它有可能會帶來一些合作機會，但也隱含著一些潛在的衝突。

這樣一個二元結構對於各個周邊國家的影響是什麼？沒有任何一個其他國家會希望被迫在兩者之中只選其一，他們希望看到中美之間能夠維持穩定的關係。那麼，到底該如何來看待這個新出現的二元領導架構呢？我認為，它首先還是一個區域性的問題，只限於亞太地區。因此和 G2 的概念不一樣；第二，它是在各個不同領域當中的問題，是像經濟與軍事、安

全、政治之間的關係；第三，它並不是一個排他性問題。這裡面不光有美有中，其他的周邊國家也都是非常重要的參與者，包括日本、韓國、東南亞聯盟，甚至包括印度，等等，都在其中充當著非常重要的角色；第四，它具有兩個領導力，就是在美國和中國同時發揮領導作用的情況下，它存在著兩種發展方向。我們稱之為正面的「3C」和負面的「3C」。三個積極的因素是協調、合作、妥協，我們可以在這兩大力量之間看到這些東西。對於兩個大國來說，妥協是非常重要的，如果這兩個國家能夠繼續保證這樣一種妥協的態度，在一個二元結構中保持這種態度非常重要。另外，還存在著三個負面的「3C」，也就是競爭、衝突、對抗。如果兩大力量最終不進行折中選擇的話，它們之間很可能會變成一種對立的、敵對的關係，特別是如果大家只關注各自的核心國家利益時就會如此。

由於中國逐漸成為東亞的地區強國，與美國在諸多熱點問題上實行共治對地區穩定和繁榮就至關重要。美國的政治影響力要遠遠大於中國的政治影響力，軍事上也是如此。無論是正面「3C」中的協調、合作、妥協，還是負面「3C」中的競爭、衝突和對抗，中美雙方目前都處在這樣一個交叉路口。至少從目前來看，華盛頓和北京都在努力朝正面的「3C」方向發展。但是，我們也無法排除這種可能，那就是負面「3C」的發生。中美兩國之間是延續冷戰期間的「零和」博弈，還是追求合作共贏呢？所有這些問題都是我們所面臨的選擇。簡言之，我們在未來既有衝突的可能，也有合作的可能，關鍵在於作出何種選擇。

（王震整理）

中國與東亞地區合作的未來走向和戰略選擇

胡偉星

香港大學政治與公共行政學系教授

在二十一世紀的頭十年，東亞地區合作出現了「百花齊放，爭芬鬥豔」的局面，地區經濟合作充滿活力，區域經濟一體化程度不斷加深，雙邊與多邊自貿區協定數量大幅增加，甚至出現了以東盟和中日韓「10+3」安排為載體，推動東亞合作區域性制度安排的良好勢頭。但是近兩年來，隨著美國戰略重心的東移，華盛頓「重返亞洲」並積極推動所謂亞太「戰略再平衡」，區域內領土糾紛升級，中國同個別周邊國家關係的緊張，東盟的主導地位下降，二十一世紀的頭十年東亞合作的勢頭明顯被打斷了。目前東亞合作不光出現停滯，而且隨著內部和外部勢力的重新排列組合，各國利益和目標出現分歧，未來東亞合作的走向出現了新轉折和新趨向。

中國在今後十年到二十年，肯定會成為世界上第一大經濟體。中國成為世界上第一大經濟體以後對世界政治版圖的挑戰是巨大的。我們講很多中國的轉型的問題，但沒有太多人關注到，中國崛起以後，今後十年二十年國際社會的外部環境會是什麼樣的？特別是在中國崛起以後，成為世界第一大經濟體以後，它的國際經濟制度環境將會如何？中國的崛起離不開

全球經濟一體化，包括積極參與亞太地區的經濟合作。可以說，中國是在全球經濟一體化過程中獲得了巨大利益，這是中國崛起的一個基礎。從中國崛起過程中的基本戰略選擇來看，也是以經貿為主導，以周邊為基礎。因此，今後中國外交也離不開這個思路。在作為中國外交重點的周邊關係當中，如何進一步融入亞太地區的經濟合作，如何使地區一體化更有利於自身可持續發展是一個很重要的議題。

當前亞太地區有兩個明顯的新趨勢：一個是「雙重領導權」問題，也就是亞太地區的很多國家在經濟上開始越來越依賴中國，但安全上還是靠美國。另一個是亞太地區的政治經濟環境在發生改變，所有的國家都在談「自貿區」或者「貿易自由化」協議問題。但是跟中國有關的自由貿易安排就已經很多了，比如說臺海兩岸的 ECFA，還有「10+3」自貿易區協議，中日韓自貿協議等，還有其他一些安排仍在談判當中。這是東亞地區經濟合作的一個很顯著特徵，實際上一九九八年東亞金融危機後就曾出現過一輪區域經濟一體化高潮，這兩年又出現了新一輪的地區合作高潮，但東盟在其中的主導作用已經不存在了。亞太政治經濟環境發生變化的另一個表現是地區性自貿談判的進展，本地區目前有三個大的區域性自貿協定談判在「同場競技」：一是美國接手主導的「環太平洋夥伴」自貿協定（TPP）；二是「跨大西洋貿易與投資夥伴關係協定」（TTIP）談判；三是涵蓋東盟十國與中、日、韓以及印度和澳大利亞等共同組成的「區域全面經濟夥伴關係」（RCEP）。為什麼這三個自貿談判會對今後東亞地區的經濟合作有很大影響呢？一個是它們的規模龐大，TPP 占世界貿易的百分之二十五左右，TTIP 占世界貿易的百分之六十四。二是發達國家之間的自貿協定不光是稅率、關稅問題，也會對今後國際貿易的規則產生重要

影響。

　　毫無疑問，以上三個經濟合作機制都有各自經濟合理性，但是它們的成功與否都取決於國際關係的政治邏輯，而不單單是其經濟邏輯。今後地區合作的制度安排對中國的和平發展和周邊環境有重大影響，也關係到中國和平崛起的戰略選擇。對中國而言，我認為首先是要很好地研究三大自貿協定的影響，研究怎麼參與這些談判；其次是國內的體制改革一定要跟上，如果跟不上，中國今後就沒辦法談成一個有利於自己的自貿協定。如果不改，別人主導了自貿區談判，中國今後的對外經濟貿易環境會受到很大影響。如果中國不參加自貿區談判，沒有辦法參與國際貿易規則的制定，今後就會吃大虧。

（王震整理）

東亞地區的共同利益與中國發展

劉　鳴

上海社會科學院國際關係研究所常務副所長、研究員

我們談論東亞地區的一體化，離不開對中國周邊地區的共同利益與競爭點的認識。我認為，我們在東亞地區的共同利益至少包括六方面：一是確保東亞經濟發展的動力和良好的經濟合作關係；二是避免和大國對抗或者衝突；三是構建無核化的區域和環境；四是東亞區域合作機制的發展；五是避免西方的金融、債務危機，以及中東動盪引發的石油危機嚴重衝擊東亞國家的經濟；六是海洋爭端的有效管理。這就是東亞國家之間的共同利益。不過我們也不能忽視，我們這些國家之間除了共同利益之外，也有很多競爭點：首先，在這個地區出現了更多權益和利益的競爭，在短週期甚至蓋過共同利益，這些權利和利益的競爭將會比共同利益還引起人們的關注，這些包括中國力量崛起後的地區權勢局部轉移，從西部向東部的轉移，甚至在東亞內部還有一些權勢的轉移，這引起了地區霸權國的擔心。其次，中國的崛起縮小了地區大國間的戰略空間。再次，《聯合國海洋法》的生效加快了各沿岸國海岸圈地的步伐。每個國家都希望能夠多領有一些領水地區。這樣一來，發現模糊的海上經濟專屬經濟區與邊界劃分的矛盾

就突出了。最後，部分國家國內民族主義情緒上升有關，不但在中國有，在日本、在韓國、在菲律賓都可以看到不同程度、不同級別的民族主義的情緒。

深化區域合作，首先需要擴大共同利益。第一個關鍵就是要穩定中美關係。沒有穩定的中美關係，東亞就不能長期穩定，而東亞地區的共同利益，也不能擴大。美國最近採取了轉向亞洲的戰略，不過美國的政策和東亞地區的戰略之間有兩張面孔：一方面美國要制衡中國，另外一方面需要與中國合作。不管是地區層面還是國際層面，都需要中美兩國間的合作，如果雙方有一方把對方看成是潛在的敵人，那麼亞太地區的局勢就會很危險。

其次熱點問題的解決。目前沒辦法很快解決這些爭端，但各方必須採取措施，維持現狀。如果一方採取動作，另外一方就有所報復的話，就會出現一種對抗，使得局勢惡化成為危機。同時積極探索南海、東海劃界的解決方法。海上領土劃界可能需要很長時間，在南海問題上，中國的立場是要針對歷史主權，我們要一方面繼續執行 DOD，另外一方面逐步展開 COC 的共同研究。

最後，構建周邊利益共同體的核心是推動中國經濟增長與市場開放。周邊利益共同體都希望中國能夠繼續增長它的經濟，中國經濟增長和市場開放是構建東亞利益共同體的基礎與核心。如果中國經濟不增長的話，那麼東亞共同體的建設以及東亞國家間的區域合作就會失去很多動能，會錯失很多的機會，而更多的問題也會浮現。在東亞區域合作的架構中，中國有很多事情可以做，比如說經濟合作、金融合作、基礎設施合作，等等。

（王震整理）

東亞區域合作的四個特徵

任　曉

復旦大學國際問題研究院中國外交研究中心主任、教授

簡言之，東亞地區的區域合作模式主要有四個特點。

第一，東亞區域合作帶有很強烈的危機驅動型特點。一九九七年的亞洲金融危機使得這個地區的國家認識到：在東亞地區，不少國家有很大的外匯儲備，假如東亞各國能夠加強合作，這場危機或許可以避免，至少能夠避免從後危機期發展到經濟危機和社會危機。在痛定思痛之後，這場危機驅使東亞國家走到一起，開始區域合作。也就是說，區域經濟合作是被「逼」出來的。一開始是不自覺的。然後從不自覺變成自覺，各國認識到它們可以在合作過程中共同獲益。後來，又發生了禽流感危機，這場公共衛生危機又推動了在公共衛生領域的合作，並不斷地向其他的領域拓展。

第二，東亞區域合作有很強的政府主導和從上而下的特點。可能比較初期的一段時間，區域合作發展比較快，發展「容易」做的。但現在可能到了一個瓶頸階段，當它要深入下去的時候，那就會碰到一些深層次問題。這個時候就會發現，私營部門的作用恐怕是更加根本性的。有市場引導的私人部門，有利潤導向的經濟行為，可能是一種更深層次的力量，但

這個在東亞地區比較微弱。

第三，東亞區域合作是一種多層性的合作。從十八國共同參加的東亞峰會，到馬上就要啟動的十六國 RCEP 談判，再到「10+3」合作，「10+1」合作，再到中日韓三方合作等，這是一個多層性的合作架構。它有不同的架構，不同的成員，但很多時候又有重合的議程。在這裡邊，我認為相當重要的一個發展就是中日韓間三方合作。從它的經濟力量來說，在東亞地區所比重極大。二〇一一年，它從「10+3」這個集團中發展出來，然後自身成為一個相對獨立的機制，二〇一一年又在首爾成立了秘書處，說明它的制度化建設開始加強。

第四，在東亞區域合作過程中，安全與經濟一體合作是相互交織的，而且是錯綜複雜地交織在一起。比如說 TPP，顯然美國是有它的戰略性考慮在裡頭，也具有很潛在的深刻的影響。從它的成員來看，已經從九國擴展到了墨西哥和日本，日本的決策也有很重要的政治核戰略的意涵。經過好幾年的國內激烈爭論、辯論，目前安倍政府作出了一個決定，顯然是一個政治性決定，這個決定又跟美國有很密切的關聯。最近美日首腦會談，安倍訪美過程中，做了一個相互間的妥協，因為美國要求甚至對日本施壓，要它加入 TPP 談判。同時又考慮到日本的實際困難，因此可能在農產品問題上面，考慮給它一定的讓步例外。美國的汽車也可能會得到日本一定的讓步例外。美日之間的妥協，可能對於 TPP 下一步的談判，會產生一定的促進作用。前面提到了一個問題，就是它跟 RCEP 是否互相競爭的關係，可能不完全是，因為很多成員是重合的。要看成員從不同的合作機制中，從哪個獲益更多，也許是一些國家正在觀察、觀望的一個問題。

（王震整理）

中國與新阿拉伯世界的未來關係

默罕默德·塞利姆
科威特大學政治學教授

一九五五年萬隆會議以來，阿拉伯國家就是中國的主要夥伴。在經歷過兩極格局和單極時代後，這樣的夥伴關係延續了下來。事實上，正是在單極時代，中阿夥伴關係步入了新階段，尤其是中國愈加依賴阿拉伯國家的石油出口，以及始於二〇〇四年的中阿論壇。而最近，中阿關係的戰略關係發生了重大變化。中國愈加成為全球主要的經濟體，阿拉伯世界也經歷了重大的政治變化，如「阿拉伯之春」等。伊斯蘭政治對許多阿拉伯國家的影響逐漸增強，並很有可能影響中阿關係。中國需要改變對阿政策，而中國對敘利亞危機的處理就表明了中國對阿拉伯世界政策的轉變，即從經濟為主轉向戰略考慮。

自二〇一〇年以來，我們已經看到了一個新中東和一個新世界。在「阿拉伯之春」的背景之下，我們必須要了解中國對於這樣的外部環境會作出何種反應，「阿拉伯之春」對於當地的地區的政局產生了影響。中東地區伊斯蘭政治勢力的興起對於埃及等中東局勢有很大影響。新的力量使得中東的秩序發生了變化，中國也希望能夠和新的伊斯蘭勢力達成一致。

但是，坦率地講，其中有一些伊斯蘭政治勢力與「基地」組織存在聯繫，所以法國等西方國家也參與打擊中東的「基地」組織。伊斯蘭世界「基地」組織力量的增強非常令人擔憂。「阿拉伯之春」同時也導致一些國家國內社會動盪，包括突尼斯和埃及，目前這些國家的經濟受到了影響，也缺乏安全感。在這些國家中，警察不能正常地運作，也經常有極端勢力的暴力攻擊。因此，「阿拉伯之春」不僅導致了伊斯蘭政治勢力對阿拉伯國家影響的增加，也使西方加強了對這裡的控制。從一系列事件來看，有很多中東國家都受到了美國的控制。

「阿拉伯之春」發生後，中國很快從利比亞危機中吸取了教訓，而且用在了阿拉伯地區的其他危機應對當中。對於「阿拉伯之春」，中國的反應非常謹慎，以便保護其在當地的國家利益。中國對利比亞、敘利亞問題的解決施加了非常大的影響，中國已經在敘利亞問題上行使了兩次否決權，以避免在利比亞的局面重演。中國也就此提出了六點建議，儘管沒有實現。敘利亞的問題必須要由敘利亞自己來解決，而不是北約或其他組織來解決。為什麼中國這麼做，我想有很多現成的理由。可能中國認為如果敘利亞出現了問題，西方國家就會對伊朗採取措施，這就會對中東局勢造成更大的影響。中國的政策實際上是對美國等西方國家的回應，這也是國際政治中的常見做法。

敘利亞的持續動亂對中國利益沒有好處。阿拉伯國家領導人到中國來可能只是一個象徵性的訪問，他們更希望把中國作為一個楷模。對於中國的中東政策，我覺得有兩點需要重視。一是應該和中東人民進行互動，而不能專注於政府與政府間的互動，而是更加的關注到 NGO 非政府組織。二是中國應該擴大與中東國家之間的貿易關係，尤其是和非石油出口國之

間的貿易關係。中國和一些非石油出口國之間存在很大的貿易不平衡，導致部分人把中國當成了威脅。埃及每年對中國的貿易出口是十五億美元，而中國每年對埃及的貿易出口是六十億美元。因此，中國不但要去中東地區進口資源，也要平衡和中東國家的貿易關係，不能只進口原材料，出口工業製成品。只有這樣，才能夠確保中國與阿拉伯世界或者海灣國家的關係出現一個新飛躍。

（王震整理）

中國的民族政策與中亞睦鄰關係

挪西羅瓦

烏茲別克斯坦塔什干東方大學中國語言學與文學系主任、塔什干國立東方研究所所長

全球化和信息化帶來的新挑戰對均衡民族政策的發展和實施提出了新要求。中亞地區有很多民族問題，哈薩克斯坦、吉爾吉斯斯坦等國家加起來人口大概是六千四百萬，民族有幾百個，而且同一民族散佈在不同國家之中，比如烏茲別克斯坦有百分之二塔吉克人，塔吉克斯坦也有烏孜別克人，在中國的新疆、寧夏、甘肅、青海也有哈薩克族等少數民族。這一地區民族成分複雜，還有很多歷史遺留問題。再加上民主化的進程導致這些國家內部出現新的文化認同，以及能源問題上的爭端，不同國家、不同民族之間時常出現矛盾與衝突，還面臨著恐怖主義、地方主義等的威脅。

中國有五千多年的歷史，把傳統和現代很好地結合在了一起。在民族問題上，中國堅持民族平等和民族團結，堅持各民族共同繁榮發展，有讓五十六個民族和諧發展的成功經驗。這些對中亞地區的政治穩定、民族和諧具有非常重要的借鑑意義。

不論是歷史還是當下，中亞地區在中國的發展過程中都發揮著重要的

作用。中國與哈薩克斯坦、吉爾吉斯斯坦和塔吉克斯坦交界，與這三國的邊界線近三千公里。歷史上看，中亞與中國有著深厚的歷史淵源。「絲域」的廣闊含義就包括了中亞、南亞以及西亞地區。就當下而言，中國與中亞的關係近年不斷發展。中亞盛產天然氣、棉花、金屬等資源，是中國重要的資源進口地區。同時，中國也是中亞地區最大的投資者和最重要的經濟夥伴。中國的穩定對中亞的穩定非常重要，中亞地區都希望中國穩定發展。

中國改革開放三十多年，經濟上取得了巨大的成就，作為世界第二大經濟體，中國經濟已經成為世界經濟的一個重大引擎。中國現在政治穩定，經濟繁榮發展，對於外資而言，是最有吸引力的熱土。中亞地區國家需要進一步加強與中國的聯繫，包括各民族之間的文化交流。我們希望能夠一起更好地保護各民族的歷史文化遺產。而且中國文化對世界文化有其獨特的貢獻，中國的文化價值理念對我們中亞國家來說也是值得珍惜的。

（張焱整理）

世界經濟脆弱的根源

孫立堅

復旦大學經濟學院副院長、特聘教授

安全資產對參與資源配置的每個方面來說都非常重要，牽扯到包括銀行的監管所需要的安全資產的充足率問題，也包括一個國家的儲備財富價值問題，如果缺乏安全資產的話，我們將會看到整個世界經濟處在非常追求流動性、長期投資無法著陸的狀況。當然安全資產的稀缺性實際上是這場金融危機爆發後才發現的，中國、印度包括日本在內這些製造業的國家，他們財富創造的同時，又帶來了管理財富的問題。這種財富管理，在二〇〇八年前，都經歷了大量尋找金融市場，來到美國市場尋找，甚至給華爾街尋找 3A 產品帶來了便利，但在金融危機的時候大量的安全資產變得非常不安全，甚至唯一提供安全資產的美國也因為財政赤字的問題失去了安全資產的功能。金融危機以後，3A 級的產品完全在市場上蒸發，從而造成了金融危機系統性的風險。在這樣一個大背景下，國際社會首先關注的是恢復安全資產的功能，也就是把國債的價格修復，無論美國還是日本都作了這樣的努力。但是，黃金已經不能夠作為安全資產，離開了金本位，安全資產的提供一直是供不應求的狀態。

在過去的二十多年中，伴隨著持續擴大的貿易逆差，美國向世界輸出了大量的美元，從而確保了經濟全球化演變過程中國際貿易和投資不斷擴大所產生的對貨幣流動性的巨大需求。但是，自二〇〇八年由美國引發的波及全球的金融危機爆發以後，一直深陷「特里芬兩難」困境的美元，終於打破了它曾在國際貨幣體系中所發揮的「流動性、穩定性和主導性」作用的平衡機制，從而導致了各國政府不得不付出巨大的代價來直接干預市場，以抵抗由此產生的對本國實體經濟和金融體系的巨大沖擊。尤其是當年為了挑戰美元脆弱性而崛起的歐元貨幣體系，今天也因為危機帶來的經濟週期「向下調整」步伐加快，金融機構「去槓桿化」和「現金為王」的投資戰略的迅速轉變，以及由此引爆的歐洲主權債務危機不斷惡化等各種負面疊加效應深受拖累，從而根本無法承擔世界所期待的另一個由「超主權貨幣體系」支撐的、能讓全球經濟健康發展的「貨幣錨」功能。

儘管這一巨大的挑戰來得有些突然，讓政界、學界和業界短時間內無法達成鮮明的共識，但是，大家已經漸漸認識到了國際貨幣體系的動盪是世界經濟脆弱的根源，而且開始對多種改革提案的優劣比較和論證產生了濃厚的興趣——不管最終是走向世界統一貨幣的「超主權」模式，還是出現競爭互補的多個大國貨幣主導的國際貨幣體系；不管是以維護當今美元主導的國際貨幣體系的穩定作為改革的切入點，還是推動以中國為代表的新興市場國家所倡導的將儲備資產「SDR 化」的戰略願景，達成全球共識和強化國際政策協調是上述所有改革方案都必須具備的首要條件。

安全資產的稀缺性將會導致今後全球金融體系的穩定性無法得到改善。這是真正出現了「特里芬兩難」問題。國際貨幣基金組織今後應該在推進各國提供安全資產的供給能力上發揮必要的協調作用，人民幣國際化

的健康需求也在於此。市場安全資產的需求變化也應該提供安全資產的政策變化，安全資產不夠的時候，在去槓桿化的時候，提高監管的力度，反而增強市場對安全資產的需求，國債價格的高企，和其他風險價格資產的低迷，國際貨幣體系的這些國家，包括美國、歐洲、日本他們非傳統的貨幣政策看起來解決了本國安全資產的問題，但給新興市場的負面影響究竟多大？誰來埋單？值得研究。

（王震整理）

多極化世界中的中國：
國際經濟地位的二元結構及其破解

金 芳

上海社會科學院世界經濟研究所研究員

金融危機後，世界經濟的多中心格局日益突出，中國也實現了從融入世界經濟體系向成為世界經濟中心的歷史性跨越。以二〇一〇年中國國內生產總值超過日本位列世界第二為主要標誌，中國已崛起為世界經濟大國，但卻面臨著由粗放型開放發展模式所導致的一系列「大而不強」的結構性矛盾，突出表現為中國國際經濟地位上升中的二元化現象。這種「二元結構」體現為中國在國際經濟地位上升過程中的一系列反差特徵。近年來，中國在總體經濟規模、國際貿易、國際金融、國際投資、國際生產等各個方面都體現出國際經濟地位的不斷上升，但與此同時，在各個方面，中國又顯示出反差性特徵，包括經濟總量大但人均產值低、貿易順差大但貿易收益有限、外匯儲備過剩增長但國際投資收益低下、企業生產規模不斷擴大但國際化水平低，以及經濟規模龐大但全球治理參與有限等。我認為這種反差形成機制源於「開放型經濟的粗放型發展模式」：大量引入 FDI，推動加工貿易主導的出口擴張，積累巨額外匯儲備，卻未作積極的海外直

接投資，形成雙順差困境；國內企業高稅負的同時，卻長期實行出口退稅以擴大出口規模；國內金融市場結構失衡，抑制國內企業創新，弱化本土企業。

所有這些反差形成的機制，導致了開放型經濟中的二元結構。過去三十年中國的開放型經濟發展，體現出以數量擴張為目標的粗放型模式特徵。我們對外開放從 FDI 激勵政策開始，FDI 的激勵推動了加工貿易主導的出口擴張，積累了更多的外匯儲備，同時也就出現了剛剛所講的雙順差的困境。對外貿易積累的資金沒有用作海外直接投資，引入的 FDI 沒有有效用作進口。另外一個方面，在國內企業高稅負的同時，長期實行出口退稅，出口的規模顯著擴大。再一個方面，金融要素價格扭曲，金融市場結構失衡，所以這也抑制了創新，使得我們本土企業非常弱化。二元結構也就是對外資有效的激勵和對內資的抑制呈現兩元分化的情況。

中國的破解之道應該是再造開放機制。由於中國目前不斷擴大的經濟規模，要謀求經濟的可持續發展，必須要對如何破解「大而不強」的結構性矛盾作出系統性思考，其中首先要突破的現實困境就是要以對政策激勵外資進入，並通過加工貿易作為發展外貿的主要方式，帶動經濟規模上升的原有機制進行改造，要從危機後世界產業轉型和創新競爭扁平化的大趨勢中獲得動力，並對深度參與全球經濟一體化的合作模式有所拓展，通過對內提升開放效益。

機制再造的核心，歸為「三個再造」：一是以強化微觀主體經濟能力為導向的內生型增長機制再造。通過金融深化、促進內資企業成長與技術創新，形成有利於創新趕超和自主發展的微觀基礎；二是以提升全球要素配置能力為導向的市場化激勵機制再造，通過擴大雙向開放，以主動進口

結合雙向投資模式，實現平衡與統籌國內外兩個市場兩種資源的發展格局；三是以提高全球經濟治理能力為導向的開放型合作機制再造，從積極參與和啟動各層面的自由貿易和投資談判入手，擴大和深化同各方利益的會合點，拓寬對外經濟發展的戰略空間和戰略通道。

（王震整理）

中國投資公司的權利與財富

白永輝

美國中國政治研究學會前會長、舊金山州立大學美中政策研究中心副主任、上海交通大學國際關係與公共事務學院教授

二〇〇七年，中國建立了自己的主權財富基金（SWF），稱為中國投資公司（CIC 或者中投公司）。截至今日，中投公司的資產約為四千五百億美元。中國的外匯儲備在世界上排名很高，一部分投資美國的國債和證券。由於中國的投資並不是很安全，所以中國政府希望投資多元化，並降低通貨膨脹風險。目前，中投公司主要通過匯金公司以及中國銀行向外投資，另外中投也在國內進行一些投資，包括投資中國鐵路，還有浦東和龍源集團。

鑒於其規模和未來的增長前景，許多人密切關注中國政府計劃如何利用這筆龐大的金融儲備。此外，還有一些人擔心中國可能利用中投公司的財務資源獲得其他國家的重要的國內資產的控制權，以增加其政治影響力，或制裁或賄賂。中國通過 SWF 的活動實現什麼目標？它的目標主要是針對國內、國際或兩者兼有？中國的 SWF 投資是反映了中國作為一個「負責任的利益攸關者」的方式，還是一個正在崛起的挑戰者決意推翻現

有的國際系統呢？這些問題都十分重要。

　　主權基金到底走向國際化還是把它的活動範圍依然聚焦於中國的內部。中投公司到底扮演的是中國的角色還是政治的角色？在過去，中國的投資方向主要是資源開發、開採。與資源相關的一些投資其目的非常清楚，就是希望中國在世界經濟危機以後快速復甦，保持低通貨膨脹率。而目前，中投的投資中出現了政治因素的考慮。它支持一些政治主導性的行業，比如說能源和高科技領域，希望讓中國的資源供應有一個安全保障。

　　中投產生的一些經濟利益既能夠推動中國經濟的發展，也能夠為中國共產黨的政策提供相關支持。中投也能夠幫助中國政府實現一些政治目標，比如說在中投的投資策略方面體現中國的外交政策。中投確實有足夠的經濟和金融資源，能夠影響一些非常渴望投資的國家，能夠影響他們的決策。中投的投資也能夠幫助中國增加軟實力。中國利用中投來使中國變得強大。例如，中投通過購買大量歐洲的債務，來建立中國更好的形象。

　　另外，中投會利用自己的資金來控制一些關鍵技術。考慮到現在中投在海外大量收購自然資源，這確實會引起人們的關切。與早期投資相比，現在的投資更多關注的是資源領域。但現在人們對於中投公司的擔憂不是很有根據，目前並沒有發現中國政府利用中投去行賄或者採取其他的手段控制其他國家。

（盛文沁整理）

從債權人的角度看國際貨幣和金融轉換，
中日合作的重要性

山下英次

日本大阪市立大學研究生院經濟學研究科教授

我演講的主題是從債權的角度看國際貨幣和金融的轉換，從債權的角度看這個問題，就會意識到中日合作的重要性非常之高，只有我們兩國合作才可以共同來幫助組建這個國際貨幣和金融轉換的平臺。我們現在看到了太多危機，從一九七○年代開始就有很多的危機，都是來自於貨幣的問題，可以看到貨幣危機就像是國家之間的戰爭一樣，就像二戰和一戰一樣嚴重、糟糕。太多危機也發生在近幾年。世界上在多次的貨幣危機之後，我們需要做一個更好的反思。

在布雷頓森林體系下也出現過多次危機。之前一百年來貨幣危機特別頻繁，有很多銀行業的危機，還有貨幣鏈接斷裂的危機，所以我們可以看到貨幣的整個環境都相當不穩定。布雷頓系統占主導的年代只有很少的一些小型的貨幣危機，後來貨幣間的危機頻率增多。現在的貨幣體系比英特爾系統要好一點，但是比布雷頓系統卻不如。從貨幣危機發生的次數，可以看到經濟體系是非常脆弱的，很容易受到貨幣體系的衝擊，因此銀行業

出現了多次危機。

　　發展的經濟體並沒有比其他的經濟體高明。從這裡可以看到有這麼多的經濟危機，都是發生在目前的浮動貨幣的體系之下，現列出幾次特別重要的危機，一九八二、一九八五、一九八七年的黑色星期一，一九九三年的 EMS 危機，一九九五年的墨西哥閉鎖危機，一九九七年、一九九八年期間的亞洲貨幣危機。全球的新興經濟體也出現了一些危機，如土耳其、阿根廷、巴西、俄羅斯等。

　　再看一下布雷頓森林體系，當時危機相當少，只有很少的屈指可數的幾次危機。國際貨幣體系需要由大家共同建立，我們必須要根據債權人的邏輯來看，而不是從債務人的角度來看。

　　幾十年來，國際貨幣和金融體系是由世界上最大的債務國——美國主導的。這幾乎是在全球經濟治理中的一個矛盾。這也是為什麼世界經濟已經承受了多次危機的原因。大型債務人本身不受政策的約束應該是影響世界經濟穩健管理的一大不利因素。自一九九一年至今的二十多年裡，日本一直是全世界最大的債權國，而中國在二〇〇九年超越德國成為全世界第二大債權國。作為世界第一和第二大的債權國，日本和中國有資格在新的全球貨幣和金融體系架構中發揮重要作用。尤其我們可以看到當前國際貨幣系統中的浮動匯率制度盯住美元，信用評級體系則以由美國證券交易委員會（SEC）認可的 NRSRO 為主，筆者認為日本、中國與德國，作為世界上最大的三個債權國，應共同積極提出改造國際貨幣和金融體系的構想。

（喬兆紅整理）

中印貿易：挑戰與機遇

魯普‧納拉揚‧達斯

印度國防研究與分析所高級研究員，人民院秘書處代表

冷戰結束以後，亞太地區的地位日益重要，亞太地區與世界各國的對話日益頻繁。中印之間的政治是我們考慮經濟問題時不能夠忽略的。冷戰結束以後一些新興的國家已經呈現出越來越強的競爭力，而且也已經準備好要參與到世界的舞台上來。中印兩國就是在這樣的一個背景下面崛起，並出現了越來越多的互動。

二○○五年，印度的經濟呈現出更為蓬勃增長的趨勢，經濟活力越來越強，印度的政治局面現在也有所好轉。中印兩國在一九七六年左右開始建立外交關係，從那之後，不管是在貿易還是商業活動方面兩國的關係越來越緊密。目前中國已經替代美國成為印度最大的貿易合作夥伴。兩國之間的貿易總量也出現了驚人的增長，現在已經達到了七百五十億美元。一開始中國只是從印度進口鐵礦石之類的資源。而印度會從中國採購一些電力設備，還有其他商品。但是隨著兩國經濟的繁榮，現在雙邊貿易已經發生了一些變化。印度市場充斥著各種各樣來自中國的產品，比如說中國的紡織品，甚至通信設備等等。印度企業也開始涉足中國，比如印度的塔塔集團已經開拓了中國市場。

儘管中印兩國的經濟關係越來越密切，但現在也面臨一些挑戰。一方面，印度希望進出口方面實現更好的平衡。目前兩國之間有近四百億美元的貿易逆差。中國的企業已經大量進入印度市場，但是印度的企業在中國的比例還不高，印度也希望能夠更進一步敲開中國市場的大門。對於中印兩國貿易面臨的問題，兩國之間可以開展合作的新領域是什麼？可不可以找到一些新的貿易領域，大家一起來進行投資和培養？若要繼續保持中印兩國的經濟活力，包括中印兩國在經濟往來方面的活力，兩國之間需要進行更多的對話，已有的對話機制應該更加深入。對於學者而言，明確合作與分歧也成為了一種挑戰。除此之外，他們也需要考慮兩國如何在南亞和非洲的廣泛領域進行合作。

　　印度願意為中國提供更大的機會。另外，兩個國家的合作不僅在印度國內，而且可以擴展到世界其他國家，比如在哥倫比亞也有一些中印合作的項目，在敘利亞和蘇丹聯合開發石油的項目。中印兩國不僅是競爭的關係，更多的是合作的關係。兩個國家不能相互猜疑，在這種全球化的遊戲當中，大家應該多多合作，而不是競爭，通過合作來取得共同進步。未來，中印兩國應共同努力，通過合作來提升兩國人民的生活水平。

（盛文沁整理）

中國介入拉美的政治經濟分析：
對二十一世紀美國與拉美關係的影響

薩特亞·帕特納亞克
美國維拉諾瓦大學拉丁美洲研究院院長、社會學和政治學教授

近年來，中國已經成為拉美十個最大國家的主要貿易夥伴和投資人。這種貿易關係的強化與當前作為一個工業大國的中國尋求資源安全從而維持工業產出的需求是一致的。這種發展已經使中國成為拉美地區初級產品的主要銷售地。反之，拉美也成為中國製造業出口的重要地區。中拉貿易關係的加強，與中國在阿根廷、巴西、智利、祕魯等國海外投資的不斷上升，帶來了美拉關係的新動向。儘管中拉貿易和投資關係的加強有助於拉美地區更好地應對歐美等發達經濟體經濟衰退的負面影響，它給美拉關係造成的後果卻不能低估。中拉貿易和投資關係的增強對雙方是有利的，而且有助於減少拉美國家對美國市場的依賴程度。但是美國經濟影響的下降和中國在拉角色的增強可能造成未來中美在西半球政治關係的緊張。由於西葡/拉丁人口在當前美國政治中的影響力正在下降，這一前景變得尤為突出。

到底用什麼視角看待中國、看待世界，對於中國、對於拉美來說都是

重要的問題。拉美與美國之間的經濟紐帶在逐漸變少，畢竟中國已經成為世界上最大的製造商。這一點其實對於美國和拉美之間的關係也產生了影響。美國現在也看到中國和拉美之間關係變得密切，對此高度重視。

中國和拉美的貿易額在過去的十幾年間不斷增加，拉美地區對於中國產品的需求增長。拉美向美國的出口則不斷減少，向中國的出口反而增加。外資在拉美的投資增加也是非常快的。拉美投資國主要是美國，還有加拿大、西班牙、日本等等。現在中國對比拉美的投資也增長得非常快。拉美有些國家是獨裁政權，中國在拉美投資的時候非常注重政治上的穩定性和安全。

拉美國家，比如委內瑞拉或者墨西哥現在正變得越來越活躍，拉美在國際舞台上，包括在美國的重要性越來越高了。中國到底能夠給拉美帶來什麼呢？中國本身就是一個主要的債權國，一方面將來可能成為拉美的債權國。另外，在能源方面，會在拉美投資。拉美也非常希望能夠和中國進一步發展雙邊關係，這樣也意味著拉美能夠減少對於美國的依賴。當然了，中國處理和拉美關係的時候，也應該做得非常的有技巧，避免和美國產生一些矛盾和衝突。

（盛文沁整理）

中國價值、中國形象和中國軟實力

白永輝

美國中國政治研究學會前會長、舊金山州立大學美中政策研究中心副主
任、上海交通大學國際關係與公共事務學院教授

　　研究中國的軟實力，繞不開中國價值和中國形象。中國的價值觀對中
國研究而言，是一個非常重要的主題，它與中國的政治制度密切相關，而
且外國人要與中國打交道也需要理解中國價值。全球金融危機以來，中國
模式越來越受到重視，加上中國成功舉辦奧運會、世博會，這些都是展現
中國形象的舞台，中國價值也得以廣泛傳播。

　　約瑟夫・奈談軟實力時就提出，一個國家的權力可以來自於文化、政
治價值，而不僅僅是武力。他強調一個正面的國家形象的吸引力。一個國
家怎樣才能建立正面的國家形象？首先是要建立一個正面的價值觀。我這
裡不想對中國的價值觀進行定義，我想強調的是中國價值觀、中國形象的
複雜性。一、什麼叫中國人？這個概念本身就有非常豐富的內涵，大陸
人、港澳臺同胞、海外華裔等等，都是中國人，大陸人又分北方人、南方
人、北京人、上海人，這對西方人來說是很大的困擾。中國人難定義，中
國價值觀就難定義。二、即使對中國內涵有一個統一的認同，對中國價值
觀也沒有統一的認同。集體主義、尊老愛幼、孝道等都是中國的價值觀，
都市主義、消費主義也是中國的價值觀，而且很多價值觀相互之間有衝
突。三、很多中國價值觀並不完全是中國所獨有的，比如重視家庭、尊重
長輩等，在很多文化中都有體現，西班牙也有，我這樣說並不是要以此削

弱中國的軟實力，而是說一些價值觀具有普遍價值。四、就國家形象而言，價值觀可能會產生意料之外的負面效應或正面效應。比如說「尊老」是中國的傳統美德，但西方人通常會把「尊老」理解成為信奉權威、壓制年輕人。長期以來，西方都不認可中國的政治模式，但中國經濟長期保持快速增長，尤其是金融危機後中國的表現，使得中國的政治模式越來越有吸引力。五、軟實力與價值觀、國家形象並不一定有必然聯繫，很多美國人喜歡中國美食、中國功夫，但這與他們對中國價值觀、國家形象等的判斷並沒有直接聯繫。

中國如果要建立其軟實力，就必須要理解中國價值觀、中國形象、中國軟實力三者之間的複雜關係，也必須應對好價值觀、形象、軟實力之間存在矛盾與衝突的地方。

（張焓整理）

中國與世界價值體系的思考

劉　康

美國杜克大學教授、杜克大學中國研究中心主任

　　中國在文化與價值觀上跟西方主導的普世價值體系的差異，已經成為中國與國際體系互動中的焦點。作為新轉型的現代化大國，中國的價值觀與國際體系的衝突難以避免，目前中國在國際體系中遇到的問題，均與深層次價值體系之間的差異和衝突相關聯。

　　我們可以從中美兩大國的價值觀比較的角度來觀察這種關聯。我們選擇的是美國獨特論和中國獨特論。有關美國獨特論的理論闡述非常豐富，從托克維爾《論美國的民主》開始，到李普塞特的《美國特殊論》（中譯《美國例外論》），對於美國的政治理念、意識形態和文化價值觀有非常詳盡的描述。美國的政治、經濟、社會、文化的方方面面，無不體現著美國特殊論的核心價值觀。而構成美國價值觀核心的個人自由、民主政治、市場經濟、法治、上帝的「天命」等，基本與現代世界的普世價值吻合。中國特殊論的概念尚未被提及。但是可以看到各種關於這一話題的論述。從中國官方的「中國特色社會主義」到史學中的中國傳統「天下觀」以及近年來頗為盛行的「中國模式」、「北京共識」等，都在強調中國特殊論。

中國實際上也在努力打造中國獨特的道路，獨特的模式。中國的獨特道路、獨特模式實際上跟美國模式一比較我們就會看出來非常大的差異，我們基本上是一個學習型的國家，很多年來從一個傳統的文明大國走向一個現代國家，我們自己並沒有演變出來一套現代的價值體系。如何把我們自己的東西跟西方進行綜合，現在還需要深刻的反思。說老實話，我們急急忙忙地總結中國的道路、中國的模式，但我們在這個方面還有很多欠缺。

此外，我們還可以從文明的源頭和歸宿這兩點來比較中美特殊論的異同。美國始終認為它是世界各種文化的「歸宿」或「集結地」，將其文明的源頭歸結於西方。而中國認為自己不僅僅是「源頭」，而且也是「歸宿」。但中國跟西方在源頭上最大差異是，西方的源頭導向了現代世界，而中國的源頭並非如此，中國進入現代世界從開始就是被動的。西方的源頭流到美國這個集結地的這個看法，是把美國視為現代世界價值體系或普世價值的歸宿，有著一脈相承的關係。而中國要從一個傳統的文明大國變為現代世界價值的集大成者，僅僅依靠文化的學習、開放、吸納和融合是遠遠不夠的。中國企圖把自己的古代文明（以儒家為主導）與西方引領的現代性綜合成新的文明歸宿，很容易重新陷入「中體西用」的思維陷阱，以中國文明為軸心，輻射普世價值。這種思維在歷史上並未走出一條新路。中國今天與普世價值體系越來越複雜尖銳的對立也說明中國特殊論的困境。美國特殊論雖然還具有全球性話語霸權，但影響日增的多元文化論無論從內從外，都在挑戰美國特殊論的核心理念。中國面對著同樣的多元多極化的世界，尚在進行現代化轉型，就更需要深刻反思中國特殊論的大一統思維邏輯，走向多元、多極和真正的文化開放，以構建人類共同價值。

當前中國在世界上的崛起主要體現為經濟實力而非文化實力，這與中國以利益為驅動的發展模式不無關聯。值得注意的是，當下中國在國際體系中碰到的很多問題，究其根本主要是和國際體系中的深層次價值體系存在差異與衝突。從這個角度說，提倡構建「價值共同體」而非「利益共同體」更為符合中國傳統文化和世界發展潮流。中國應該反思如何將西方的自由、民主、人權和市場這套體系與中國自身的特點融合起來。現在就總結「中國道路」和「中國模式」為時尚早，因為此種模式還存在很多缺陷。美國人經常談論「美國例外論」，但「美國例外論」中所包含的普世價值觀並非一成不變。在最近一百多年來，尤其是二戰之後，「美國例外論」經過了一個最深刻的變化。此種變化帶來的是一個更加多元、多極和包容的美國。從這個意義上說，「美國例外論」對中國價值觀的構建會有一定啟示作用。中國不應在國際社會中過於強調其「獨特性」，而是更應強調兼容性、共同性和人類共同的價值體系。

（王震整理）

中國：軟實力與去西方化

魏柳南

盧森堡 CEC 諮詢公司總裁

世界進入了一個新時代，這是一個去西方化的時代。由於西方世界的權力危機或者說「無權力」危機，新興國家開始質疑處於支配地位的西方自由主義意識形態，試圖改變二戰後由西方國家制定的遊戲規則。在新的國際關係框架下，中國由於其經濟力量，成為西方世界無法忽視的對手。於是，新的問題產生了：中國究竟是如西方媒體所宣稱的那樣在積極地推進西方化，還是通過建立新的政治規則、經濟和社會發展模式來去西方化？中國是否能夠擁有全球性的軟實力？

目前來看，中國的「軟實力」微乎其微，並且在很大程度上來源於其經濟實力。而「軟實力」本身卻跟夢想有關。發展中國家的青少年會憧憬美國，但鮮少有人會對中國懷有同樣的嚮往。中國對他們的影響與夢想無關。如今中國面臨的所有挑戰都存在於這個層面，但目前為止這一點卻未能得到充分認識。如果今天要能理解中國以及中國的二十一世紀未來的話，我們首先要理解我們說的「希望」本質到底是什麼？以及「軟實力」到底是指什麼？我在非洲、中東以及其他伊斯蘭地區的經歷使我堅信：這

是問題的核心所在，同時也是中國未來幾十年中進一步發展的中心議題。

　　歐洲的崛起，我們把它稱作通過一個轉化和信仰所帶來的頓悟和啟示。我們知道美國的崛起正是在民主主義以及理想和夢想之間達成了一個高度的共識之後，激活了大家對於奮鬥和追求的嚮往。在第二次世界大戰之後，美國開始打起了文明之戰，在人權、人道，以及在許多文明方面處於一個非常重要的地位。在二十一世紀早期，最重要的一支力量就是世界各國的人口在不斷地增長，而且人口的生活習慣以及他們的行為模式正在發生質的變化。在不同的文化之間這種行為的固化，以及好萊塢的影響及其他世俗社會影響在不斷滲透和影響。不管在什麼地方，你都能非常容易地找到美國文化的滲透和美國文化浸入的痕跡，包括好萊塢的電影。因此這個問題是了解什麼是真正的西方文化和西方文明的最好抓手。當時，有兩個事件非常重要：一個是來自於美國影響的輸入，第二個是來自於西班牙的一種思想的輸入和傳播，而這種傳播把歐洲的思想和文明迅速通過一個個港口直接拓展到歐洲很多地方，以及世界其他地方，包括廣大的殖民地。於是，西方人開發出了一些理論以便於奴役當地人民，並輸入自己的價值觀。通過這種方式，西方國家把自己的思想輸入到了很多其他地區。

　　但是，對中國來說，可能我們始終要遇到一個問題，那就是「雙重標準」問題。在當今國際社會，西方的一些價值觀輸出，在中國被稱之為軟實力。事實上，西方的「軟實力」建立在其「硬實力」的基礎之上，它們以此來制訂國際規則。但中國目前所謂的「軟實力」仍然是虛無縹緲的，尤其在過去十年當中，來自於美國等西方國家的影響顯而易見。中國所謂的「軟實力」在未來的十年當中會有什麼表現呢？我覺得最重要的問題，或者最嚴峻的問題，那就是西方國家是否會歡迎一個非西方國家成為真正

的世界大國或世界強國？中國可以在軍事實力，或者經濟實力方面占據主導地位，但是能否在所謂「軟實力」方面真正成為龍頭老大，這點我是存疑的。

（王震整理）

作為比較優勢發展戰略的中國軟實力之路

羅曼諾夫

俄羅斯科學院遠東研究所研究員

中國已經制定了一套非常獨特的打造中國「軟實力」的國家戰略。中國「軟實力」戰略既有西方的共性，也有其特點，它植根於中國傳統和現代的文化當中。中國將執行和實施一套所謂的「趕超戰略」，在西方軟實力基礎上進行吸收、消化、融會貫通，後來居上，進而構建起中國自身的「軟實力」架構。如果這種所謂的趕超戰略和超越戰略成為現實的話，那麼我們必須要克服很多的障礙，比如說低效，比如說歪曲，信息傳導不一致，信息傳導不對稱，這樣才能更好地把我們價值觀、普世價值理念進行忠實的傳遞。

現在中國正在打造一套全面的「軟實力」推廣戰略，與其說是機械地照抄照搬西方的路，還不如說中國正在走出自己的一條新路。現在在中國有一些新的理念，對於中國打造「軟實力」非常有意義。中國在文化方面要實施一個「走出去」的戰略，從去年中共十八大舉行以來，我們一直非常關注中國提倡的所謂「新興價值觀」，而這個價值觀已經在十八大報告當中得到非常全面和客觀的描述。至少這樣一個全面的價值觀的描述可以

成為中國軟實力發展戰略當中重要的組成部分，中國必須提升話語權，尤其是要提升針對未來發展的一些話語體系的建立。中國「軟實力」的打造必須基於這些深深紮根於其民族傳統和民族體系的理念。

（王震整理）

中國話語的崛起：互動、競爭與融合

張維為

復旦大學特聘教授、春秋綜合研究院高級研究員

隨著中國在未來十年的進一步崛起，中國需要大力推動自己的話語建設。中國「良政與劣政」的話語比西方的「民主與專制」話語更能解釋這個複雜的世界；中國「選賢任能」的理念有助於克服西方「選舉迷信」帶來的很多問題；中國「混合經濟」的理念挑戰了「華盛頓共識」。中國話語的崛起將會與西方現有的話語形成一種互動和競爭的關係。只有通過這種話語互動和競爭，中國自己的發展才可能更為順利，世界的未來才可能更為公正、和平與融合。

中國自己對於話語權的研究和發展已經刻不容緩，起碼應該有一個大致規劃，即通過十年左右的時間真正建立自己的話語體系，而且是一種全面的、強勢的、透徹的中國話語。所謂「全面」，就是要能夠解釋中國的成績，中國的問題，中國的未來。所謂「強勢」，就是要能夠比較強勢地回應其他話語，包括西方話語對中國模式、中國發展道路、中國政治制度的質疑。所謂「透徹」，就是把問題講清楚。中國要用自己的，包括我們民族的話語把問題講得清清楚楚。

中國話語的內涵根植於中國自身發展，尤其體現為中國自身的「發展管理學」。中國的「發展管理學」至少包括以下三個方面：一是規劃制定。中國是世界上為數不多的制訂長期規劃的國家，從八〇年代初期的「三步走」戰略，到現在每一個「五年規劃」的制定。每一個計劃都很有戰略性，並且被成功地實施。坦言之，世界上還沒有哪一個國家可以做到。二是宏觀調控。在經濟出現問題的時候要進行調控，在經濟危機或者問題出來之前也要進行調控。三是綜合保障。我們現在的「發展管理」的概念已經遠遠超出了凱恩斯的宏觀經濟學，因為那個主要是談財政和貨幣政策的短期應用。而中國在經濟和社會發展管理方面，可運用的資源和手段確實比西方多得多。除了財政和貨幣政策外，我們還有國家和土地等自然資源的控制、對主要金融機構的控股、對於大型國有企業的控制權以及中國特有的集中力量辦大事行政能力等等。這是中國成功的一種綜合保證能力，它為中國政治、經濟、社會穩定發展提供了保證。這種能力也使中國政府比較中性，能夠不受特別利益群體的「綁架」。這三個方面還有各種各樣的問題，但是不可否認，我們無論是在理念上還是在具體實踐中都已積累了大量經驗。所以說，提出這方面「中國話語」的時機已經成熟了。

（王震整理）

從信息流動結構的變化看中國對外傳播面臨的挑戰

程曼麗

北京大學新聞與傳播學院副院長、教授

傳播學以往的研究中，大多研究信息從傳者到受傳者流動的過程，對過程考察得比較多，但是對信息傳播主體的構成以及它的變化情況、信息流動結構的變化情況研究比較少。二〇〇八年，中國對外傳播就經歷了由傳播主體變化導致的信息流動結構的變化的過程。二〇〇八年，北京奧運會成功舉辦，與之相伴的關鍵詞是「信息開放」。正是因為信息的開放，中國對外傳播的信息走向發生了實質變化。概括地講，這種變化信息載體的多元化，結果是中國越來越受到國際輿論的關注，中國信息傳播越來越成為國際信息傳播流當中的重要組成部分。相應地，中國對外傳播，也因此面臨更加嚴重的挑戰。

我們信息源的對外開放，和奧運在中國舉辦直接有關。為了解決奧運期間外國記者來華採訪的問題，二〇〇七年一月一日中國政府頒佈了北京奧運會的外國記者來華採訪的規定。之前的外國記者管理條例，對外國記者的採訪有很多的限制，比如外國記者在中國採訪要申請等。二〇〇七年的規定就取消了這些限制，外國記者只要徵得被採訪單位同意就可以在華

採訪，這樣他們就獲得了更多的採訪自由。二〇〇七年七月十七日，頒佈了外國記者採訪條例，把北京奧運會對在華記者採訪的規定固定了下來，使得信息源對外國記者的開放有了依據。

如果把基於中國信息源的內媒、外媒報導看作一個整體，這個整體包括五大部分。一是中國外宣媒體的對外信息傳播。近年來隨著中國政府對外傳播自主意識的增強，以及投入力度的加大，我國外宣媒體的整體實力、水平有了明顯提升，海外落地範圍也不斷擴大。但從國際傳播的效果來看，外宣媒體的聲音還相對弱小，影響力也有待加強。二是中國其他媒體的對外信息傳播。隨著互聯網興起，中國大部分媒體已經具有了外宣的性質，奧運會之後，外宣領域的一大變化就是部門外宣的概念淡化，國家外宣的概念增強，外宣成為國家層面的戰略任務。很多大媒體紛紛制訂自己的對外傳播戰略、策略。三是外國媒體基於中國信息源的信息傳播。這是隨著中國政府信息開放政策的實施而形成的。採訪十八大的記者有三千多名，其中有一半是外國記者。除了政治領域，其他的方面信息源也普遍地對外媒開放，這直接帶來外國記者基於中國信息源的報導大量增加。四是外國媒體對中國媒體信息的二次傳播。在以往的傳播中，由於信息資源占用不均衡，中國只能充當西方新聞大國的信息二傳手。但五一二汶川地震中，國內媒體快速反映和二十四小時不間斷報導，帶來了一定的變化。當時美聯社、路透社等海外媒體都在第一時間援引國內媒體的信息。五是外國媒體對中國網絡信息的二次傳播。中國的互聯網信息，尤其是微博上的信息，受到西方媒體的廣泛關注。二〇一〇年《紐約時報》涉華報導總計八百六十四篇，其中有六十三篇引用網絡信息，所占比例為百分之七點三，而二〇一一年這一比例大幅增加到百分之十四點四。中國出現突發事

件，如果官方媒體沒有及時發聲，西方媒體就會去中國的微博上尋找信息，就算官方媒體發佈信息，不相信中國官方的西方媒體也會去微博上尋找信息。

這些由信息源的開放帶來的中國對外傳播信息流的變化，在二〇〇八年之後得到集中體現，並對中國對外傳播產生重要影響。這種變化一方面為中國的國際傳播開闢更多渠道，提供更大的舞台，中國也將因此擺脫邊緣狀態，向國際輿論中心邁進。另外一方面，信息源的對外開放，也使中國媒體面臨著前所未有的挑戰、競爭壓力。第一，開放信息源雖然能有效防止因信道不暢而造成的訛傳，卻不能改變外媒記者對中國的誤解、偏見。第二，信息源開放後，中國媒體雖然獲得了與國際媒體同台競技、全面提升的機會，同時也在一定程度上失去了信息源頭上的壟斷優勢。第三，國外媒體反向「二次傳播」是增加涉華報導數量和頻率的一個有效渠道，但是如果信息源管理出現問題，出現了信息封鎖等情況，媒體不能連續發佈信息，這個渠道起不到應有的作用。如果媒體發佈的信息不真實、不準確，只會對中國產生不利影響。第四，微博雖然使外國媒體對華報導視角延伸到更廣的層面，但是由於微博具有的言論自主性，以及反常規、反傳統的形象，只要經過外媒的傳播，就會把中國社會矛盾暴露在外，造成不利的影響。

（張焱整理）

第四部分　世界的中國學

西方的中國形象

馬克林

澳大利亞格里菲斯大學榮譽教授

　　我一九六四年第一次到中國，在北京外國語大學教書，到現在我來中國已經有六十次了。這幾十年中，我親眼目睹了中國方方面面的巨大變化。中國在西方的形象和過去相比，已經有了很大的改善，但中國形象提升的步調與中國國力增強的步調並不一致。

　　西方人對中國的想像，因人而異，不同時期也各不相同。比如十九世紀的伏爾泰，就對中國的政治制度讚賞有加，認為中國是模範之國。有些時候，西方的中國形像是一個在好壞之間不停搖擺的過程。這個情況主要發生在上世紀七〇年代，當時中國正在發生很多變化，尼克松訪華帶來了西方對中國認識的巨大改變。當時西方主要受反越戰情緒的主宰，這也影響到了中國在西方的形象。當時中國的形象好壞參半，好的一面是誇中國

的文化，壞的一方面就是對中國的恐懼，害怕中國崛起。不過總體而言，西方對中國的印象受政治的影響比較大，對中國的理解、認識傾向於誇大中國的負面性，而造成誤解。對大多數人而言，中國依然會被看作是一個讓人恐懼的對象。

為什麼西方會出現這樣的中國形象？一方面是中國自身的現實一定程度上吻合了它的形象。另一方面，還有一些與現實無關的因素發揮影響。比如，西方國家一直認為自己是世界老大，總是把自己的社會、文化置於優越的位置，把與自己不同的國家地區置於落後的位置，認為它們都該追隨西方的步伐。這些學者會塑造中國在西方世界的形象，甚至於在西方工作、生活的中國學者也會幫助塑造這一形象。而且西方對中國有偏見，尤其是跟人權相關的偏見。因為人權是一個非常大的影響中國國際形象的要素。在西方，大多數人認為中國對人權的保障不夠。當然，西方內部也有不同的觀點、看法。也有一些西方人到中國看到中國的現實情況後，對這種偏見提出了批評。

需要強調的是，權力關係與中國在西方的形象塑造緊密相關。法國哲學家福柯的權力學說就認為權力關係會影響到人們的思維方式。人的思想的自由度非常有限。這種權力關係不單單會對個體產生影響，也會影響到一個國家的形象以及一國對另一國的態度。十九世紀就有西方學者認為，在中國的西方人有責任去改變中國，他們應該告訴中國人做什麼、怎麼做。這雖然是兩個世紀前的觀點，但是在今天，這種想法在西方國家依然很有市場。

就目前而言，和中國相比，西方國家財富更多，國力也更強，但世界一直在變化之中，過去的幾十年裡中國也發生了天翻地覆的變化。儘管很

多人批評中國不自由、不平等，這些確實都是中國面臨的挑戰，但就算用今天西方的標準來看，中國人民的生活水平、個人自由等和過去相比都得到了前所未有的提高。而且我們應該認識到，發展不可能是一帆風順的，肯定會出現各種各樣的問題，比如生態環境的惡化等，西方國家的歷史上也出現過這些問題。中國的崛起可能會影響到前面提到的權力關係，以及中國在西方的形象。現在已經有越來越多的西方人意識到，世界上一些其他國家地區的發展模式並不比西方模式差，甚至比西方更好。

（張嫻整理）

西班牙漢學

勞　爾

西班牙國王大學教授

當前的西班牙漢學研究已經落後，然而它曾在西方處於領先地位。最近幾年，在中國與西班牙關係史的研究中，仍存在謎團，比如，意大利和法國的耶穌會會士是不是首先「發現中國」的歐洲人？澳門的葡萄牙人和菲律賓的西班牙人是否被人們遺忘？這表現在如下幾個方面。龐迪我（Diego de Pantoja）忠誠地守護著利瑪竇回憶錄，高母羨（Fray Juan Cobo）是西方第一位將中文書《明心寶鑑》（1588）譯為西文的人，歐洲關於中國的印象來源於門多薩（Juan Mendoza）的書《中華大帝國史》（1585），而二百年來「馬尼拉大帆船」曾是連接中國與世界各地的「臍帶」。對於這些，人們似乎都已忘記。在十六世紀，西班牙漢學曾領先於其他歐洲大國，但到了十七、十八世紀，已被趕上。在十九世紀，中國與西班牙維持著相互利益。但是到了二十世紀，西班牙漢學被遺忘了。

在本世紀初的幾年裡，西班牙漢學研究又重新活躍起來。目前西班牙成立了幾十所致力於了解中國的大學院系和其他機構，因而這種新的西班牙漢學研究得以迅速發展，甚至有可能擴展到那些說葡萄牙語的國家。

綜上可見，西班牙漢學經歷了由興起至繁盛、領先於世界，再至被遺忘，終至復興發展的歷史過程。其發展過程擇要述之。其誕生是因為當時政府需要關於漢學的知識。一四九二年，西班牙漢學興盛起來。一四九四年，西班牙征服了菲律賓群島及附近海域。西班牙統領全球的慾望需要一個文化支撐，在歐洲國家有西班牙的敵人，當時他們對於西班牙的天主教傳統也有牴觸情緒。西班牙漢學伴隨著帝國主義和普世的雄心而誕生。十六世紀之前，西班牙希望通過在全世界宣揚天主教來統領全球，西班牙漢學也因此誕生。十六、十七世紀的西班牙漢學是在這兩種當時混雜的西班牙靈魂當中誕生的。

西班牙漢學的創始人有若干位，他們奠定了傳教士文化，並通過傳教方式接近中國。高母羨把明代的一部書翻譯成了西班牙文。貝爾納爾迪諾‧德‧埃斯卡蘭特（Bernardino de Escalante）是第一位繪製中國地圖的歐洲人。龐迪我是一位被遺忘的偉大的漢學家，他是文藝復興時代的偉人，也是位傳教士，被他的中國朋友們稱為另一位利瑪竇。他認為把中國傳統融入到天主教、基督教教義中不太可能。十六、十七世紀，很多作家出版了旅行和探險方面的大量讀物。十八世紀出現傳教士漢學，在一六四○至一七一三年間，西班牙的全球霸權主義被打破，此時中國傳統的出口商品絲綢、茶葉等大量被運到外國，運往西班牙的有中國的銀器，在那時這些通商非常密集，現在還可以在西班牙銀幣上看到查理三世的頭像。菲律賓也成為傳教士的培訓基地，當時也出現了很多關於語法字典、詞彙和宗教教育方面的出版物和書籍。在這幾個世紀中出現了更多的交流。

二十世紀，西班牙漢學繼續發展，在此之前西班牙漢學一度沒落，被英法和其他國家趕超。西班牙在太平洋的中段喪失了除菲律賓之外的所有

的殖民地。一八九八年，西班牙和美國爆發戰爭，西班牙在戰爭中失去了在太平洋當中的若干領地。二十世紀下半葉，只有三位僧侶使得漢學研究的火苗繼續燃燒著。

西班牙在二十一世紀出現新漢學，這與中國的崛起緊密相關，此時的漢學有著全新意義和內涵，這種在大學中產生的新漢學的影響力涉及公司和企業，包括很多研究所的研究工作和團隊的研究。

（褚豔紅整理）

俄羅斯漢學：過去與現在

閻國棟

南開大學外語學院西語系主任

　　俄羅斯漢學自十八世紀始，至今已有近三百年的歷史，與東亞漢字文化圈漢學以及歐美漢學鼎足而三，共同構成了蔚為壯觀的世界漢學版圖。俄羅斯漢學的發展經歷了帝俄、蘇聯和當代俄羅斯三個階段。

　　十八世紀俄羅斯漢學的誕生伴隨著俄羅斯外交的發展而建立，從一開始就表現出服務於國家對華外交的目的。俄羅斯漢學是在歐洲漢學的滋養下創立的，十八世紀俄羅斯文化相對比較落後，彼得大帝改革之後實行西化，再加上歐洲的啟蒙運動和漢學的影響，俄羅斯漢學就誕生了。十八世紀俄國漢學的特點是注重對中國典籍的翻譯，如對歷史和儒家典籍的翻譯，以翻譯滿文文獻為主，當時俄國漢學家的滿文要比中文好，這是十八世紀的一個特點。

　　俄國漢學真正在歐洲乃至世界範圍內樹立影響，是從十九世紀的尼基塔・雅科夫列維奇・比丘林開始的。他一人代表了半個世紀，特點是以西北邊疆史地為關注點，以編譯漢文文獻為中心。這個時期研究重點主要是歷史，十九世紀下半期已經轉到滿洲和蒙古歷史上，文獻使用上改變了十八世紀時以滿文為主的特點，而是以漢語為主。

　　蘇聯時期的俄羅斯漢學研究以大規模的漢學教育和漢學研究為主。漢學家人數在此時達到非常大的規模，現在俄羅斯的著名漢學家都是在蘇聯時期培養的，此前不受重視的文學研究在這一時期得到空前的重視。此時

期研究狀況有以下幾個方面：首先是對中國文學史的研究。其次是對中國古典詩詞、散文等典籍的翻譯和研究，有些成果還得到中國文化部的獎項。第三就是中國年畫的蒐集和研究。中國歷史研究一直是蘇聯時期研究的重中之重，所以歷史學家、漢學家裡面研究中國的歷史學家人數最多。整個中國斷代史每個階段的研究都有代表人物，最著名的標誌性成果還是翻譯《史記》，即東方研究所翻譯的版本。另外蘇聯時期的語言學研究對中國的漢語學研究影響非常大，尤其是在一九五〇、一九六〇年代像我們的《中國語文》及類似雜誌，連續幾年連載俄羅斯漢學家的漢語語言學著作，比如說對漢語的詞類分析等，都是在這樣的雜誌上連載的。

當代俄羅斯時期，漢學家的數量不少，著名的研究機構包括遠東研究所、東方研究所、聖彼得堡東方研究所，以及一些大學，等等。俄羅斯漢學現在遭遇了前所未有的時期。現在的一些漢學家都是蘇聯時期培養出來的，發表文章的主力是七〇歲左右的漢學家。遠東研究所的羅曼諾夫教授說，俄羅斯現在一共有大概二百位漢學家，真正發表成果的約五十位，另外的一百五十人被稱為「死魂靈」，平均年齡是七十歲，而且這個狀況很難改變，現在俄羅斯每年出版的漢學方面的書大概不到十部。年輕學者的文章少，而且學術價值不高，究其原因，大概是因為國家對人文科學研究的經費投入少，而且項目經費僅用於出版。這種局面很難一時改變，所以俄羅斯漢學像中國的「文革」時期一樣，肯定有一段時間的斷代。由此可知，俄羅斯的漢學研究在近期的發展期望不大。

如何開展俄羅斯漢學研究？簡要而言有三點。第一，中國學者應繼續深化對俄羅斯漢學史的研究，運用學術史的方法全面總結俄羅斯漢學的成就。第二，從中俄文化交流史的角度研究中國文化在俄羅斯文化語境中的

存在狀態和影響。第三，選譯俄羅斯最具學術價值的中國問題論著，為國際漢學界認識俄羅斯漢學創造條件。

（褚豔紅整理）

俄羅斯東方學：臺灣民族史研究

劉宇衛

俄羅斯科學院東方研究所高級研究員

在俄羅斯的中國學研究中，臺灣問題研究很少受到關注，因為臺灣島的民族史有點微不足道。然而，俄羅斯將近二百年的臺灣問題研究取得了重要的成果，特別值得進行歷史地理性的探索。本文概述了俄羅斯對臺灣民族史近二百年的研究。自從十八世紀以來，俄羅斯對臺灣及其居民研究的興趣越來越濃，因為他們獲得了歐洲有關中國研究的文字報告，包括福建省和臺灣島。這類出版物的一部分被譯為俄文。

我們將俄羅斯的臺灣研究大概分為二類：一類是親歷見聞，一類是遠距離研究。前者包括 Maurice Benyovszky（1771）的《回憶錄》，以及 Terentiev（1874）、Paul Ibis（1875）、Moltrekht（1908）、Levitov（1906）、Yeliseev（1912-1913）、Nevsky（1927）和其他俄羅斯人參觀考察臺灣的報告。後者包括 Klaprot 於一八二二、一八二三和一八二六年發表的文章，以及一九三〇年代、一九五〇至一九八〇年代、一九九〇年代早期的學術性譯文和出版物。當然，這些出版物的作者從來沒有到過臺灣，通常只能遠距離地研究臺灣島。

遠程研究是從十九世紀開始。十九世紀初，俄羅斯人翻譯了一些中國戲文方面的書，此外還有俄羅斯研究員從事一些西方傳教士記載中國之書的研究。二十世紀初，俄羅斯人對臺灣興趣日益濃厚，於是開始從事相關翻譯工作，如翻譯日文和日本人出版的相關資料，此時有學者發表了一些介紹臺灣情況的文章。

　　一九三〇年代，很多俄羅斯的漢學家、東方學家被斯大林殺掉，在俄羅斯嚴重缺乏材料的情況下，有些漢學家開始翻譯外文文獻，包括對一些民族學資料的翻譯，描寫臺灣原住民怎麼打獵，其文章都是描述性的，而非研究性質。在四〇和五〇年代，俄羅斯幾乎無人研究臺灣，有一位女學者寫了一本書。六〇、七〇年代，中國大陸發生「文革」，此時蘇聯政府鼓勵對臺灣的研究，很多蘇聯學者開始專門研究臺灣歷史。

　　二十世紀八〇、九〇年代，研究臺灣最積極的一位學者主攻臺灣的文化和歷史，他對臺灣的民族史研究貢獻很大。還有一位著名學者李福清，他一九九一年第一次在臺灣，研究臺灣原住民的情況，在臺灣住了十幾年，並著書若干，其中最有名的就是《神話與鬼話》。這位學者培養了不少研究臺灣的年輕學者。他去年去世了。

　　九〇年代，俄羅斯學者對臺灣的研究事業又有發展，他們到臺灣工作並研究所有資料，因此最近二十年，俄羅斯的臺灣研究和臺灣民族史研究復活了，研究範圍越來越大，研究這些課題的學仁也越來越多，但是總體而言仍然很少，研究成果也有待增加。一言概之，從一九九一年以來，俄羅斯與臺灣開展多次學術交流互訪，開啟了俄羅斯的臺灣問題研究的一個「新紀元」，六十多年之後，他們有機會參觀、親眼目睹臺灣島，通過查閱臺灣當地檔案資料、進行實地考察以及梳理其他學術資料，來從事他們

有關臺灣問題研究的工作。儘管這些研究的實際規模遠低於期望值，這種聯合學術性研究還是極大提升了俄羅斯對臺灣問題研究的數量與質量。

（褚豔紅整理）

世界（大戰）中的中國：「駝峰隊」及家父在南中國

杜　磊

美國加利福尼亞波莫納學院人類學系教授

所謂的民族一方面需要有一個共同的祖先、共同的起源，另一方面還需要有一些共同的「對手」、共同的「朋友」，在與其他民族的對比中確立自身。就中華民族的最終確立而言，抗日戰爭可能發揮了非常關鍵的作用。這段時期，中國有一個共同的敵人日本，也有一個重要的朋友美國在幫助中國。在自我確立上，誰是你的敵人，誰是你的朋友，非常重要。而且當時在中國內部，少數民族也發揮了非常重要的作用。從「駝峰隊」上，我們可以看到這些要素的影響。

二十世紀四〇年代，緬甸被日本控制後，盟軍向中國運送戰爭物資的滇緬公路被日軍掐斷，美國只好開闢一條航空線向中國運送物資。這條航線從印度阿薩姆邦出發，飛越喜馬拉雅山，再到中國的昆明、重慶等地。因為飛機要在如「駝峰」般連綿起伏的山谷間高危飛行，這條線就被稱作駝峰航線，飛行隊也被稱為「駝峰隊」。家父本傑明·柯蒂斯·格萊德尼就是「駝峰隊」的一員。中國的老百姓通常都知道「飛虎隊」，卻不知道「駝峰隊」，而且很多美國人也不知道「駝峰隊」。事實上，「駝峰隊」在

當時代表著中美合作的一個新高度。而且在這場戰爭中，「飛虎隊」墜毀的飛機有二十架，而「駝峰隊」多達五百九十四架，「飛虎隊」犧牲的飛行員有十四人，而「駝峰隊」犧牲的飛行員達到了一千六百五十九位。駝峰航線很多飛機墜毀，一是因為航線本身的艱險，另一個很大的原因是「駝峰隊」為了躲避日軍的襲擊，都是在夜裡飛行，而且沒有雷達，沒有GPS。當時很多飛機都掉在雲南佤族所在地。因為當時的雲南是一個多民族多語言的地區，飛機掉下來後飛行員與當地民眾基本上無法進行語言交流，他們都會隨身攜帶一個證明身分的標識。飛機掉下去後，也發生了很多感人的故事。我後來研究中國的少數民族志，很可能就是受到我父親的影響。我小的時候不願意睡覺，老是纏著父親讓他講故事，他就給我講了很多中國西南少數民族的故事，正是他對中國南方「野性而激烈」的少數民族的描述激發了我的研究興趣。

今天的人類學的工作，應該包括：自我了解、自我批評，也要了解外面人，了解我們的對象。比如研究「駝峰隊」，它是不是在當時作出了很大的貢獻？駝峰航空線的運行，不全是美國政府的努力，也有中國政府和印度政府的努力，還有很多中國西南少數民族的努力。這種相互的交流合作非常重要，這種合作是不是對當時中國甚至印度的民族政策帶來了某種影響？之前，中國從來沒有參與過「世界大戰」，抗戰時期中國被捲入的也是抗日戰爭，而不是「世界大戰」。中印美三國合作的駝峰航線，以及相應的中國遠征軍出征緬甸，對中國的全球化來說，這是不是開啟了重要的一幕？這些都是人類學家要問的問題。

（張嫄整理）

美國學術研究視角中的中國族群

柏　樺

美國夏威夷大學人類學系教授

近期美國人類學家對中華人民共和國的族群問題的研究，既是民族志的（描述性的）又是民族學的（理論性的），比如許多研究都關注社會、政治和歷史的力量如何塑造特定族群和決定具有普遍意義的民族現象。這些研究開啟了現代中國族群一些重要的面向。但對這些面向的展開，通常是基於美國人自身的文化假設，這些文化假設往往會潛移默化地溶入學者們的描述性分析之中。目前的情況是，這些文化理論淹沒在了後現代主義強調「表徵」（representation）和「反身性」（reflexivity）的學術思潮之中。另一個特點就是，美國對於中國民族問題的研究非常錯綜複雜，而且具有挑戰性，研究者本人（美國人類學家）和他們研究的客體（中國族群）常常陷入矛盾之中。

正是因為美國人類學家的研究，使中國族群問題的研究發生了質的轉變。比如，從長期延用的斯大林的「民族」（nationality）定義轉變到美國學界更慣用的「族群」一詞（ethnicity），就是近幾十年一個歷史性的變化。美國人類學慣用的、由功能主義衍生而來的「族群」一詞具有自屬

性，它較少專注於權威和客觀的文化，而是更多地關注於族群自身自覺劃定的社會界限以及族群自我形成的社會過程。就中國而言，國家在族群形成的進程（許多族群都把自己的形成神祕化為某種遠古的存在）中發揮了非常重要的作用。但這一發揮作用的過程非常複雜，因為它涉及政治考量、歷史承諾、現代化、國家建設以及庶民的串聯和庶民的抱負。中國的種族形成上，國家的居間作用是美國人類學家研究中國族群問題的一個主線。

與之相關的一個問題是，漢族是中國五十六個民族中的一個，但是漢族很少被作為一個單獨的民族來研究。漢族和非漢族（少數民族）這種簡單的二分法由於漢族自身的內部複雜性（如客家人等方言群落的存在）而出現困境。南方的方言群落對於任何研究中國族群問題的人來說都是一個不能不考慮的問題。

中國族群的現狀及美國相應的研究與之前的中國形態大不相同。前現代的中國形態是地域、本土、方言都不同的錯綜交織的複合體，對於這種錯綜交織的複合體的總體劃分是基於每個群體對於某個特定王朝的依附和效忠；實際上最初的具有族群含義的稱號如「漢人」（漢朝的人）和嶺南人慣用的自稱「唐人」（唐朝的人）都是源於朝代的名稱。這些特殊的族群身分還很少被研究，然而它們可能吻合高度凸顯的社會整合性，這種整合性即使在現代中國依然存在。

（張嫩整理）

印度的中國研究

查克拉巴蒂
印度德里大學東亞研究系主任、中國問題研究所所長

在印度，很少人能講中文，中國學研究非常少。儘管中國是一個新出現的全球大國，並且是印度的重要鄰國，然而印度至今還沒有全面研究過中國。在印度，當代中國研究作為一學科，目前還仍然處於起步階段。自一九四七年獨立以來，印度的區域研究、尤其是中國研究，總體上尚未得到重視。一九三七年印度文學家、諾貝爾文學獎獲得者泰戈爾在一所新成立的大學裡介紹了中國語言。印度獨立後，一些大學開始設立中國語言課程。印度主要依賴於西方資源了解和解讀中國。儘管印度有了解中國的需要，然而它在研究中國歷史、文化、經濟、社會、政治等方面，尚未取得重大進展。印度以前的漢學教育主要是在佛學方面，其對中國的大部分了解，是來自於旅行者和英國殖民統治者的記錄，這是印度了解中國的一個重要來源，但是其中的大部分內容不向印度大眾公開。此外，當時有很多中國僧侶到印度去，並且在印度生活若干年，返華之後會寫見聞，很多關於印度的傳說是這些中國留印僧侶傳播的。

在中華人民共和國成立後，印度和中國曾有過一段友好時光，中印兩

國出現了交換學者的項目。大學層面，一九五八年設立中文佛學課程，之後出現國際文化交流學院，之後該學院併入新德里大學。但是印度政府沒有充分重視中國學研究。一九六二年中印發生邊境戰爭，印度對中國殖民經歷和處理國際關係方式等等了解的缺乏，是導致這場中印衝突發生的一個重要原因。學習中國歷史、文化、政治、經濟等是了解、解讀中國的一個先決條件。因此，一九六四年，德里大學首設中國研究中心，開設中文課程，教授漢語，希望了解中國是該課程開設的一個初衷，但未廣泛發展起來，只有少量大學在隨後幾年裡介紹過中國學研究。一至二個研究機構也有少數學者研究中國的國防和國際關係。一些研究所如 ICS、IDSA、IPCS 等機構也開始研究現代中國，這些研究機構主要做戰略研究，研究課題有中印關係、中外關係及中國的外交政策，也開展一些與中國現代歷史、政治、經濟、性別、教育、文化相關的課題。後來，現代研究課題出現一些新領域，包括邊境人口與貿易、中國在東盟、SAAIC 和 SCO 國際組織中的多邊組織的參與、以及一些法律和公民社會研究。研究所遇到的最大挑戰是部分社會研究學者在語言方面的能力欠缺以及圖書館和各種資源（諸如教學資源、資金支持）的短缺。資金方面，用於資助專攻中國哲學、地理等領域的留學生獎學金、助學金的補助比較欠缺，能力強的學生寧可跨學科也不願意在中國學的某一領域深入下去。法律、經濟、金融是更受學生青睞的課程。

現代中國研究是跨學科研究，該研究亦可促進對中國的過去和現在作全面的人文的了解，這是在一個更廣泛的亞洲研究背景下進行的，包含了社會學成份。現在印度的中國研究面臨的問題有如下兩個。其一，中國研究僅集中在德里這個地區，很少輻射到印度其他地區；其二，目前漢語僅

在研究生階段才作為選修課出現。有一些學者向政府建議發展中國研究，比如，學者建議在中學階段把漢語作為第二外語納入授課系統，本科生教育中納入漢語教學，大學設獎學金鼓勵漢語研究和赴華進修，並資助博士後的實地遊學項目，應把中文、韓文、日文共同作為東亞研究的必要組成部分納入到本科生課程中，應在班加羅、加爾各答、孟買等地增加更多的中國研究學術活動。這些主張中的一部分得到採納，現在大概共有二十個學校開設了中國研究項目，但其在未來能否成功，目前尚不可知。

總之，在本世紀最近幾年的中國崛起之時，印度才開始採取措施來促進對中國的研究，有限的人力、財力資源是印度發展中國研究的主要障礙，但是值得欣慰的是，印度學者越來越關注中國學研究。因此，印度的中國學研究前途可期。

（褚豔紅整理）

泰國未來十年的中國研究

芭萍‧瑪努邁威汶
泰國朱拉隆功大學亞洲研究中心主任

世界對中國語言的培訓自一九九〇年代以來呈現出增長趨勢。泰國最近十年掀起了中國學研究的熱潮，近五年來，更是產生了一股對漢語教育以外的有關中國研究的熱潮。數個已提供漢語研究學位教育的高等教育機構已經計劃增加其他對中國研究的項目。這些項目中的一些已經獲得批准，有些正在取得進展，比如中國語言文化的學士學位項目、世界經濟體系中中國研究的碩士學位項目，以及中國文化研究的碩士學位項目。除了新近建立的泰-中研究中心和潮州研究中心以外，一家漢學院正在建立的過程中。在未來十年，泰國的有關中國學的研究和出版物將會增加，其中包括中國學的口述史項目。

很多大學都已經有中文或中國學（研究）課程，還有一些準備推出這樣的課程，一百零四所泰國大學都有關於中國語言的學習項目。對於這些大學來說，這種學科對很多學生非常有吸引力。有大學還建立中國文學俱樂部，通過講座方式給學生和公眾傳遞中國研究信息，開設的講座包括中國的儒教和經史典籍等等。一傢私立華僑大學還設有商務中文的本科課

程，在碩士層面，他們已有中國現代史研究方向。他們成立了三個中國研究機構，其中涉及中泰商務研究領域。該華僑大學還成立了潮州研究中心，研究潮州的風俗習慣以及潮州人在泰國的情況以及潮州文化對泰國在語言及生活習俗等方面的影響。

泰國北部的一所大學設文學院，有三個本科項目教商務中文，並設泰語翻譯課程，該院還和北外開展合作，另外設有中國語言與文化中心，係中國政府投資。二〇〇七年泰國相關機構出版了中國學刊（月刊），該大學正在準備成立中國學學院，這樣就可更好地整合所有課程，推動中國學研究。如果明年能夠成立這樣一個學院，這將是泰國第一所獨立的中國學研究學院。還有一些其他私有機構也開展了中國研究，所以在未來的十年，泰國的中國學會有更好的發展。而且，外來因素對泰國的中國學發展的作用不可忽視。

（褚豔紅整理）

韓國的中國語文學研究現狀

金惠俊

韓國國立釜山大學教授

　　韓國所創建的與中國相關係的數量變化可以說明韓國對中國關注程度
的增加。一九七〇年代以前，韓國僅有三所大學開設了與中國相關的系，
每年畢業的人數只有兩三個。最早的中國語文學研究會成立於一九五五
年。七〇年代美國總統訪華以後，韓國開始比較注意中國的情況，一九七
九年增加了六個系，八〇年代以後，這個數量多至六十四個系。而中韓建
交之後，兩國的關係越來越密切，一九九〇年代末達到一百四十九個。目
前韓國大學中約有一百七十二個與中國學有關的系，其中中文系有五十六
個，每年畢業生大概有一萬人，也培養出許多中國學研究領域的專家人
才。這些人才又在不斷地推動和促進韓國的中國語文學研究界的發展。韓
國最早的中國語文學研究學會是創立於一九五五年前後的韓國中國學會。
現在韓國已創立了二十幾個中國語文學領域的學術研究會。

　　具體來說，一九八〇年代的中國古代文學研究者比現在的要多，這有
一定的原因，比如以前韓中沒有建交時我們研究現代文學很困難。韓國的
中國現當代文學領域的發展與作品的譯介是分不開的。中國現當代文學大
部分作品的翻譯出版都是在過去的三十年裡完成的。在作品的譯介工作
中，存在著地區不均衡、時代不均衡、特定作家偏重等問題。特別是地區
不均衡，是指中國大陸的作品在數量上處於絕對優勢，港臺以及其他地區
的作品數量非常之少，且多為大眾文學。這種情況在二〇〇〇年代以後得

到些許改善，比如釜山大學的現代中國文化研究室近年來陸續譯介了港臺嚴肅文學及華人華文文學作品。這一現象說明現時韓國人的興趣都集中在中國大陸，習慣於不加區分地看待中國大陸、臺灣、香港以及散居在世界各地的華人群體。與韓國華人漫長的歷史相比，韓國華人文學研究是不夠充分也不夠活躍的，甚至連世界各地的華人華文文學研究也是最近幾年才被注意的新生兒。

在一九八〇年代以前，對中國古代文學的研究占主流，主要是受到傳統文化和學術氣氛的影響。當時韓國的中國古代文學研究關注多個文體：關於中國古代詩歌的研究專著較多；因為中國古代小說很受韓國民眾的歡迎，小說的研究成果最為豐碩；與詩歌和小說相比，中國古代戲曲的研究則遜色許多。造成以上情況還有一個原因：因為中韓尚未建交，韓國學生只能去臺灣留學，而臺灣的中國文學研究主要集中於中國古代文學和語言學，很少有對中國現代文學的研究。語言學方面，八〇年代以前，以古代漢語的研究為主，而現在對現代漢語和教學用途的漢語的研究越來越熱。韓國的現當代中國文學研究的發展與譯介分不開。在上世紀六七十年代以前，除了對魯迅作品的零星介紹外，幾乎沒有中國現當代文學的翻譯作品。而如今在韓國已有近千種中國現當代文學作品的譯本，這些譯本中以小說最多。一九八〇年代以前，關於中國現當代文學的研究論文不足十篇，而截至二〇〇〇年已經出現了三千五百七十七篇關於中國現當代文學的學位論文。釜山大學中國現代文學研究中心在華語文學方面已經開展了一系列的研究工作。總之，韓國的華人文學研究還是遠遠不夠的，需要和中國學術界進行深入的合作。

（褚豔紅整理）

從德國看中國學之學科歷史與研究範式之轉換

李雪濤

北京外國語大學海外漢學研究中心副主任

德國漢學享譽世界，如果從湯若望（Jean Adam Schall von Bell, 1591-1666）等耶穌會士時期的「前漢學」（Protosinologie）算起，德國漢學已有三百多年的歷史。二十世紀初，德國漢學研究進入一個嶄新階段，漢學家們都在嘗試著將歷史學的方法和觀念引入漢學研究領域：批判式的文本研究以及依據尤其他社會科學學科制定的原則來對這些內容進行詮釋。一九〇九年在漢堡殖民學院由福蘭閣（Otto Franke, 1862-1946）創立的「中國語言與文化系」（Seminar für Sprache und Kultur Chinas）可以說正是這一思潮的具體體現。從這時起，研究者不再會像十八、十九世紀的傳教士和學者那樣過分相信文本本身了，他們開始批判地閱讀中國原典，開始運用資料對某一問題進行獨立而深刻的分析。人們進一步想知道，文本背後的真實情況是怎樣的。對這一代學者而言，最顯著的特徵是，除了對個別問題寫有大量論文之外，他們還完成了綜合性研究，或寫有鴻篇巨製的著作。比較典型的有佛爾克（Alfred Forke, 1867-1944）的三卷本《中國哲學史》（1927-1938）和福蘭閣的五卷本《中華帝國史》（1932-1952）。

目前漢學研究有式微傾向。當代漢學研究在研究對象和範式上都跟古典漢學不同。普遍認為一九四五年以後，特別是在冷戰以後，美國中國學研究實際上經歷了很大的範式轉換，之前可以說是漢學時代，之後是中國學時代，於是形成了美國所謂中國學和西方漢學的二元對立。實際上，歐洲漢學的發展情況完全不同，美國漢學和歐洲也不一樣。德國漢學家福蘭閣的例子，有助於我們理解漢學範式轉化的問題。

福蘭閣出生於一八六三年，逝世於一九四六年。他在一八八八年作為使館翻譯來華，一九〇一年回國，一九一〇年在漢堡創立漢學系，其間一直關注中國當代的所有事務。他在漢堡學院成立中國語言文化系時作了一個報告，報告中提到設立中國語言文化系的原因，認為當代中國研究不再是與世隔絕的語文學範疇，學習了解東亞的政治和社會發展是當代的重大任務，而這只能通過深入了解東亞民族的精神生活、宗教習俗、政治和哲學觀才能實現。研究那些能夠體現當代中國人精神生活的古代文獻，可以邁向這條道路。他認為重點應當將歷史研究與理解當代發展進程結合起來。對於福蘭閣來講，中國從來不是一堆死的歷史材料，研究中國古代或是中國文明的最主要目的是為了理解當代中國究竟是什麼，所以他一直強調中華文明或是中國文化的異體性。這個想法一直傳到他兒子那裡。

福蘭閣著有《關於中國文化與歷史的講演和論文集》，一九三五年出版於北京，這本書講到李鴻章、袁世凱等歷史人物，以及作為一個文化帝國的中國及中國的儒家思想等等，從中可以看到他從未把中國作為一堆死的歷史材料來看。他還著有《東亞重組：論遠東的政治和文化發展進程》，一九一一年出版。這本書基本上圍繞當時國際政治事件展開，比方說三國干涉還遼問題，從中可見其帝國主義立場，同時從中亦可知，福蘭

閣是用國際關係的方法具體分析當時中國在世界上所處的地位。此外，他還出版有類似的研究中國社會形勢的其他著作。

他的學生、知名漢學家白樂日主要研究宋史，是真正用社會學方法研究中國社會和歷史問題的一個漢學家。他的博士論文《唐代經濟史論稿》用經濟學、社會學方法來對整個唐代經濟進行分析，數字上的分析非常詳細。白樂日認為漢學不能僅僅是文獻學的梳理活動，應打破語文學分析，對中國歷史建立全新的認識。從中可見，後來所謂的範式轉換在早期其實已經存在。所以截然地將研究範式的轉換區分在冷戰以後，認為此後才開始有美國式中國學研究的說法其實不成立。此外，也不能簡單地認為兩極對立，美國只是做中國當代關於社會各個方面的研究，而西方只是做考古式的，然後才是中國歷史的研究。

範式轉換的概念喚起了人們關注時代思潮的結構，從而使一種標準的形態發生動搖。這樣的一個時代實際上並不是在冷戰以後才具備的，從德國的漢學發展史來看，實際上在二十世紀上半葉已經開始轉變。

（褚豔紅整理）

西方有關古代朝奉體制學說

孫衛國

南開大學歷史學院副教授

傳統的美國關於中國的對外關係研究大概分兩大類，第一是以清代為中心，關注朝奉關係；第二是從中國的邊疆和民族層面來研究。但是此二學說對於朝奉體制的解釋完全不同，一個是以中國為中心，一個是以游牧民族為中心。費正清在傳統的中國對外關係史研究中以中國為中心，提出三同心圓理論，即朝鮮、越南、琉球、某個時候的日本；內亞圈，內陸游牧民族，以長城為界；南亞和東南亞的一些國家，即古語所謂的「溥天之下，莫非王土，率土之濱，莫非王臣」。這種理論認為，中國在文化和其他方面都比周邊地區國家優秀，到明清達到頂點。

美國巴菲爾德（Barfield.T.）是一個不懂中文的人類學家，在其著《危險的邊疆》中提出遊牧民族學的視角，顛覆了費正清的同心圓理論。他通過對阿富汗部落游牧帝國的研究來分析游牧帝國與中國的關係，認為要研究內亞游牧帝國需要兩個出發點：第一，將內陸亞洲遊牧世界和中原王朝聯繫起來考察，通過揭示兩者之間的關係把握其特徵。第二，採用長時段的視角來發現其規律性。所以他關注游牧帝國的興起並提出帝國聯盟學

說。內亞游牧帝國跟歷史上中國的關係不是中國主宰游牧民族的關係，而是後者主宰前者的關係。他提出：一個強大的游牧帝國一定與一個中國的本土王朝同時存在。比如匈奴和漢朝、突厥與唐等等。外疆侵略是游牧民族對中原的策略，包括三個要素：一是暴力，一是從漢政權中攫取資源，一是和親。當草原帝國陷入混亂時會依靠中原力量使自己強大，然後返回草原。其中只有來自東北地區的少數民族對境內統一王朝有興趣。元朝例外，因為占據華北地區的是金和女真，他們不願意接受內在策略和外在策略的方式，通過給邊疆部落以財物來安撫他們。

從這兩種理論來說，傳統學術更容易接受費正清的說法，巴菲爾德的理論有點驚世駭俗。首先，來自於中原王朝的物質未必是關鍵性因素。其次，巴菲爾德的理論是建立在游牧民族王朝模式與中原相同的基礎上，後期游牧帝國的模式是對前期游牧帝國的繼承，這是值得商榷的。最後，他是一個不懂中文的研究學者，從歷史學研究的角度看，這種學說值得懷疑。

簡言之，對待中國問題研究，既要恪守中國立場，又要超過中國侷限，研究是多層的，世界是多層的，掌握歷史的多面性是通往歷史真相的唯一路徑。

（褚豔紅整理）

中國近代政治思想中的道德主義：海外學者研究綜述

葉　斌

上海社會科學院歷史研究所副研究員

列文森在《儒教中國及其命運》三部曲第二卷《君主制的衰亡》中對傳統中國的政治體制進行了深入分析，提出道德主義是傳統體制的重要特徵。根據道德主義，君主因為其特殊的德性而擁有統治天下的天命，但也會因為喪失道德而喪失天命。信奉儒教的官僚系統利用道德主義來約束君主，抗衡君權，並免於淪為像大革命前法國貴族那樣的寄生蟲階級。從列文森開始，道德主義在中國政治近代化過程中受到影響而發生變化，成為海外學者研究中國近代政治思想的一條重要線索。張灝認為，梁啟超的《新民說》一書中揭示的人格理想依舊帶有濃厚的儒家色彩，對後來中國的新傳統主義、自由主義和共產主義各派政治學說都產生了深刻影響，迥然不同於以權利為中心的近代西方政治哲學。史華慈認為毛澤東在中國實行的是德性之治。這種德性之治有兩方面的來源，一方面是從盧梭開始，經黑格爾、馬克思、列寧傳到中國的西方近代道德主義傳統，另一方面是中國自己的道德主義傳統。而毛澤東本人的德性則是共產黨統治合法性的重要來源。在列奧・施特勞斯看來，在西方古典政治哲學中德性是政治的目的，而從馬基雅維利開始

的現代政治哲學則讓德性服從於政治。依據這個標準，中國近代政治思想中的道德主義尚帶有前現代的特徵。

　　列文森和馬克斯‧韋伯對中國傳統政治模式有著不同理解。首先，二人對中國君權性質的分析方面，韋伯認為政教合一、皇權合法是其重要特點。列文森的研究是將君主和官僚之間的張力作為一個切入點，分析君主跟儒家官僚之間的不同，認為君主更喜歡法家文化而不是儒家文化，習慣於把儒家工具化。其次，二人都認為官僚階層有相對於君權的很大的獨立性。韋伯從三個方面論證儒家官僚階層的獨立性，首先他認為儒士已經壟斷了國家的俸祿，已經把其他階層想謀取官職的企圖阻止掉。他認為，儒家士大夫階層作為一個身分團體，也有相當大的封建性，他把這個身分團體作為一個跟階級相對立的範疇。列文森也論證了官僚階層的獨立性，認為儒家是一個封建化的階級，始終想達到一個貴族的地位。第三，對君權約束方面。韋伯認為每次皇帝欲實行專制時，最後的勝利者都是儒家。從權力分配來看，中央其實沒有對地方直接命令的權力。列文森認為儒家把道德的枷鎖套在皇帝身上，又把皇帝恭維為君主，這是一種策略。一言概之，二人都認為官僚階層是傳統政治主導力量，士人相對於君主有一定的獨立性，對君權有一定的約束力。

（褚豔紅整理）

海外中國民族主義研究：概述與評議

崔玉軍

中國社會科學院國外中國學研究中心副研究員

一九九〇年代之後，中國民族主義突然成為海外學界的一個熱門話題，國際上各方學者對中國民族主義的性質、起源、特徵和作用等多方面進行了多角度探索。歷史上，海外對中國的民族主義研究並非一個熱門話題，民族主義通常被作為理解和解釋中國社會近代轉化和革命的一個視角或線索。一九九〇年以前，對該主題的研究缺乏基本文獻，主要是以美國為主，並且集中在史學領域。五〇年代以後有一批美國學者開始關注中國革命的成功原因。進入九〇年代之後，國外的中國民族主義研究空前發展起來。研究中國的國家不止侷限於美國，印度、越南、韓國以及瑞典等多個國家都開始更多地關注中國。與以往不同，學術界在關注中國民族主義的歷史解釋功能之外，更多地將視野置於九〇年代之後的中國民族主義的新特點、表現、性質、國內外源流等多種面向，並試圖從歷史學、社會學、文化研究等多個視角來詮釋和解讀。中國的民族主義成為西方學術界的一個群體性課題，這種變化不能不引起關注。

九〇年代之後海外對中國民族主義的研究熱情背後有其複雜因素。近三十多年來中國經濟高速發展是主要原因。另外，我國在九〇年代以來開展的愛國主義運動被海外學者解釋成是為了轉化所謂的「認同危機」而採取的策略；最後，此時期發生的一些與中國有關的事件（如南海撞機事件）及一些鼓吹民族主義的出版物（如「說不」系列）也被解釋成是民族

主義的表現。凡此種種，不一而足。

　　海外對中國民族主義的研究有很多值得注意。一方面，學者們提出了一些很有意思的看法，比如，白魯恂（Lucian Pye）認為中國是一個文明單位而非民族國家，其民族主義不同於西方的那種民族主義；格里斯（Peter Hays Gries）提出中國的新民族主義的看法，認為中國的民族主義是一種「面子」民族主義；等等。另一方面，民族主義是一把雙刃劍，它能動員全體成員的力量，但也可能造成社會的混亂。我們可能不完全贊同海外學者的觀點，但是他們卻可以讓我們思索如下問題：我們在推動民族國家意識建設方面有否值得改進的地方？如何運用民族主義加強我們的民族認同？在中國走向富強的路上，如何利用民族主義來凝聚全體中國人的力量？等等。

　　辛亥革命已經過去一百餘年，新中國也成立多年，但是在民族主義培育方面需要做更多的工作。我們這一塊做的比較少，至今沒有被廣泛認同的觀點、理論等，至少從這方面來講，應該說中國的民族主義是巨大的、空洞的、沒有內容的，這是亟需開展更多研究的一塊領域。

（褚豔紅整理）

日本、韓國學者對於中國城市史的研究

葛　濤

上海社會科學院歷史研究所副研究員

　　自上世紀末以來，以日、韓學界為代表的東亞學術界探研中國城市史之勢日盛。數十年的學術路途，雖也曾遭遇曲折，然而最終形成了風格獨具的學科特色，誕生了一批頗具實力的研究機構和團體、聲譽卓著的學者，以及在國際學術界具有影響力的優秀成果。其中，日本學界在宋代城市史、近代上海城市史，以及韓國學者在近代中國城市網絡與知識的形成、傳播等領域內的成就堪稱典範。

　　日本對中國史研究的初期是把它放在東洋史領域之內，其學科體系是在明治維新以後形成的，第二次世界大戰以後，基本上延續了明治維新以後把中國史納入東洋史學科的設置。東洋史除了中國史之外還包括朝鮮半島的歷史，但主要是中國歷史。日本現在的中國城市史研究延續繼承了近代以來東洋史學的優秀傳統與成果。長期的學術實踐當中，日本中國史研究在關注角度、研究方法和觀點等方面凸現出獨特的風格，而日本中國城市史研究的價值亦建立在這樣的風格之上。較之日本，韓國中國城市史研究起步晚，但是發展速度快。韓國中國史研究的發展與中韓建交以來的中國熱密切相關，它關注近代東亞都市間的比較研究，積極開展與中國大陸、臺灣和日本的學術交流。

　　日本對中國城市史的研究開始於宋代史研究。在宋史領域，城市史尚未成為一個獨立的學科門類，其中文化史和城市史占較大比重，這構成日

本宋代城市史研究的特點。日本宋史研究的是個體樣本，除了兩宋都城，還有沿海城市，如泉州、明州、蘇州、常州和溫州等，這是在東亞乃至世界範圍內城市化程度很高的一些城市。研究成果多數系論文，也不乏著作。日本有一支研究宋史的穩定的學者隊伍。一些學者重點研究遼史，但他們在宋代城市史研究方面有開拓性的啟發作用。日本近代中國城市史研究重點是上海史，這已經成為一個重要方面，上海、天津、武漢、杭州等等都是研究的軸點。上世紀九〇年代前後，日本學界成立了天津史、上海史的研究機構，相關領域的研究在一些學者引領下取得了紮實成就。他們的上海史研究到現在還在發揮影響，他們也和上海社會科學院歷史研究所有著二十多年學術交流的歷史。近代日本上海史研究重點轉向近代城市社會生活史，它定格於上世紀五〇年代，五〇年代上海社會生活的方方面面目前是上海史學者研究的重點。總之，日本的中國城市史研究已取得豐碩成果，其地位不容忽視，中國相關研究領域的學者在研究中也受益匪淺。

韓國的中國城市史目前並沒有形成獨立的學科類別，對中國古代城市史和近代城市史等領域的研究尚處於初始階段，但是韓國的中國城市史或者中國的韓國中國史研究有自己的特色。韓國有很多以學術研究領域結成的學會，各種的學術研討會和機構會發行相關的期刊，比如就有中國史和中國近代史研究類的學術期刊，這些學會和學刊成為學者發表成果和交流的平臺。

（褚豔紅整理）

北美中國婦女史研究主流化過程及其後續

王　燕
華東師範大學歷史系講師

　　一九七〇年代，自美國民權運動以來，美國女大學生在參與民權運動、關注貧民窟和反越戰運動中逐漸發現了自己身為「女性」的種種束縛和障礙，她們利用在運動中獲得的經驗和逐漸覺醒的性別理念掀起了美國女性主義運動的第二波高潮。此後，由於瓊・凱莉（Joan Kelly）以及葛達・勒納（Gerda Lerner）等人的推動，婦女研究開始在史學領域率先出現。對下層工人群體的關注使得學者開始逐漸重視挖掘中國歷史中的婦女題材。大學裡開始逐漸有教中國婦女史的學者。盧慧馨（Margery Wolf）提出了關於臺灣農村婦女的一些研究觀點，認為臺灣婦女雖然很次要，但是在村落裡扮演了很重要的角色。一九七五年，盧慧馨和羅克森・維特科（Roxane Witke）牽頭編輯出版了《中國社會的婦女》，這是比較早的、有意識地將中國婦女集體放回到歷史中進行研究的初步嘗試。

　　一九八〇年代開始，一批受過良好經典史學培訓的女學者如伊沛霞（Patricia Ebray）、費俠莉（Charlotte Furth）、曼素恩（Susan Mann）、賀蕭（Gail Hershatter）、韓起瀾（Emily Honig）等紛紛轉向中國婦女史研究，該領域研究從邊緣逐步走向中心。在此過程中，她們從缺乏史料到自己發現材料；從沒有現成課程到自己編寫教案；從沒有學術組織到學者之間互相地扶持和團結；從被評審冷落到互相鼓勵、批評，再到直接參與評審。從青年到壯年、再到老年的她們經歷了中國婦女史研究在美國中國學界發

展壯大的每個階段，形成了以她們的母校斯坦福大學為核心的婦女研究學者群體。如果將來要仔細追溯中國婦女史研究的話，斯坦福大學是重要的堡壘。她們跟其他國家婦女史專家積極互動，使婦女研究在學院和研究機構中制度化。各大高校多開設「婦女研究」中心，頒發學位，吸引全校各種不同背景的學者和學生參與其中。尤其是在歷史領域內部，形成一股強有力的研究態勢。

一九八〇年代的美國中國學界延續了七〇年代中國婦女研究的思路，主要是為了在歷史當中尋找婦女丟失的位置，並批判傳統制度中男女不平等的現象。當時出版了一些代表作，如《中國婦女歷史研究新動態》一書代表了美國中國學界各學科的第一批學者已經開始有意識地把中國婦女史作為一個研究領域開展全面的研究。從此以後，該領域開始加速度前進，從邊緣走向主流。一批女學者轉向中國婦女史研究，賀蕭的第一批論文是研究中國的天津勞動婦女的，她認為中國的地域性差別比較大。她在上海女工身上沒有發掘出原本工人根深柢固的階級意識，而是發現了女工群體之間的破裂。

一九九〇年代以後，美國的中國婦女史走進了一個新領域，此時湧現出大量經典的中國婦女研究著述，婦女學甚至可以頒發博士學位，出版婦女學研究的期刊和雜誌大量出現，包括《標誌》《婦女學》《男女》等，其主要發起人都是美國的中國婦女史學者。這些研究重新審視晚清以來對婦女的觀點，這多少影響了當代人對中國婦女史的理解。中國婦女史研究還注重從北美理論學術界吸收理論營養，提高自己的研究水平。中國婦女史學界對瓊‧斯科特（Joan Scott）提出的「社會性別」理論頗為重視，並給予史學實踐，將其作為研究範疇置入具體研究之中。目前，「性別」已

經和「階級」「種族」「族群」「年齡」等範疇一起，成為研究中一個不可或缺的角度，真正進入了歷史研究的主流。中國婦女史研究也在中國史領域成為顯學之一。此時期的華裔女學者也極大充實了中國婦女史研究。

進入主流之後，「性別」反而不再是婦女史研究的唯一核心概念。可以說，它逐漸消融在多元化的史學領域內。未來的中國婦女史和性別史研究會何去何從？是否會從全球化、跨文化的主題中汲取新的養分？還是維持現狀，僅僅成為一個分析的視角？筆者認為，性別作為人類社會最基本的概念之一，在任何的歷史研究中都不應該被忽視。大陸學界處在相當理智的階段，有必要學習美國的中國婦女史研究走過的道路。

（褚艷紅整理）

海外中國學研究中的理論和方法
以及國外對中國共產黨的研究

梁　怡

北京聯合大學人文社科部主任

海外中國學是第二次世界大戰後出現的研究領域，以研究近現代中國現實問題為主，涉及中國近現代歷史、政治、軍事、文化、經濟、國際關係等諸多學科，其研究成果數量大，觀點繁雜。加強對海外中國學研究成果的追蹤和評析，主要是關注其觀點的正確與否、史實的取用準確與否、研究的範式新穎與否、得出的結論科學與否。這是一項有很高學術價值和實際意義的工作，它服從於中國國內政治學、歷史學、社會學研究的學術需要，發揮為黨和政府提供資政的作用，也有以文會友，增進與世界中國學學者開展學術交流和商榷的意義。搞好海外中國學的研究和評析，要重視基礎工作，特別是要有比較紮實的史學理論和史料學方法，有一定的技術路線做支撐。首先，要了解海外中國學研究信息的資料來源和基本路徑；第二，要掌握蒐集海外中國學研究信息的理論和方法，其中包括如何去查找原始文獻和充分利用書目、索引、文摘等工具書；第三，要重視對海外相關信息資料的梳理、考證、辨偽等諸環節的史料處理，防止史料利用中

的片面性和侷限性；第四，要著眼海外中國學研究中新史料的來源和新技術的使用。搞好這四方面的基礎性工作，就能對開展好海外中國學研究產生積極作用。

國外對中國共產黨的研究主要有如下兩個方面。第一，國外對中共的研究黨和國不太分開，外國沒有單獨的研究機構或研究隊伍，範式跟我們不一樣，但是他們確實開展過豐富的研究。國外對中共黨史進行系統性研究的國家大約超過二十個，大戶就是蘇聯（俄羅斯）、美國、日本，以及一些西方國家。他們是分斷代、綜合、專題和人物等的研究。傳統意義上的這些研究以外，還有最近海外這些年對中國社會、軍事、政治、文化、環境的研究，既關注綜合性研究，亦重視個案分析。第二，國外相關學者很重視資料的蒐集和整理工作，美國、日本和俄羅斯在這方面的成就比較多。比如在人物研究方面，國外學者做了對沈玄廬、張申府、陳公博等人的研究；跨國研究方面，中國學者牛軍與美國學者麥克・韓特（Micheal Hunter）一起研究從延安走向世界的中國共產黨對外關係的起源。一些小學校還定期組織學術會議，這也屬於跨國界、跨學科、跨領域的研究。最近還有德國和俄國關於共產歷史文獻的中文翻譯版面世。他們的跟蹤研究及時，愈益重視對理論實踐成果的研究，其理論研究和實踐研究是平行的。國外關於中國現實問題的研究也有很多，包括對中國道路、理論制度等的探索。

國外相關研究中的侷限性值得引起我們注意，國內學者對此應加強跟蹤研究，我們應該了解西方的話語體系和研究範式，不能侷限在中國的研究框架和範式裡。我們還需增加對小語種國家的中共黨史研究的反思。我們做這項研究的目的不僅在於與時俱進、資政育人，還在於知己知彼、研

究自覺。我們要敢於面對讚揚和批評,學術態度要友善。總體來講,應該開展多層次的國外中國研究,現在多數學者停留在評述和評介的層面,而評析不夠。雙方的協作、交流、爭鳴和商榷也有待展開。

（褚豔紅整理）

美國智庫與當代中國外交戰略研究

仇華飛
同濟大學政治與國際關係學院副院長

美國智庫是學者與政府官員進行緊密接觸的舞台，其「旋轉門」機制的功能在國防、情報、安全等部門體現得更為明顯。在研究美國智庫時，要注意到學者的兩重性，即美國的智庫學者是有雙重的角色，作為學者，他們要保持學術的「客觀公正性」，因為這些人本來就是學者，很多學者是知名大學的教授；但為了美國國家利益，他們一旦進入智庫，進入美國政府作為官員，其觀點又常常體現政府的意志，具有強烈的功利性。智庫跟美國官員之間有千絲萬縷的聯繫。

美國智庫按其政治傾向可分為五類：進步性（progressive）、保守性（conservative）、中間性（centrist）、中間性偏左（center-left）、以及中間性偏右（center-right）。一方面，美國的智庫專家們研究中國是為美國推行全球戰略服務，同時，美國學者研究中國有助於改變美國民眾和媒體對中國的認識。美國智庫運作的獨立性和開放性決定了智庫專家政策建議的科學性和合理性。

智庫的專家研究領域廣泛。他們不完全做現實問題研究，很多人是搞

理論，強調分析框架。比如，何漢里（Harry Harding）的《脆弱的中美關係》一書即是從歷史的角度出發進行研究。智庫在研究中國政治時經常從比較政治學視角來進行中西政治的比較研究，比如，有學者用西方民主體制的模式來預測或是構建未來中國的走向。此外，智庫學者在研究中國經濟問題時，注意把中國經濟問題與當代國際體制制度、治理聯繫起來進行研究，這些人的研究非常厚重，有說服力。美國有一千多個智庫，智庫競爭很激烈。政府也會看某特定智庫對其決策是不是有參考價值，所以學者做智庫研究中國問題，愈益呈現出學理化和科學化趨勢，尤其重視前沿研究。

（褚豔紅整理）

海外中國學的新視點：華文媒體研究

吳琦幸

美國聖塔莫妮卡學院現代語言文化系教授

華文媒體在海外媒體中扮演著一種非主流的角色，具有鮮明的地域性。具有雙語背景的華文媒體獲得公共資源的渠道比主流媒體的更為廣泛和多元，因此華文媒體的新聞採集有很大的包容性和多樣性，提供了主流社會無法展現的另一面。由於母國的文化資源無法延伸到海外，華文媒體的生存將依賴於經濟和商業資源。華文媒體的關注具有雙重責任，它們從主流社會獲得資訊，架設橋樑，以溝通和了解居住國的法令法律案例，同時又傳遞反饋族群的訴求。華文媒體具有強烈的母國色彩，大力介紹和歌頌華人世界，是傳播中華文化的工具。華文媒體的地位急遽上升，與母國的強大實力有關，同時又與遵循共同的新聞準則與媒體責任有關，它們在媒體責任和媒體方針上突破母國的某種傳統理念，融進所居國的新聞理念的嘗試，同時也在新聞全球化的趨勢中獲得成效。

美國華人媒體的興起和發展狀況是怎樣的？華人自一八四八年以後成規模地登陸北美大陸，到了一八四九、一八五〇年人數達到每年一萬，他們在美國的生存必須用中文媒體來作為了解鄉情和當地社會重要信息的來

源。第一張美國本土的中文報紙是一位洋人基督教徒在一八五四年為在美國生存的華人創辦的，名字是《金山日新錄》，旨在解決華人在宗教上的無知，向華人介紹美國情況。由於華人主要來自廣東一帶，他們到了美國以後，種族幫派鬥爭嚴重，甚至發展為械鬥，所以他們希望了解基督教和美國法律。一八五六年左右，發生了第一次轉型，華人人數增多以後與美國人爭飯碗，所以在淘金和工作地點形成了一些種族歧視的現象。一八五六年出現了第一份華人辦的報紙，報紙起到了溝通華人的感情、思想和團結華人的作用。美國基本上是現代新聞的一個起源點，它後來形成了非常開放、自由的辦報系統，所以那時，中國的中文報紙在美國不僅是中國報業的延伸，而更是一個獨立於中國報業、與中國有聯繫的自由媒體，形成了自己的風格，其最大風格就是參政議政。

第二個階段基本上是為中國本土新聞、權利和人權作一些溝通。到了第三階段也就是一八九六年之後，發生第二次轉型。此時，國內的革命開始醞釀，各種勢力在美國華文報紙上出現，一八九一年代表中國立憲派觀點的人士辦了一張報紙，一九〇六年這張報紙更名為《世界日報》，一九〇〇年梁啟超創辦了《新中國報》，在海外宣傳政見並集聚力量。孫中山為發動辛亥革命赴美籌款時也辦了一份報紙，該報一九五一年停辦。一九〇九年孫中山從檀香山轉到舊金山成立了美國的同盟會，辦了《美國少年週刊》，即後來的《少年晨報》，這成為海外的一份非常重要的輿論報紙。這個階段到最後就是以推翻滿清結束，其功用到此結束。一九六〇年以後，美國華人報紙發生第三次轉型，臺灣大規模地派出留學生，這些留駐美國的學生也辦了一些華文報紙，包括鼓吹台獨的。一九八一年，臺灣左派在美國辦了《加州日報》，後來改為《加州分會報》，該報分四個板塊，

圍繞釣魚島等中國敏感熱點問題展開爭論。第四次轉變是在一九九〇年改革開放以後，美國出現了國務院僑辦創辦的《僑報》，改變了美國華文報紙的格局。最重要的是伴隨著互聯網絡普及而發生的第四次轉變，一九九六、一九九七年之後，大量網絡報紙出現，在美國流傳更加廣泛。

二〇〇〇年以後，有很多談及中國大陸的正負面的問題，這些都表現在華文媒體報紙上，然後出口轉內銷又傳回中國。今天美國的華人報紙的消息的靈敏度和準確性遠遠超過中國國內的媒體。它也有一些政治派別。還有一個跡像要注意，現在很多英文主流媒體都設立了中文版，如《紐約時報》中文版，《華盛頓時報》中文版，《洛杉磯時報》中文版，等等。

（褚豔紅整理）

跨界亞洲時代的中國學研究反思

劉　宏

新加坡南洋理工大學人文與社會科學院院長

當前的中國研究範式與當代中國學研究的初創時期——一九五〇至一九七〇年代——存在三個主要差異，第一是全球化的加速和資訊爆炸，使中國成為全球經濟不可或缺的一環，中國研究超過了中國民族研究本身。第二是研究主體更加多元和複雜化。第三，從學科範式的角度來講，中國學研究愈益受到不同類型的跨界性——跨學科、跨種族、跨文化——的衝擊，這必然影響中國研究的外延和內涵。

　　跨界亞洲研究以跨界亞洲（Transnational Asia）的視野為出發點，重點關注新的時代和學科背景下中國研究範式轉換的某些特徵。跨界研究側重在這一地理空間內的不同機構、群體和個人在跨越民族、國家的疆界過程中形成的觀念和模式、政治持續、發展道路，以及新的亞洲現代性。因此跨界亞洲是一種相互影響的過程。其中，中國是最重要的組成部分。傳統的空間是一種類似帝國或文化的空間模式，今天理解的亞洲是一種以民族國家為主體的模式。應從兩個層面來關注當代中國或當代亞洲的跨界模式研究，第一，這種跨界關注人口、資本觀念的流動，以及社會文化不同

模式的相互交往。第二，這些流動影響了亞洲不同國家或區域甚至整個世界歷史的進程。因此研究手段和方法不能侷限於過去我們將中國作為民族國家進行研究的特定模式。我們需用網絡和流動性認同、邊界跨界活動，或者跨國主義等來更好地把握新現象。這種跨界流動或跨界研究裡又可包括政治上、文化族群、流行文化等的跨界研究。

研究對象上，跨界研究注重群體，既關注經濟和族群等群體，也關注移民、散居者群體、跨國公司，甚至跨國媒體等等。研究方法上，跨界研究不再僅從中國內部看中國，而是注重多個不同地方和視野的研究，嘗試建立不同群體、地點與通過某些具體結構或機制的聯繫的方式。這是一種新的研究方法。跨界研究中的「亞洲」是一個靈活的空間，能幫助我們理解在僅僅關注國家內部及自身發展時所忽略的現象。在此空間裡面，形成了一個新的跨界亞洲。這種形成不僅結束了某種現象，而且還在不斷地演變。在這個演變過程中，地方的、跨國的、區域的、全球的各因素在不同層面和機制都有交匯點，這些交匯點就構成了理解當代亞洲和中國的重要出發點。

概言之，跨界亞洲將靈活性的地理空間（flexible geography）擴充到整個東亞（包含東南亞）以及海洋亞洲，其核心內涵是機構、群體和個人在跨越民族國家疆界過程中所形成的觀念、認同、秩序、模式以及亞洲現代性（Asian Modernity）。從這個意義上說，「跨界亞洲」並非僅是一種開放性的地理和文化空間，同時也提供了理解全球化和區域變遷的新路徑和視野。它以歷史性、網絡、移民、跨國場域下社會與國家的互動、市場與組織、跨國婚姻、跨界企業家精神等不同的機制和想像為主要著眼點，注重其在制度、文化和空間上的樞紐和聯繫。筆者認為，這些互為影響的節點

和連接界面構成了跨界亞洲的精髓，並成為理解中國研究新範式的重要因子。

　　跨界亞洲研究實際上具有一定的中國中心的觀念，將中國作為亞洲的一個火車頭，中國不僅是經濟發展的樞紐，還是知識流動的中心。我們在理解中國時要有不同的視角，應該提出新的理念分析方法，包括怎樣超越傳統國家、社會二元對立模式，等等。新加坡有新加坡國立大學、南洋理工大學和新加坡管理大學這三所大學在集中研究中國。這些大學的中國研究專家的背景也是多元的，有當地、港澳或是大陸出身的，還有海外華裔的背景，沒有統一的新加坡的聲音。新加坡研究中國的一個特點就是注意從東南亞的角度來看中國。中國跟東南亞在各個層面的互動是影響新加坡發展的一個很重要方面，所以新加坡的研究裡面會有南洋的視野，既關注中國與東南亞的多元互動，也關注中國社會內部變化和國內移民問題。

（褚豔紅整理）

本土知識與國際概念

邊燕傑

美國明尼蘇達大學社會學系教授

社會學研究往往是在具體的時間、具體的文化含義、具體的結構制約這些條件下，研究一個具體的區域，最後形成的知識，我們可以稱之為本土知識。本土知識是用本地術語、概念、思維進行的，是本地人聽得懂的知識，但是本土知識一定要跨界傳播，不然研究就沒有意義。國際傳播上，如果只是按照自身的文化理解、本土知識的邏輯來表述，肯定會給國際友人帶來理解上的困難。

要避免這一困境，就需要提倡本土知識的國際概念化，從國際術語、國際的知識角度，跨文化的比較角度，來看我們的本土知識。可以明確的是，任何國際化的知識也是從特定的地域、環境中產生的。哈佛大學的一位社會學教授提過一個非常有意思的觀點，他說檢閱整個二十世紀，人類文明的發展有一個重大的特色就是科學知識的編碼化。對於具有一般意義的，其他民族可以接受、應用的科學知識，需要有一個編碼化的過程。也就是說，當一個本土的知識想成為一個全國的知識，應該用全國層面上的編碼程序；想成為全世界的知識，就應該用國際的編碼程序。用國際的編

碼程序就是本土知識的國際概念化。

本土知識的國際概念化包括三項關鍵工作，一是對本土知識去粗取精，把握本質特徵；二是區別文化特殊性本質和跨文化普遍性本質，前者為內容解說，後者為概念表述；三是對概念的解說，既要使用本土知識，又要力求使用跨文化知識，特別是國際流行、廣泛認可的國際知識。比如，社會學上的「關係」是中國的本土知識，有著豐富的中國文化內涵。西方學者到中國做研究，發現在中國「關係」影響著整個社會生活，如果不理解「關係」，就無法理解中國。這個本土知識，現在已經進入社會科學的教科書，以及國際社會科學的辭典，但國際社會還是不太理解。西方也有一個類似的詞——「社會資本」，但中國的「關係」又不完全等同於西方的「社會資本」。我們怎麼才能把「關係」變成國際化概念呢？換言之，如何跟國際上已經通行的社會資本掛鉤？一個策略就是「豐富內涵，擴大外延」。我們可以建立一個模型將「關係」社會資本和國際上使用的一般的「社會資本」作比較。任何研究社會資本的西方學者都有三個理論向量。第一個向量：所有的社會資本都是基於人際關係，但是人際關係有強弱。西方學者往往是從弱關係可以提供差異性信息、差異性網絡、差異性人群，以及增加差異性知識上提出社會資本的概念。但在中國社會資本的關係基礎，往往是強關係，沒有特別縱深的交往，資源是不能流動，信息也沒有意義。所以在第一個指標裡面可以提出，關係的特殊性和一般性的差異，將特殊性納入進去。第二個向量：關係、紐帶分單用性和復用性。在西方，一種關係只幹一種事，比如師生關係，就是師生，別的不談，父子關係就是父子，但在中國，很多關係是復用的，比如父子往往也是師徒。第三個向量：關係之間的義務性。西方的義務性是偶發的，我今

天跟你一起吃飯，你希望我辦事，我也會辦的，這個是偶發的，對人的約束不強。中國文化當中，這個頻繁發生。我們將關係的強/弱、復用/單用，關係義務的頻發/不頻發三個向量結合起來，把全世界社會資本進行類型劃分。第一大類型就是中國關係網絡和西方的關係網絡。另外一級是弱關係網絡和結構洞網絡，弱關係網絡就是西方一般社會資本的所有代表者，以弱關係、弱互惠、單向聯繫為基礎的社會資本。中間還有其他的級，包括菁英網絡等等，都是在這三個向量中發生變化。這樣，用豐富文化內涵考慮到跨文化的含義，和擴大外延的辦法，就能將中國的「關係」這一本土概念進入到國際的「社會資本」的概念之中，使本土知識能夠國際概念化，能夠讓我們自己的知識有更廣闊的國際理解。

另外，本土知識的國際概念化的重要前提，是承認和接受「國際普世價值」或「人類共同價值」的論點。總結和研討歐洲文藝復興以來國際空間流行的價值觀，包括市場經濟、民主政治、民間社會、個性自由、文化能力、社會資本、可持續發展等普遍接受的人類共同價值，是推動本土知識的國際概念化、中國經驗國際表達的重要任務。

（張焮整理）

域外中國學研究方法論檢討

張西平

北京外國語大學海外漢學研究中心主任

對域外中國學的研究是近三十年來中國學術界國際視野的重大提升，這一研究領域的展開意味著關於中國的知識與學問已經是一個世界性的研究領域，中國學術界必須面對海外同行，在世界範圍內展開自己的研究。本文將討論國內當下如何掌握對域外中國學的研究。

如何確立域外中國學研究的合法性，必須對後殖民主義理論給予明確的回答，必須對所謂的「漢學主義」給予明確的回答。有學者認為，我們展開的對域外中國學或是漢學的研究是自我殖民化，是漢學主義，而且在公開刊物發表文章，這樣的觀點是值得討論的。因為他們認為西方人研究中國是一個殖民主義的產物，漢學本身沒有合法性，如果中國學者再對它進行研究，就更沒有合法性了，中國學者對這些西方漢學家的很高關注是沒有學術意義的。這種看法是錯誤的，首先，他們對漢學的理解有問題；第二，這些學者寫這些文章表達此類觀點時，缺乏對西方漢學史的基本掌握，另外他們專門提出的對美國漢學的看法也缺乏基本常識。

面對域外中國研究的成果，我們應認清其相同性與相異性，站在跨文

化立場上批判性地吸收。應有對歷史知識的基本掌握，建立一種批評的中國學。這種批評的中國學就是站在中國自身的學術立場上，以一種開放的心態跟域外漢學家進行交流。對於他們在自己的文化中對中國文化的一些誤解和解釋，我們應積極地給予回應，並展開積極的對話，因為文化自覺和學術自覺也是一個基本的出發點。我們要持開放和包容的心態，實事求是地對域外漢學家進行肯定和批評，一味的批評和頌揚都是不對的，這是文化立場。應該肯定漢學家積極地研究中國是對的，對於錯誤我們要善意地給予指出，這是學術問題。這也應該是在進行漢學研究時坦誠與漢學家交流的一個重要方面。秉承實事求是的精神，對漢學家也是一個關懷。應緊緊圍繞著當下中國學術的重建，從歷史和現實兩個方面，在知識和方法兩個維度，將對域外中國學的研究納入我們總體的學術進程之中，與其不休止的對話是中國學術發展與自省的力量。

我們跟西方漢學家的對話包括知識和觀點兩個方面，應走出西方漢學研究的模式，重建中國學術的敘述。桑兵先生說，欲知中國學術發展大道何在，應對近代學術利弊得失詳察深究。美國漢學介紹進來以後，對我們有著正、負面的雙重影響。我們有長期的歷史，在中國學術和中國學本身的建樹上，我們應該跟他們展開積極的理論交流，這樣才會使漢學成為一個促進中國學術發展的重要方面。現在中國的知識已經在全世界展開，我們必須給漢學研究予以重視，給予重視的結果不僅僅是翻譯過來，而是與他們展開學術建設層面的對話，對西方漢學崇拜的時代結束了。我們很尊敬他們，但是展開對話的時代開始了。

（褚豔紅整理）

「中國夢」的「世界迴響」

——第五屆世界中國學論壇專家訪談

《解放日報》二〇一三年三月二十四日

「中國道路」的世界意義
——訪第五屆世界中國學論壇專家學術委員會主任、
上海社科院院長王戰

　　如今,「中國道路」既在國內熱議,也吸引著外界的目光。金融危機後,國際學術界有許多人討論「西方能否從中國經濟社會發展中學到什麼」的問題。在越來越多人探尋「中國道路」世界意義的背景下,第五屆世界中國學論壇會否在這方面形成聚焦?

講「道路」比講「模式」更符合我們的主張

　　記者:二〇〇四年五月,英國著名思想庫倫敦外交政策中心發表拉莫題為「北京共識」的研究報告,中國模式開始受到世界關注。本屆論壇以「中國道路」為主線,舉行了三場圓桌會議、八個專題。為何論壇聚焦「中國道路」而不是「中國模式」?

　　王戰:在剛剛結束的全國「兩會」上,我有幸聆聽了習近平總書記的重要講話。講話進一步闡述了「中國夢」的深刻內涵,並強調實現「中國夢」必須要走「中國道路」。與此同時,「中國道路」即中國特色的社會主義發展道路,也是國內外學界的關注熱點,哲學、經濟學、政治學、社會學等學科都能從「中國道路」的研究中找到自己的旨趣和領域。所以,「中國道路」問題,既有重大的現實意義,也有高度的理論價值和國際比較意義。

通常認為，所謂模式是有理論基礎、相對固化的、可推廣的一套體系，而「中國道路」是根據中國的國情、特點、發展階段等通向社會主義現代化和中華民族偉大復興的一條發展路徑，它並非僵化停滯不動的，而是不斷完善的。中國是一個發展中國家，雖然在國家建設尤其是經濟建設方面取得了世界性的成就，有些做法可以被其他國家所借鑑，但不能作為一套模式照搬或完全輸出，我們也不主張模式輸出。講「中國道路」比講「中國模式」更符合我們的主張。

道路自信是對自己內在普遍性價值的肯定

記者：二〇〇八年全球金融危機後，西方許多人開始重新思考以往對中國的認識偏差，而學術界往往是這種轉變的先導。本屆論壇能否在這方面取得一些共識？

王戰：從宏觀層面看，「中國道路」的世界意義，不是像自然科學那樣為世界奉獻出一種新的放之四海而皆準的真理，而是從辯證法的意義上說，體現了每一個特殊性對自己內在普遍性價值的肯定與自信。換句話說，中國道路是在中國國情之根上生長出來的發展道路，體現的是對自己國情、本民族的特殊性的自信。

從具體領域看，世界關心「中國道路」，很大程度上是希望了解中國成就背後的深層次原因，其又能否為其他國家發展中的困惑提供新的視角和解答。例如，經濟學認為，一個國家或地區經濟增長不足百分之二，就可以被定義為衰退，如果是負增長，就可以定義為危機。但中國保持長時間的高速增長，本輪危機發生五年來，中國的增長速度依然達到百分之七點五，這是為什麼？

再比如，有人把「中國道路」表達為威權的市場經濟或政府主導的市場經濟，把西方的經濟制度稱為自由主義的市場經濟。但在經濟危機的條件下，強大的政府加上一個好的政策引導，對克服危機是有好處的。很多西方經濟學家也持有這樣的看法。對這兩種不同的市場經濟模式該怎樣評價？

　　從更廣闊的視野看，一個擁有十三億人口的東方大國，用自己的方式快速化解國內貧困的難題，而未來這個東方大國又將會走怎樣的不同於西方主流國家的發展道路來實現現代化，必然也會引起國際學術界的興趣。

　　本次論壇圍繞「中國道路」開闢出八個專題，裡面既有討論經濟社會發展的，如怎樣應對金融危機，也有討論中國精神的，這不僅僅指愛國精神，還包括時代精神，既有對「中國道路」的縱向脈絡梳理，也有橫向的國際比較，等等。在很多領域，都可能會產生對「中國道路」世界意義的探討。

東方價值：與市場經濟兼容，與傳統精髓相承

　　記者：人們看到，西方器物文化在促進中國現代化進程中的價值，但也深切感受到，其無法在思想和精神價值領域指導當代中國。實現「中國夢」、走好「中國路」，該怎樣構築我們自己的共同價值？

　　王戰：我過去認為，解決中國的問題，只要把經濟搞上去就行了。但實際上，隨著中國經濟社會的全面發展，更需要融會貫通地去觀察中國、思考中國，例如，文化與經濟是什麼關係、社會與經濟是什麼關係、人口與經濟是什麼關係，等等。中國的現代化不只是物質層面的現代化，也必須包括精神文化層面的現代化。

中國文化博大精深、縱橫數千年，是當今世界上為數不多的，能夠一以貫之、從未間斷的文明體系。這種綿延不絕的歷史傳承是中華文化的根基和命脈所在。要有精神文化層面的現代化，形成可以與西方主流價值同等層面對話的東方文化主流價值，路徑之一是對中華傳統文化精髓給予現代化解釋，賦予時代特徵。

幾十年來中國的快速發展，不僅僅是一個經濟奇蹟，不只是經濟總量提升和社會財富增加，也在精神和文化領域取得了巨大成功。這是因為，如此大規模的社會變遷肯定離不開文化傳統、價值觀念和社會制度的系統支持。因此，中國在向世界展現「中國道路」的同時，可以倡導和傳播具有中國特色的「東方文化價值」。這一價值不僅與市場經濟是兼容的，而且與中華文化精髓一脈相承，能夠被國際社會所廣泛接受。

作為與時俱進的東方文化主流價值，需要體現華人社會乃至亞洲國家民眾的性格特徵，建立與西方價值觀同一層面對話的國際話語權。西方價值觀宣揚的自由平等博愛，偏重於強調個人權利，東方文化主流價值既要強調人的權利，也強調公民責任、家國情懷、人的群體性。從這個意義上說，將傳統中的「五常」，即「仁、義、禮、智、信」，轉化為「信、義、仁、智、禮」，並重新解釋，就是秉承我們一貫強調的學習和吸收一切人類文明優秀成果的宗旨，與西方價值觀有共通之處，但也有所區別。

期盼這一平臺為中國提供比較經驗與理論參考

記者：「中國學」的興起，與今日中國之快速發展相伴而生。但當代中國也存在很多發展之「惑」，未來的中國學研究可能會在哪些領域產生出對當下中國發展之「惑」的建設性思想？

王戰：「中國道路」既取得了顯著的成績，也面對著不少困惑。中國的發展之「惑」大致有這樣幾個領域：

一是環境資源的約束問題。國際上普遍認為，未來世界的重要變化是國際金融秩序的改變。但我覺得首先要改變的是生產方式和生活方式。從瓦特發明蒸汽機以來算起到現在的二百多年中，讓發達國家近十億人過上了好日子，他們過的是舒適但高能耗的生活，如每戶家庭有兩輛汽車。但「金磚國家」崛起，涉及三十億人口。如果大家都要過舒適的、高消耗的生活，世界的能源資源能支撐嗎？

二是社會穩定問題。富裕的過程也是大量農民轉化為市民的過程，不同語言、生活習慣、文化水平、思維方式的群體居住在同一座城市，社會秩序如何保持？

三是文化認同問題，即在多元文化中如何形成文化認同和思想共識？

四是國際社會的容納問題。舉個例子，一個人在隊伍中原先排在第一百三十位，現在排在第二，且這個人的個頭非常高大，站在隊伍中，別人會有怎樣的感受？中國發展之後，國際社會對我們看法也會發生變化，對此該如何回應？世界中國學論壇為海內外學者提供了一個零距離感受真實、鮮活中國的平臺，同時也提供了一個從全球視野看中國怎麼發展的平臺。後者包括兩個層面：一是在實踐領域中哪些國際經驗能幫助解決中國的問題；二是在學理層面能否站在一個新的歷史起點為解決中國問題提供比較經驗、理論參考。如果在上述問題上，論壇能形成一些聚焦、產生一些答案，對中國的未來發展大有裨益，對世界的發展也大有裨益。

《新聞晨報》二〇一三年三月二十五日

專訪四位國外權威中國問題研究專家：
世界需要「中國夢」

　　近年來，隨著國際金融危機的爆發，中國經濟的迅速發展，以及在國際舞台上發揮的作用越來越重要，諸如「中國威脅論」等觀點也屢屢出現。西方國家如何看待正在崛起的中國、中國面對全球衝擊時應該有何種心態？在上週末舉行的第五屆世界中國學論壇上，四位國外權威中國問題研究專家接受晨報記者採訪，就上述問題發表了諸多真知灼見。

格拉茨

比利時布魯塞爾自由大學國際關係教授、布魯塞爾當代中國研究所所長

中國經濟成功轉型將惠及世界

　　格拉茨來華訪問已超過八十次，對中國問題和中歐關係都有著獨到的理解。二十三日，格拉茨在參加第五屆世界中國學論壇期間接受了記者採訪。他認為，過去十多年來，中國已成長為一個強大的新興國家，但仍然面臨著嚴峻挑戰。在中國未來發展道路上，最大的挑戰在於國內經濟，即是否能構建一個可持續的經濟發展模式，以及是否能實現從出口主導型國家向消費推動型國家的經濟轉型。「一九九七年首次訪問中國時，我在南開大學講授西方國際關係理論這門課程。當時的課堂氣氛還是很傳統的，所以我講得也比較溫和。」格拉茨說，從那以後，他親眼觀察到中國的高等教育發生了巨大變化，正如中國社會的其他許多方面一樣，「毫無疑

問，現在的中國已是一個強大的新興國家，並且也許是最強大的。」但格拉茨同時也指出，雖然在提升綜合國力方面鶴立雞群，中國在其他方面仍是一個虛弱的國家，面臨著嚴峻挑戰。「經濟是基礎。首先要構建一個可持續的經濟發展模式，才能應對來自其他方面的挑戰。」他進一步分析道，實現中國經濟的成功轉型，對於構建可持續的經濟發展模式十分關鍵。「如何使中國從一個重視出口、通過出口和固定資產投資來推動經濟增加的國家，轉變為更多依賴國內消費推動經濟成長的國家，這將是一個很大的挑戰。」格拉茨強調，成功的經濟轉型不僅對於解決中國國內問題意義重大，對提升中國的國際地位而言也是非常重要的。

「轉型成功就意味著中國市場得到了充分挖掘。那樣的話，不僅中國經濟的自主性可以得到增強，中國市場也將真正成為拉動世界經濟增長的引擎。」格拉茨說。

格拉茨告訴晨報記者，當前，西方國家的影響在減小，新興國家的影響在上升，世界正在演化到一個同舟共濟的狀態。在這種新的治理結構和世界格局中，每一個國家都需要重視他人的觀點、理念、價值、偏好等，相互學習、相互獲益。而中國的發展模式，就為歐洲提供了值得學習的地方。

「我舉個例子，當西方人講到『負責任的治理』時，我們往往就想到自由民主制。但現在我們發現，也許還可以有其他不同的政體類型來實現負責任的治理，比如中國現在的制度。中國畢竟讓幾億人脫貧了，在提高國民教育水平和人均壽命方面，中國也做得非常好。」格拉茨認為，這一事實表明，歐洲人也需要用一種更新的角度去看待原來習以為常的一些原則，共同建立一個新的世界秩序。

他最後談道，中國既是一個發展中國家，又是一個新興大國，這兩種角色會將中國融合成為一個「負責任的大國」。

（記者鐘子娟）

穆罕默德・賈拉爾　巴林外交部顧問、埃及前駐華大使

「中國威脅論」代表冷戰思維

「『中國威脅論』是錯誤的，它代表冷戰思維，冷戰時代人們喜歡用包括核威懾等來震懾對方，因此這種說法是荒謬的。」穆罕默德・賈拉爾首先駁斥了西方國家關於「中國威脅論」的觀點。「從一九七八年中國開始改革開放以後，中國就改變了口號，也就是『和平崛起的中國』，在國際關係中我們也稱為軟實力，包括政治手段、經濟手段、文化手段、溝通手段，但是沒有軍事手段，所以中國發展的最好方式是繼續發展自己的軟實力。」在回答晨報記者提問時，賈拉爾說，他完整聽了國家主席習近平關於「中國夢」的講話，「印象很深刻，這是中國擁抱未來、也變得更好的一個夢想。但是要實現這個夢想不是光靠領導人，領導人只是指揮，還要靠人民，要相信並為之努力，否則夢想就會破滅。」在賈拉爾看來，新一屆黨和國家領導人面臨很大挑戰，要做的工作也很多。首先，是打擊蔓延的腐敗現象，尤其是黨內各級別的腐敗問題；其次，是應對世界經濟危機的影響，出口型經濟是中國發展模式的基礎，出口受到影響，前些年拉動經濟發展的主要引擎也隨著受到削弱；再次，是要調節各階層之間不斷拉大的差距、中國各區域之間的差距，否則將影響社會穩定和社會公平。

（記者彭曉玲）

馬丁・雅克　英國倫敦政治經濟學院高級客座研究員

中國現代化同時還在改造世界

　　二〇〇九年，馬丁・雅克出版的新書《當中國統治世界：中國的崛起和西方世界的衰落》甫一問世，就在西方和中國引起極大的爭議和關注。昨日，專程來參加第五屆世界中國學論壇的馬丁・雅克在接受記者採訪時表示，在《當中國統治世界》這本書中，他的主題思想是，中國將會成為世界上最有影響力的國家，這種影響不僅是經濟上的，也是政治和文化上的。「我的這種思想到現在也沒有改變，不過，中國要實現這一點要花很多時間，中國城鎮化的階段面臨的問題也會更加複雜。可能未來五至七年，中國經濟規模上會超越美國，但是貧困程度還是比美國嚴重，而且在那時中國的政治影響力和文化影響力也是有限的，這一點在今後很長一段時間還會持續。」「當然，放到歷史長河上去看，尤其是把中國和美國、英國崛起相比，中國的崛起是非常迅速的。」不過，馬丁・雅克強調，歷史上英和美國擴張模式靠的是軍事，但對中國來說應該依靠經濟和文化的力量，也就是在國際上互相尊重彼此、互惠互利，而非「以我為尊」的心態。

　　馬丁・雅克分析，從一九七八年至二〇〇〇年，中國轉型對世界影響不大，但是從二〇〇〇年開始這種影響就很大了。這是由於，中國在實現現代化，經濟發展模式也越來越成熟。「如果第一個階段的現代化是關於自己，第二個階段的現代化，中國經濟規模將巨大，而且會繼續增大，這使得中國現代化同時還在改造世界。這意味著中國將需要承擔起巨大的責任，並將面臨巨大的挑戰。中國仍然在適應這一改造過程，中國此時對世界的經驗和知識還極為有限和狹隘，畢竟曾有過長期的與世隔絕狀態。換句話說，一方面，由於歷史和環境的原因，中國的視野仍然相對狹窄，但

另一方面，自身對全球的衝擊又要求中國應當具備世界的胸懷。」「這便是中國人民面臨的巨大挑戰之所在，也是沉重負擔之所在，不僅考驗著領導層，而且考驗著全體國民。還沒有哪個國家曾經面對過如此類型的問題。」

（記者彭曉玲）

多斯-桑托斯　巴西著名政治學家、經濟學家，弗盧米倫斯聯邦大學終身教授，聯合國「全球經濟與可持續發展」課題組協調人

「金磚國家」的發展是歷史必然

作為「依附論」和「全球型文明」的提出者，多斯-桑托斯在接受記者採訪時提到，在全球經濟的下一輪發展中，中國經濟將贏得進一步拓展。中國的巨大國內空間、穩定的政治領導、大膽的改革深化，將使中國能夠充分利用尚存的市場空間，發揮好企業的經營能力。

多斯-桑托斯說，在中國快速邁向世界第一大經濟體的過程中，與生產增長相伴的應該是居民收入的提高。同時，隨著人民幣地位提高，中國將成為世界出口目的地，尤其是大量進口原材料和初級產品。憑藉中國的巨大經濟規模、人口規模、歷史地位、文化傳統、科技潛力，加之成立初期的土地改革和對私人壟斷的消除，中國將能恢復其歷史上的世界強國地位，這一角色中國曾占據了千年以上。

回顧二〇〇八年全球經濟危機，桑托斯說，各種數據顯示，中國經濟並未表現出嚴重的衰退，甚至沒有危機的影子。在談全球經濟時，我們越來越多要考慮中國等新興經濟體的公共政策、失業率等。一個有趣的現像是，國家的動作越來越大，呈現「公司化」的發展模式，尤其中國，國有

大企業數量近幾年連續上升，從一百三十家到現在一百八十家，成為國家參加生產和組織過程的途徑。「國企的力量，正在重塑經濟體的版圖，不僅在實體領域，在能源、通信及公共事業等領域的影響都越來越大。」談到「中國模式」，桑托斯表示，他並不相信什麼模式，應該是一些好的理念或有效的想法。「對中國而言，現在有這麼大一個政黨在領導一個這麼大的國家，這是現實，不是模式。」桑托斯認為，包括中國在內的「金磚國家」發展，是歷史的必然，在資本主義全球擴張、殖民國家開始衰退之後，新興國家逐漸興起，由此在亞洲出現中國、拉丁美洲出現巴西等，形成新的世界政治中心。

中國正經歷一個重要的發展階段，有人會擔心中國正陷入「中產階級收入陷阱」，不過桑托斯說，拉丁美洲在上世紀七〇、八〇年代有嚴重的債務危機，且多是獨裁國家，當時美國是最大的債權國。「債務累計驚人，如借了一千美元，一年百分之十的利息，但到期後無法償還，債務增加到一千一百美元。」桑托斯說，中國與拉美國家不同，貿易順差很大，且外匯儲備豐厚，中國狀況很好。

（記者苗夏麗）

巴西弗盧米倫斯聯邦大學終身教授多斯-桑托斯：
經濟發展不能將世界大部分人口排除在外

上週，以「金磚國家與非洲：致力於發展、一體化和工業化的夥伴關係」為主題的金磚國家領導人第五次峰會在南非德班落下帷幕，金磚國家領導人就金磚國家開發銀行、外匯儲備庫和工商理事會這三大重要議題達成共識，來自中國、俄羅斯、巴西、印度和南非等國家的五千多人出席此次盛會，從而引發全球廣泛關注。這也是金磚國家峰會首次來到非洲。

在二〇〇八年全球金融危機以後，和發達國家經濟的低迷形成鮮明對照的是，包括金磚國家在內的新興市場經濟體發展迅猛，讓全世界都刮目相看。當國際形勢繼續發生深刻複雜的變化、世界經濟復甦面臨諸多不確定因素的時候，「風景這邊獨好」的金磚國家自然被寄予厚望，這也是此次峰會備受關注的重要背景。人們相信，金磚國家之間的友好合作勢必會有利於世界經濟的整體向好。

然而，在人們將金磚五國看作世界經濟政治格局中一股非常重要的力量的同時，也不能忽視中國、俄羅斯、巴西、印度和南非之間所存在著的巨大差異。這些差異自然會給我們理解金磚國家的發展前景構成障礙。

那麼，到底如何來看待這些正在迅速崛起的發展中大國？上世紀六七十年代開始興起的「依附理論」，或可為此問題提供一個理解的框架。二戰後，廣大亞非拉國家先後取得政治獨立；但在經濟上，或是仍舊不發達，或是附屬於西方發達國家，不發達與「依附理論」（Dependency

Theory）由此應運而生。一開始的「古典依附論」傾向於認為，依附國家本身是無法發展的，後來，「依附發展論」發現了依附與發展之間的微妙關係，同時發現，由此走上發展之路的國家不得不面臨經濟結構、社會轉型方面相繼浮出水面的種種難題。

我們也許無法預測金磚五國未來到底會走上怎樣的發展路徑，也不知道諸如「中等收入陷阱」這樣的問題會否成為他們前行的「攔路虎」，但是，「依附理論」至少可以為我們考察這些正努力攜手前行的國家以些許線索。

在第五屆世界中國學論壇舉行期間，「依附理論」的重要代表，巴西弗盧米倫斯聯邦大學終身教授、里約熱內盧國立大學客座教授、聯合國「全球經濟與可持續發展」課題組協調人特奧托尼奧‧W 多斯-桑托斯（Theotoniodos Santos）來到上海發表講演，並接受了本報記者的專訪。

區域化必須在國家間更強有力的合作基礎上才能形成

文匯報：您的「依附理論」主要是基於對上世紀後三十年不發達國家對發達國家的依附現狀所作的分析。隨著全球化的深入，原有的世界經濟體系是否出現了變化？如果是，您又如何看待這些變化？

多斯-桑托斯：全球化讓國際格局更加一體化，關聯度更高，但是，一體化過程中也充滿了各種各樣的矛盾。一體化並不僅僅意味著大家可以在一起工作、生活，還意味著矛盾的增長，這也是目前正在發生的。很多人認為，我們研究的是二三十年前的情況，但其實這些理論在現在這個狀況下體現得更加明顯。

比如，第三世界的角色變得越來越重要。主流的新自由主義認為第三

世界並不重要，但現實正好相反，在世界資本主義發展的同時，第三世界的改革也在向前推進，並且變得更加複雜：像「金磚國家」原本只是經濟學家提出的一個概念，後來這些國家真的形成了一個組織。新自由主義也無法理解人口的力量，以及整個地區性目標所起的作用：如拉美地區的一體化會獨立於政治介入，變得越來越深入。現在發達國家處於危機中。冷戰以後，美國是唯一的超級大國，其他國家也接受了這一現實，但是現在美國的地位正在下滑，他們以為自己還是唯一超級大國的時候，卻在伊拉克和阿富汗的兩場戰爭中損失慘重，現在他們不知道怎麼辦，雖然超級力量應該知道自己該怎麼辦。

文匯報：全球金融危機發生後，一方面，發達國家利用依附體系，很大程度上把危機的後果轉嫁到不發達國家身上，從而使災難更為深重；另一方面，發達國家的經濟增長率下降，而新興市場國家卻發展迅猛，您怎麼看這兩方面的情形？

多斯-桑托斯：在全球金融危機發生之前，人們還在鼓吹自由市場和霸權主義，但迎來的卻是美國霸權的結束。對於如何應對這次危機，美國並沒有做好準備。新自由主義認為，這是一場冒險，壟斷者們試圖說服世界採取自由市場的政策，但世界卻進入了完全不同的方向，所以他們沒有備選方案來應對。很多人認為，我們必須要構建一個新的世界，讓這些在政治和經濟中心以外的國家回到中心來。所以我們要繼續研究，建立起基本的政治要素和行動模型。這不容易，但我相信是可以實現的。中國在其中扮演了非常重要的角色，中國在世界經濟、政治和思想界中的影響力會越來越大。

文匯報：有觀點認為，隨著諸多發展中國家加入國際分工體系，原來

以「中心」和「邊緣」為兩分法的「依附」關係可能會發生某種逆轉。您是否同意這樣的觀點？

多斯-桑托斯：是改變而不是逆轉。這個體系很大程度上在發生變化，當我們來分析這個以「中心國家」、「依附國家」為兩分法的體系時，並不是說它會永遠存在。實際上，它在不斷變化，而變化的方向和邏輯將會越來越傾向於新興經濟體。資本主義體系無視了世界百分之七十的人口，沒有把他們融合進來，而我們不能把經濟發展停留在一個將世界大部分人口排除在外的體系中。

融合的意思是：比如，民主並不等同於所有人都希望成為決策機構的一部分，而是意味著主體性的覺醒，主體們希望融合到整個經濟、政治、社會環境中來。又比如，全球範圍內的媒體雖然並不一定能在所有事情上給出正確的理解，但媒體可以讓人們認識到未來的世界將會更加複雜。身處專制帝國中的人，會對世界其他地方的事情一無所知，甚至會認為自己的生活是唯一可能的方式，而資本主義力量成長起來以後，發達國家的人們越來越認識到信息是非常重要的要素，這也是發展。現在，資本主義體系內的每個人都從某種程度上明白自己的生活狀況是可以不一樣的。但是，與此相對的，另外那百分之七十的人口很明顯仍舊生活在困境中。

文匯報：在這種改變的基礎上，世界政治格局會發生怎樣的變化？

多斯-桑托斯：未來三十多年，世界發展和重塑的趨勢，將會是圍繞特定的一些經濟體，形成更加明顯的區域化格局。當然，區域化趨勢是在更強有力地促成國家間合作的基礎上，才可能形成的。

很顯然，美國試圖保持原有的世界格局。所以，他們依靠自己的軍事實力，不斷干涉他國。但是美國在伊拉克、阿富汗戰爭中所遭受的挫敗顯

示，這一套已經行不通了。我們現在應該秉持的觀點是：人類不能過多地依靠戰爭來解決問題。人類已經不能承受戰爭了，任何戰爭都沒有贏家。二戰以來，美國多次參與地區衝突，但都沒有贏得勝利。相反，參戰導致美國實力衰退。

如果美國一直秉持戰爭理念，那麼在未來幾十年內，對於協調那些如今還能夠勉強支撐起來的全球經濟、政治、文化進程都將是於事無補的。我想，未來的危機或許會非常令人震驚。

經濟發展的動力是由新興經濟體創造的

文匯報：您覺得「依附理論」適用於新興市場經濟體嗎？如果適用，為什麼他們會在全球經濟低迷的狀況下發展那麼快速呢？

多斯-桑托斯：包括金磚國家在內的新興市場經濟體都在增長，實際上，我們處在一個非常複雜的環境中，大多數國家都處於增長中，哪怕是中心國家也沒有負增長，只是增長速度非常緩慢。眼前，我們已經度過了二○○八年那一波金融危機，世界經濟又開始回暖。可以說，新興經濟體正在維持世界經濟的增長趨勢，而且很重要的是，經濟發展的動力是由新興經濟體創造的。所以，如果把全球經濟看作一個整體，就可以看到在這個體系中，二戰後的那種舊的動力正在被一種新的動力所取代，而且這種新動力正在不斷增長。新興經濟體擁有非常強大的國內市場，無論是在需求還是生產、組織、技術方面，都給世界經濟增添了一份新的力量，並會發揮越來越大的作用。對於拉美而言，十年前，中國還不是其最重要的貿易夥伴，但在這十年，中國已經成為拉美最重要的貿易方向。這就是非常重要的變化。

文匯報：在金磚國家內部，由於資源稟賦和產業能級相近，會不會存在某種競爭？

　　多斯-桑托斯：當然，我認為一定會有競爭存在。而且，金磚國家確實也需要競爭。這很正常。但此時此刻，這還並不是一個明顯的問題。

　　中國也是資源和原材料需求大國。中國所需的資源可以從非洲、拉美獲得。問題在於，在非洲和拉美國家，越來越多的人已經逐漸意識到，出口原材料並不是個好主意。他們希望能夠對本國原材料加工後再出口。中國一定要儘快對此作出回應，並不能只考慮購買原材料，也可以購買一些經過加工的產品，這不僅能使非洲、拉美等國獲益，同樣也可以對中國經濟有所助益。

　　的確，這些國家現在尚有很多資源可以開採，但是，資源不可再生，總有一天會開採殆盡。目前，在資源領域的合作上，金磚國家之間的確還存在空間，還存在共同利益。所以，至少目前來看，並沒有非常強烈的競爭關係。

　　在拉美，有一種觀點認為，在工業領域的發展中，中國和拉美國家存在競爭。我們需要討論的問題是，拉美在國家層面的事務上能力欠缺，無力去推進一個有利於促進地區發展的大項目。而且，在與中國就相關問題的談判中，也沒有太多優勢。中國很願意在談及拉美時將其稱為世界經濟力量格局中的重要一極，這不僅有利於中國和拉美更廣泛的合作，且至少現在來看，拉美還非常落後，需要中國的幫助。

　　拉美自身是否有優勢呢？隨著種族問題的消解，如今拉美國家正在南美洲國家聯盟（USAN）內部討論有關原材料、經濟發展以及區域規劃、地區公共政策等問題。而這種規劃，在我看來是拉美地區和中國談判時的

一個重要部分，可以促進金磚國家內部的共同發展。中國也應該很願意對此做出貢獻。拉美國家有著複雜的過去，且經濟活動中的承受能力也比較弱。比如在新自由主義經濟政策主導下，拉美國家或許在短期內可以獲得經濟規模的增長，但同時也會付出失業率上升的代價。

所以，拉美有自己的問題。當然，拉美國家現在也在積極重塑自身。拉美國家在積極為新的全球經濟社會格局作出貢獻。在這個過程中，拉美國家對於「區域」重要性的理解也在迅速提升。

文匯報：金磚國家基本上都是大國，這種大國意識會否妨礙合作的進一步深化？

多斯-桑托斯：如果金磚國家仔細審視自身和彼此，就會發現，過去幾十年裡，金磚國家在本國生產方面也有相似的問題。這些國家現在必須清楚，什麼是可以預先規劃的。如果繼續容忍經濟發展中市場化手段所帶來的問題，就會繼續導致爭端。而如果這些國家能夠保持基本政策的持續性，那麼就可以倖免於難，且迎來更大的發展。因為單純的市場手段並不能解決國家經濟發展中的問題，相反會增加人類之間的隔閡。

我們需要努力的是，如何解決世界上百分之七十的人口被排除在主流世界以外這個問題。發展中國家的確落後，但是都在努力改變。他們希望成為世界的一部分，不僅在政治上積極參與，而且也希望在日常生活中融入到全球一體化進程中。

此外，犯罪率上升也是亟待解決的問題。世界上有組織犯罪力量的擴張，會傷及國家在經濟發展中的承受能力。而犯罪率上升，往往是因為缺乏讓邊緣人群積極參與國家經濟社會發展的有效途徑。如果這種情況繼續下去，會成為發展中國家的消極因素之一。目前世界上一批有識之士認

為，應該控制和引導某些不穩定因素，而不是直接予以摧毀。

新的發展必須尊重舊的文明

文匯報：「依附發展」（dependent development）學派提出在依附與經濟增長之間存在複雜的關係。依附到底能否帶來發展，如果能，條件有哪些？

多斯-桑托斯：如果金磚國家可以對世界的實體組織產生決定性的影響，對世界經濟的依附就應該會越來越少。如果金磚國家未能影響世界，那麼就不僅會把金磚國家，而且會把所有第三世界、不結盟運動國家（NAM）和南南合作國家都帶入可怕的無序狀態。因此，所有這些原則必須成為架構世界邏輯的一部分。我們正在為此鬥爭，應該還是有一定的成功可能性。重要的是，如果我們失敗了，整個世界都會受到影響。

文匯報：您是否可以簡要評價一下包括您在內的諸多理論家所提出的「依附性發展」理論？

多斯-桑托斯：我們的學術界曾經因軍政干涉而遭到破壞，我們需要時間來重組學術界。因為學術界不僅要批判性地思考世界，也要滿足國家部門的需求。這是學術界的兩種功能。但一旦致力於滿足這樣的需求時，人們就不會非常具有批判性了，也不想具有批判精神了，而只是為了這個體制服務。當然，要改變人們的想法是很難的，因為很多人也都是宣傳灌輸的受害者，即便在學術界也是這樣。但是，如果你並不能理解、解釋正在發生的變革，固然也可以進步，但進步的步伐會小得多。

中國正在走向進一步的開放，試圖發展出對世界的一種更複雜、更有機的理解。這不是一件容易的事。我認為你們正處在改革的最佳時機，也

具有相當大的改革能力，當然壓力也不小。有種種有利因素也許並不能一定保證成功，因此，必須深入探討如何才能具有批判性的思想能力。現在，學術界還未能適應目前世界局勢的複雜性。儘管美國學術界也能夠就此話題開展一些對話，但主流思想還是非常缺乏批判精神。歐洲也是，歐洲人只想著自己，但其實世界已經往另一個方向去了。

我們的理論在上世紀八九十年代還是具有很強影響力的，現在到了二十一世紀，是重新思考的時候了，但要重新發揮指導性的作用還是有點距離。我們在不斷改進我們的理論，但現在還是不太完善。

文匯報：「依附理論」也提出，雖然依附帶來了短期發展，但從長遠看，持續依賴中心地區的市場、資本和技術會造成抑制發展的力量，使發展中國家處於不利地位，造成發展中國家國內經濟的結構性畸變。如果產生了這種結構性畸變，有沒有解決方案？

多斯-桑托斯：應該大力發展新技術。現在的各類研究已經從純粹的、形式化的知識轉變為更實際、與世界聯繫更緊密的知識。這樣的趨勢下，我們有可能將技術運用到發展中國家。

中國就是一個很好的例子，中國正在朝這一方向拚命努力。我想中國會成功，因為中國有五千年的知識積累，可以整合新的知識、科技。拉美同樣也有非常強的傳統資源，我們的知識基礎也可以讓我們很快地掌握這樣的科技。一旦我們擁有了技術，就可以對其自由運用，而不用從屬於那些擁有發達科技的國家如美國、歐洲、日本。當然日本也是一個很好的例子，說明一旦你掌握了最高技術，就不用再依附其他國家發展。

現在，巴西、阿根廷、墨西哥和其他拉丁美洲國家也在朝這一方向努力。拉丁美洲在五千年前有很強大的文明，有宏偉的建築和發達的生產體

系。拉美文明後來被歐洲人破壞了，但是現在我們正在建立起新的社會組織和經濟，並且更加尊重人性和差異性，更加尊重不同社群及他們的想法。

我們生活在拉美的人要理解世界、理解社會組織、理解現代化的進程，不能像美國和歐洲那樣發展，發展必須成為既有文明的一部分，新的發展必須尊重舊的文明，整合所有好的知識和經驗。

文匯報：也有人提出，依附性發展的結果是，參與其中的菁英人物們受益很多，卻把普通大眾排除在增長帶來的好處之外。我們是應當指望菁英階層來拯救普通大眾，還是應該寄希望於政府來扮演這一角色？

多斯-桑托斯：指望菁英階層對人民來說太可怕了。你知道非洲現在的情況嗎？現在世界銀行控制著非洲，想把非洲人民帶到市場體系中去，但其實他們在市場里根本什麼也做不了，因為他們的產品根本沒法在這樣的市場裡競爭。那麼結果是什麼呢？非洲人被強迫進入大城市，卻在裡面無所事事。而歐洲和美國是如何幫助他們的呢？他們給這些掙扎中的人們的那些援助，是來幫助他們發展自己嗎？這樣的援助對人民其實具有毀滅性的作用，它幫助的是政變上臺的軍政府，是世界銀行、IMF 以及這些大型國際組織在那些地區的部門領導。這樣的援助更加強化了依附，讓欠發達地區更加落後。欠發達地區並不是從來就是這樣的，它們之所以成為欠發達地區，是因為資本主義帶來了新經濟。現在的這些援助實際上有助於維繫依附的現狀。要指望所謂菁英階層，絕對不是解決的辦法。

我覺得解決之道是給這些人以工作，讓他們參與到經濟活動中來。

（記者田曉玲）

《東方早報》二〇一三年三月二十五日

「中國的崛起會不同於美國」
馬丁・雅克昨接受媒體採訪談中國未來的世界角色

英國學者馬丁・雅克昨天上午才趕到上海，來參加第五屆世界中國學論壇的閉幕演講，今天上午他還將在《文匯報》報社做題為「假如美國成為世界第二」的專題演講。在昨天下午的閉幕演講開始之前，馬丁・雅克接受了上海媒體的訪問。在採訪中，馬丁・雅克儘管強調中國和平崛起的成就，但他同時認為中國還未做好準備成為世界的領導者，「因為中國還處於現代化初級階段」。

六十七歲的英國學者馬丁・雅克是英國倫敦政治經濟學院高級客座研究員，並長期為英國媒體撰稿，他一年中的大部分時間都在亞洲度過，他的太太是位馬來西亞人。二〇〇九年，他撰寫的《當中國統治世界》成為世界暢銷書，也曾在中國翻譯出版，在這本書中，他提出中國不是民族國家而是文明國家的概念，並認為隨著中國崛起，中國必將影響世界的未來。在《當中國統治世界》和他在英國《金融時報》的專欄中，馬丁・雅克為中國經濟發展模式和政治模式叫好，讚賞中國文化的獨特性。在過去的研究和著作中，他認為必須通過過去來理解中國的未來，以中國為主導的世界格局將會與當前美國主導的世界格局非常不同，馬丁・雅克時常提醒西方政治家要做好準備應對中國的崛起，提醒西方人不要再對中國充滿無知。

「中國會和美國不一樣」

在昨天的媒體採訪中，馬丁・雅克首先就對記者表示，不要對他書中的「統治」一詞感到恐懼，他說，「不應該按照我的書名字面意思來理解，標題是『當中國統治世界』（When China Rules the World），但是從來沒有哪個國家統治過世界，在未來也不會有哪個國家能統治世界。『rule』在英語當中是個比較常見的表達。」

儘管對書名問題一次次地進行了澄清，但馬丁・雅克昨天說，這本書出版於二〇〇九年，但這本書的主題思想沒有改變，「中國將會成為世界最有影響力的國家，影響力不僅僅體現在經濟上，還在政治和文化上。」馬丁・雅克樂觀估計，在未來五至七年，在經濟規模上，中國的經濟總量可能超過美國，「即便那樣，中國依然比美國貧窮，中國的政治和文化影響力可能還是比不上美國。但放到歷史長河中，中國的崛起非常迅速，尤其是把中國的崛起和英國、美國的崛起相比較，中國的速度快多了。」

馬丁・雅克認為，中國接下去的現代化階段應該比上一個階段更為複雜。在馬丁・雅克的分析中，從一九七八年到二〇〇〇年，中國的轉型對世界的影響並不大，中國的影響力本身非常有限，但從二〇〇〇年以來，這個局面明顯發生了改變。從現在到二〇三〇年這個階段，中國的現代化主要體現在城市化，經濟發展模式越來越成熟，科技創新方面投入更多，與此同時，中國的現代化將對世界產生更大的影響。「在現代化第一個階段中，中國的現代化關乎於自己，第二個階段，中國的現代化一方面和自己有關，同時也在完成對世界的影響。」

中國的和平崛起會對世界產生什麼影響？這是馬丁・雅克這幾年一直考慮的問題，從政治、道德、文化等方面中國已經做好成為世界領導者的

準備了嗎？「答案是否定的。」馬丁・雅克說，「因為中國還處於現代化的初級階段，在未來，中國的經濟規模如果達到美國經濟規模的兩倍，到那個時候，中國人可能具有一種全球意識，中國人成了全球或世界的中國人。這種心態不僅發生在上層，而且發生在每個普通中國人身上。」但馬丁・雅克提醒中國人，和世界互動不是只和西方對話互動，「也不只是和我們這種白人打交道，白人占世界人口只有百分之十五，我們是正在消失的少數民族，中國必須立足於一種世界交流。」

從西方人的角度看，絕大多數西方人對中國的了解極為有限，非常少的人能懂中文，馬丁・雅克說，「他們對中國是無知的。隨著中國的崛起，世界其他地方多少會有些中國化。之前的二百年是西方化，世界各國主動或者被動地西方化，到目前為止，西方世界還是占據上風，但在未來，多少會受到中國的影響。」馬丁・雅克說，「中國要承認互相尊重，互相依靠。中國要意識到，不僅要有所得，還要有所付出。我相信，中國的崛起會不同於美國。中國人總是驕傲於自己的歷史，這種心態並沒有因為二百年西方主導世界而有所削弱。中國在未來扮演什麼樣的角色，我相信，中國會和美國不一樣。」

不只是中國「例外」

在《當中國統治世界》一書中，馬丁・雅克用文明國家來形容中國，捨棄了西方政治概念中常用的民族國家一詞。昨天，馬丁・雅克解釋說，「我對中國的認識是，它是一個民族國家，但我更喜歡用文明國家這個詞。」馬丁・雅克認為，作為文明國家的中國，在未來的現代化進程和全球化進程中，依然能保持自己的國家身分認同。「全球化肯定在某種程度

上削弱了身分認同，但同時創造了新的身分認同和歸屬，很多溝通與交流已經跨越國界。」馬丁・雅克說，「過去二百年，歐洲主導了科學等新思想的發展，西方現代化使很多文明傳統陷入危機之中。這會對中國有什麼影響？我想中國人將更具有全球意識，同時中國人始終保持自己的中國人身分，這是因為深受植根於中國幾千年文明的影響。」

「文明國家」概念的提出，讓讀者認為，中國在這個世界上是個例外。在中國國內，也有相當部分學者在談論中國政治轉型的時候，用「例外論」來解釋目前的政治制度。但馬丁・雅克認為，「中國肯定是不同的。但不只有中國是例外，很多國家都是例外，從民族、文明和歷史的角度看都不同，比如印度、伊朗和土耳其。說中國是例外，因為中國很大，它在崛起中。中國是不同，但不只是中國不同，很多國家都不能用歐洲民族國家的模式去套用，所以連美國都是例外。鄧小平的一國兩制，絕對不是傳統民族國家的解決方案，所以我說，中國是文明國家而不是傳統民族國家。」

在昨天的採訪中，馬丁・雅克也對中印的崛起分別做了比較，他認為，只要中國內部不發生重大變化，印度在未來超過中國的可能性基本不存在，但他認為「中印要互補」。

（記者石劍鋒）

埃及前駐華大使：阿拉伯無春　中國人有夢

新華網上海三月二十三日電「『阿拉伯之春』並不存在。」參加第五屆世界中國學論壇的埃及前駐華大使、巴林外交部高級顧問默罕默德‧賈拉爾說。

由國務院新聞辦公室和上海市人民政府共同主辦、為期兩天的以「中國現代化：道路與前景」為主題的第五屆世界中國學論壇二十三日在上海舉行，近三百名中外中國學專家學者和意見領袖出席了本次論壇，探討未來中國與世界的共融相濟、合作發展之道。

「我不同意『阿拉伯之春』的說法，這是西方媒體炮製的詞。春天是生機勃勃，溫暖花開的時候，而突尼斯，埃及等國發生的事情和動亂、不穩定、不安全和經濟凋敝聯繫在一起，不能稱為阿拉伯國家的春天。」賈拉爾說。

「所謂的『阿拉伯之春』把聚焦的重點放在了反抗的人群身上，卻沒有看到人民整體的利益，重點放錯了，」賈拉爾先生說，「阿拉伯世界的人民儘管心懷著希望，卻並沒有看到真正的春天。」

在談到習近平主席提出的「中國夢」時，賈拉爾說：「中國夢是把未來中國變成更好國家的夢想。中國夢是屬於中國老百姓的，而不只屬於領導層，這個夢想充滿希望。」

在演講中，賈拉爾先生反覆提到了中國的發展模式。拉賈爾認為，中國的政治、文化、哲學的發展演化始終離不開和諧、共識、共存這些概

念。中國更樂於通過商貿、投資與文化建立軟實力，發起建立許多機制，比如中非、中阿合作論壇，目的在於探討共同立場，避免國際衝突與戰爭。中國模式值得研究，其經驗與長處值得學習。中國模式是全球化與自身發展的融合結果。

賈拉爾還特別指出，中國的幹部監管流程不同於西方的「投票箱」，共產黨幹部在擔任職務之前都要經歷漫長而複雜的選拔與提升，這保證了任何人在獲得重要的職位之前，都已經得到了種種歷練，這便能確保每個重要崗位的任職者都是菁英人才。而所謂的「阿拉伯之春」卻最終投出了一些並不懂得民主真意的派別，甚至有些根本就不信民主，這樣一來，一旦掌握權力，真正建立起來的便是最可怕的獨裁。

（記者李小雨）

《解放日報》二〇一三年四月十日

中國經濟有能力適應「換擋」前行
——訪日本野村資本市場研究所首席研究員關志雄

國務院發展研究中心有關負責人近日表示，歷經三十多年高速增長後，中國經濟正在轉入次高速增長區，拐點大概出現在二〇一五年。這一新「拐點論」意味著中國經濟「換擋」前行的任務更為緊迫。

近兩三年，隨著中國經濟增速放緩，國際上對於中國經濟的一些負面猜測也隨之而起，有人擔心會出現經濟危機，還有人憂慮，中國經濟轉型不成反而可能會出現產業空洞化。中國經濟能否適應「換擋」前行？

在第五屆世界中國學論壇舉行期間，本報記者就上述問題採訪了前來參會的日本野村資本市場研究所首席研究員關志雄。他曾撰寫《中國第一》一書，預測二〇二六年中國經濟總量將超過美國，引起海內外熱議。他還多次通過對中國經濟的客觀分析，針對海外尤其是日本的「中國威脅論」予以反駁。

增速放緩無須過慮，中國經濟占世界經濟的份額會繼續上升

記者：現在，對中國經濟未來走勢眾說紛紜：有樂觀者稱，中國經濟可以持續十年百分之八的高速增長；有謹慎者說，中國經濟將保持百分之六的增速。您曾從國際比較的視角，預測中國 GDP 將在二〇二六年超過美國，當時引起了海內外的熱烈討論。這一預測是怎樣得出的？您如何看待未來中國經濟走勢？

關志雄：十年前中國經濟總量僅相當於美國經濟總量的百分之十左右，現在該數字已經超過百分之五十，這說明中國經濟的高成長性。判斷中國 GDP 何時超過美國，關鍵在於中國經濟增長速度和人民幣匯率今後的走向。

在考慮中長期增長率時，勞動力、資本、全要素生產率對其貢獻至為重要。一九九五年至二〇一一年，中國 GDP 年均增幅為百分之九點九，可以將此看作是當時中國經濟的潛在增長率。從供給方面來看，百分之九點九的潛在增長率可以分解為三個部分：勞動投入量擴大的貢獻度為百分之零點七、資本投入量擴大的貢獻度為百分之五點三、全要素生產率提高的貢獻度為百分之三點七。隨著時間的推移，未來這三個部分也會發生相應變化：就勞動投入量擴大的貢獻度而言，基於未來中國的勞動力投入量逐漸會從增加變為減少，該數字會減少甚至成為負數；就資本投入量擴大的貢獻度而言，目前中國經濟投資占 GDP 比重接近百分之五十，相比發達國家的百分之二十左右、新興國家的百分之三十左右而言，該數字已經非常高了，加之投資回報率也在下降，所以資本投入擴大的貢獻度只會減少而不會增加；就全要素生產率提高的貢獻度而言，後發國家追趕發達國家的一個有利之處是後發優勢。從恩格爾指數、農業占 GDP 比率、嬰兒死亡率、人均電力消費量、平均壽命、人均 GDP 等來看，中國與發達國家還有很大差距，但隨著差距縮小，中國能享用的後發優勢也會減少，提高全要素生產率的難度增加，這就必須依靠轉變發展方式來提高。因此，未來中國經濟的潛在增長率會有所下降。

至於人民幣走向，二〇〇九年，我曾以人民幣匯率每年上升百分之二為前提來推算，但實際過去幾年匯率上升的速度更快。因此，我對中國

GDP 何時超過美國進行了重新推算。若考慮標準情況，即增長率在二○一三年至二○二○年為百分之七、二○二一年至二○三○年為百分之五、二○三一年以後是百分之四，假定美國平均增長率為百分之二點五，再加上人民幣匯率每年上升百分之二，中國 GDP 會在二○二四年超過美國。若考慮樂觀情況，即增長率在二○一三年至二○二○年為百分之八、二○二一年至二○三○年為百分之六、二○三一年以後是百分之五，再加上人民幣匯率每年上升百分之三，中國的 GDP 則會在二○二○年超過美國。

總之，對中國經濟增長率下降無需過分擔憂。一國對世界經濟的影響力取決於該國經濟占世界經濟的比重。只要中國經濟增速快於全球經濟增速，中國經濟占世界經濟的份額將會繼續上升，中國的人均 GDP 也會越來越接近發達國家的水平。

要改變為維持就業而不願放棄低附加值產業的傳統觀念

記者：《中國第一》是二○○九年出版的。時隔四年，當時支撐「中國第一」的那些因素，現在是否還存在，有沒有變化？近幾年來，世界籠罩在經濟危機的陰影下。您認為，中國會發生經濟危機嗎？

關志雄：二○○九年正處於世界金融危機，當時世界上對中國經濟的悲觀論調很多。但我認為，中國經濟在很多方面已表現得相當出眾。如中國粗鋼產量當時已達世界第一，在以貿易為主的經常收支盈餘、外匯儲備、美國國債持有量等方面，中國也開始位居世界第一。今天中國經濟在上述領域依然保持「第一」的位置，並有更多領域也在逐漸成為「第一」，如去年中國的貿易總額成為全球第一。

近幾年，中國經濟也出現了一些基礎性的變化。其中一個非常重要的

變化是「劉易斯拐點」的到來。這導致中國潛在經濟增長率的下降，但也會促使政府改變為了維持就業而不願放棄低附加值產業的傳統觀念，並有利於產業結構的進一步升級。

近些年，國際上確實有不少人擔心，中國經濟增長率從過去的百分之十下降到現在的百分之八或百分之七，會不會掉得太厲害。

這種擔心的背後是對中國經濟的關注，而這與中國和世界經濟關係緊密性的日益增加以及中國經濟對世界影響力的不斷增強密不可分。從國際貿易來看，中國正日益成為很多國家最大的貿易夥伴。以中日貿易關係為例，從二〇〇九年開始，中國成為日本最大的出口國。因為中國的貿易總額及其增長率遠遠高於日本，所以日本對中國的貿易依賴度越來越高。中國也已經成為俄羅斯、印度等新興國家最重要的貿易夥伴。對華貿易比重的不斷增加，必然會使這些國家關心中國經濟的走勢。所以，關心也好、擔憂也罷，很大程度上是因為中國經濟的穩定健康對這些國家來說越來越重要。

就經濟危機而言，我認為，概率很小。近一段時期，中國經濟出現增速放緩，但增速放緩並不等於會出現經濟危機。從中長期來看，增速放緩有幾個方面的原因，一是潛在增長率下降等結構因素。有跡象顯示，中國經濟已經達到了「劉易斯拐點」，這標誌著在經濟發展過程中實現了充分就業，也意味著農村過剩勞動力的消失。二是本輪全球經濟危機後世界經濟持續不景氣。從短期來看，二〇一三年，中國經濟增速持續放緩的態勢會得到改變，並正在邁向復甦。「危機論」始終時隱時現，主要是因為，現在海外投資者比較擔心中國經濟中存在的幾個潛在風險：一是房地產泡沫風險，房地產業與金融系統關係密切，一旦泡沫破裂，對中國經濟乃至

全球經濟打擊都很大；二是包括融資平臺在內的地方政府性債務風險；三是「影子銀行」的風險。如果上述潛在風險都成為現實，可能會導致經濟危機。

對未來中國經濟而言，需要關心上述潛在風險能否被有效化解，但更關鍵的是經濟結構轉型和產業結構升級。後者對中國經濟健康持續發展更為重要。

不要片面判斷產業空洞化，國內版「雁型模式」正在形成

記者：部分學界人士有一種擔憂，即國內有的地方經濟大張旗鼓騰籠換鳥、轉型升級，但結果卻是低附加值的傳統製造產業轉了出去，高附加值的新型產業引不進來，引進來也難以留住，從而導致所謂的產業空洞化的態勢。在人口紅利漸失，勞動力成本、資源約束較其他發展中國家已沒有多少優勢的今天，中國經濟能否適應「換擋」前行？

關志雄：中國經濟能否適應「換擋」前行，很大程度上取決於經濟結構能否順利調整以及經濟改革的順利推進。

在我看來，中國經濟轉型其實已經出現一些端倪：

比如，國內版「雁型模式」初步形成。在亞洲，過去勞動密集型產業轉移的路徑是：日本─「四小龍」─東盟─中國。現在隨著勞動力價格的上漲，中國勞動密集型產業國際競爭力開始下降，未來此類產業是否會從中國轉移出去，轉移到哪些國家，或是從東部沿海地區轉移到西部，會對很多發展中國家產生重要影響。二〇〇七年起，中國內地經濟增速就開始快於沿海地區。起初，大部分人認為「西高東低」的增速變化只是全球經濟危機帶來的短期現象，而不相信其可以持續。但如今，「西高東低」的

增長格局已經基本確立。這說明東部沿海地區的過剩產業、被淘汰產業，只是部分轉移到國外，還有一部分轉移到中西部地區，中國經濟內部呈現出「雁型模式」。認為中國經濟出現產業空洞化的看法，其實是只見樹木、不見森林。而對東部地區而言，只有轉移過剩產業，才能更好地解放勞動力和土地，實現「騰籠換鳥」。這既有助於縮小東西部差距，也給中國經濟帶來了持續的增長動力。

再如，產業結構已經開始升級。如今，海外對中國經濟的印象依然是大量印著「中國製造」標記的廉價產品，將「中國製造」等同於低端生產。但實際上中國已經進入重工業化時代，附加值更高的汽車產量已經高出美國一倍，過去十年，中國重工業占工業生產的比重上升了十個百分點，超過百分之七十，換句話說，「中國製造」已開始從低附加值端向高附加值端移動。在過去的三十年間，中國的比較優勢是勞動密集型產業，但是經過改革開放，中國的比較優勢開始轉移到附加值更高的重工業領域。政府政策的優先順序也發生了變化，從解決就業轉向提高生產率。提高生產率的舉措除了創新之外，還包括勞動力向更有效率的部門轉移，例如，從農業向工業轉移、工業內部的產業升級等，所以，從低附加值生產轉向高附加值生產本身就意味著效率的大幅度提高。

未來要做好以下幾點：

一是創新。中國與發達國家之間存在差距，說明中國依然擁有以低成本從海外引進技術的後發優勢。與此同時，中國也應逐步增強自主創新能力。不少人問，中國企業為什麼不搞研發？其實除了引進海外技術成本更低之外，還有知識產權保護力度不夠的因素。換句話說，自己研發出來的技術很容易被抄襲，自然不會有人願意去研發。因此，要真正推動自主研

發和高科技產業的發展，就必須大力加強知識產權的保護。此外，附加值越高的產業，對知識產權保護的要求越高，中國產業結構升級也需要加強知識產權保護。

二是城鎮化。在城市，要加強城市建設、促進外來務工者市民化；在農村，則要解決進城農民的土地問題，例如實現土地的流動。

三是提高消費占 GDP 的比例。解決消費不足的宏觀問題不能靠微觀方法來解決。換句話說，中國消費要提高，僅靠補貼買家電、汽車是不夠的，這只能導致用一個消費代替另一個消費，打個簡單的比方就是，買了汽車就不買其他東西了。而根本的解決途徑是，調整家庭收入，尤其是勞動收入占 GDP 的比重和縮小收入差距，從而提高居民消費僅占 GDP 百分之三十五的比例。

（記者李小佳）

俄羅斯科學院遠東研究所資深研究員羅曼諾夫：
中俄共同的夢：和平與發展

昨天，在滬開幕的第五屆世界中國學論壇上，與會的俄羅斯科學院遠東研究所資深研究員亞歷山大・羅曼諾夫接受了本報專訪。

記者：您認為中國夢的支點是什麼？俄羅斯也在致力現代化，中俄「圓夢」有共同的支點嗎？有西方媒體認為中國夢就是「中國在亞太地區稱霸」，您認為呢？

羅曼諾夫：普京總統不像習近平主席那樣，具體言明「俄羅斯夢」是什麼。但我想，中俄最基本的「夢」是一樣的，就是和平與發展之夢。具體而言，習主席認為中國夢是實現中華民族的偉大復興。而在我國，經濟發展的速度急需加快，經濟狀況有待改善。因此，民生問題、為老百姓創造更美好的生活，也是中俄一個共同的夢。

西方的一些提法毫無依據。中華人民共和國從成立起始終奉行不稱霸的政策。學界很重視中共「十八大」提出的「兩個一百年」目標——建黨一百年即二〇二一年建設更高水平的小康社會；建國一百年即二〇四九年使中國人均 GDP 達到中等發達國家水平，基本實現現代化。也就是說，中國需要至少四十年的和平環境，來協調、解決好自身發展問題。這四十年如順利協調矛盾、保持經濟高速發展，對中國來說就是抓住了戰略機遇期。

記者：普京總統去年提出俄外交工作要重視「軟實力」，您如何看俄

羅斯的「軟實力」？中俄在「軟實力」方面有何異同？

羅曼諾夫：我們兩個民族有共同的發展目標，所以用的手段也很類似。普京總統特別強調，軟實力應該是促進民族間交流的「合作手段」，而非干涉別國內政的「陰謀手段」。中俄對「軟實力」的理解完全一致。

中國現在有「中國威脅論」的困擾，俄羅斯也在國際上碰到「俄羅斯威脅論」。中國應對「中國威脅論」的經驗對俄羅斯非常寶貴。另外，中國的孔子學院在俄羅斯發展得很好，俄羅斯非常重視這一經驗，想以此為鑑大量向國外宣傳俄羅斯語言文化。由此可見，中俄在「軟實力」上相互學習的機會非常多。

記者：中俄人文交流與合作具有何種意義？

羅曼諾夫：中俄合作的特點在於，兩個相互毗鄰的國家對於彼此文化、傳統，特別是哲學、文學、世界觀、價值觀都有清楚的理解，這有助於雙方做出更為準確的判斷，促進政治、經濟等其他領域的順暢合作。因此，人文交流對推進兩國各領域的全面交流大有裨益。

（記者張全）

後記

二〇一三年三月二十三日至二十四日，第五屆世界中國學論壇在上海成功舉辦。這屆論壇以「中國現代化：道路與前景」為主題，從經濟、政治、社會、文化、生態、國際體系、價值觀和中國學學科等八個領域，全面深入展開討論。約一百二十位海外學者和一百四十位中國大陸學者就三十五個相關議題提出不同觀點並熱烈交流。這反映了國際社會對中國現實熱點的高度關注。

本屆論壇的籌備過程恰逢中共十八大召開前後，「中國道路」成為論壇主題詞，得到各國學者的響應和認同。在本屆論壇召開之際，正值「兩會」閉幕，「中國夢」概念成為國際輿論熱點，也隨之成為論壇討論的焦點。與會各國學者從理論和實踐的不同層面，從國際和國內的不同視角，概括中國道路的規律和特點，剖析中國道路面臨的機遇和挑戰，集中探討「中國夢」在各個領域的實現條件。他們提出一系列具有前瞻性的理論創新和對策建議，其中有些觀點在國內外學術界具有領先地位甚至首創意義。

世界中國學論壇最早提出並演繹「中國夢」。在二〇〇六年第二屆世界中國學論壇上，原中共中央黨校常務副校長鄭必堅就發表了題為「中國

路、中國心、中國夢」的主旨演講。前四屆論壇的主題詞分別是「和而不同」「和平和諧」「和衷共濟」「和合共生」，以「和」為核心理念展開中國與世界的互動關係，探索「中國道路」和「中國夢」的深刻內涵。在前四屆的基礎上，本屆論壇深化對「中國夢」「中國路」「中國心」的內涵演繹。

什麼是「中國夢」？面對國際社會的好奇與探尋，我們的回答是，它是近代以來中國人追求富強、民主、文明、幸福的精神動力和理想境界。過去三十多年，中國抓住歷史機遇，實現了社會生產力高水平的跨越，形成中國特色的社會主義制度體系。如旅歐華人學者張維為所指出的，中國形成了一套保證社會綜合發展的「發展管理學」。香港中文大學教授王紹光和中國社科院信息情報研究院院長張樹華等學者也談到，中國發展道路的歷史經驗已超越了「民主－專制」、「西方－非西方」的兩極對立思維模式，探索因地制宜的治國之道，將為當今國際社會提供非凡答案。

世界需要一個怎樣的「中國夢」？在英國學者馬丁‧雅克看來，「中國夢」就是實現中國的現代化目標，目前中國現代化才走過一半路程，而未來二十年轉型的中國將對世界產生強大沖擊。而比利時學者古斯塔夫‧格拉茨則指出，隨著中國的影響力遍及全球，發達國家與發展中國家間的相互依存關係將出現新格局。由此可見，「中國夢」預示著中國與世界全新的互動關係，推動構建新的世界體系。正如埃及學者穆罕默德‧賈拉爾所指出的那樣，世界期待的中國，是不追求以軍事手段建立霸權或擴張勢力範圍，也不輸出其理論或制度，而善於與各國求同存異、以同消異，通過商貿、投資與文化等軟實力建立與各國的共同利益。

「中國夢」應如何面向世界？印度華人學者譚中等認為，「中國夢」

的基本動力是中華文明「家園」精神，始終離不開和諧、共識、共存等理念，儒、釋、道多元文化共存是中國哲學的特徵。弘揚中華文化、吸收人類精華、凝聚全民共識、構建核心價值，這是「中國夢」的精髓所在。「中國夢」的提出，不僅是為了推動建立中國的國際話語權，提升中華文化主流價值的國際影響力，更是為了構建面向世界的中國文化，推動解決人類的共同難題。改變中國與西方的軟實力對比。正如美國華人學者劉康所指出的，「中國夢」是從傳統文明大國變為現代化世界強國，以儒家為主導的傳統文化與世界各國的現代文明相結合，與各國構建「利益共同體」乃至「價值共同體」。

如何實現「中國夢」？我們應該清醒地認識到，儘管「中國夢」面臨難得的歷史性機遇，但是仍然面臨著諸多挑戰和危機。俄羅斯學者羅曼諾夫認為，「中國夢」的關鍵在於軟實力的內生動力。中國在這方面還要克服很多障礙，如低效、扭曲、信息不對稱等。美國學者沈大偉則指出，儘管中國已經認識到國際形象和軟實力是「中國夢」的組成部分，但是在國際形象構建方面，如何向世界推銷「中國夢」仍存在諸多困難。

短短兩天的論壇，深化了國際學術界對中國問題研究的本質探索，凝聚了中外輿論對於中國未來趨勢的共識認同，更留下了許多意猶未盡的思考。與會各國學者認為，「中國夢」引領下的「中國路」是獨立自主之路、改革開放之路、轉型創新之路、和平發展之路。未來「中國夢」的實現，需要克服資源約束和環境約束，需要反思社會建設的經驗教訓，需要推進民主政治建設，需要形成與利益格局相適應的當代信仰結構，應從其自身特殊性和全球普遍性中找到平衡，逐漸增強中國的國際責任意識。

世界中國學論壇的宗旨是，為各國學者提供暢所欲言、各種觀點交鋒

交流的平臺。通過梳理論壇上這些有學理內涵的觀點和爭論，對我們啟發良多。要在發展自身的同時，回應世界關切，我們還有許多工作要做：

首先，要充分了解和分析國際社會對「中國夢」的反應，尤其是西方大國對中國崛起的心態轉變，有針對性地、理性地說明「中國夢」。其次，應當克服狹隘的本土化偏見，向世界說明「中國夢」既是中國目標也是世界目標。其三，應當向國際社會認真說明「中國夢」的歷史成因，從歷史淵源和未來趨勢的結合上來揭示「中國夢」的必然性。其四，應實事求是地界定中國的國際地位，將中國國際行為規範具體化，大幅度提高「中國夢」的可信度。其五，宣傳「中國夢」，應揭示中國發展的結構性矛盾以及解決這些矛盾的路徑，使國際社會認識到「中國夢」實現的條件。其六，應當立足於中國文化傳統，提倡中西文化兼容，以中西平等對話的方式演繹「中國夢」。其七，應當從人類智慧、創造力和生命活力的本質上來解釋「中國夢」，從「體」和「用」、「知」和「行」合一的存在方式上來說明「中國夢」。其八，弘揚「中國夢」，應大力推動海外中國學研究。

以本屆論壇為起點，未來的世界中國學論壇將分別聚焦「中國道路」「中國精神」「中國力量」，逐步形成「中國夢」的完整學理體系，並以此為基點，積極建立一種宏觀及前瞻的中國學，使之成為理解中國發展和未來的鑰匙。

最後，我想感謝上海社會科學院中國學所全體同仁在論壇籌備、召開和論壇實錄整理編輯過程中付出的辛勤勞動。感謝五洲傳播出版社的付平先生和王峰先生在本書策劃與編輯中提供的專業支持。

黃仁偉

2013 年 7 月於上海

附錄一　歷屆世界中國學論壇主題

第一屆世界中國學論壇（2004 年）

主題：「多元視野下的中國」

　　第一分會：全球化與中國復興

　　第二分會：經濟發展與人文關懷

　　第三分會：社會發展與社會轉型

　　第四分會：文明發展與文明對話

　　第五分會：傳統與現代：中國之道

　　第六分會：城市進步與上海經驗

　　第七分會：回望與前瞻：世界中國學研究的軌跡

第二屆世界中國學論壇（2006 年）

主題：「中國與世界：和諧、和平」

圓桌會議議程：

第一圓桌會議：中國學研究的現狀與趨勢

第二圓桌會議：中國發展的世界意義

第三圓桌會議：上海世博會與中外文化融合

分會議程：

第一分會：當代中國政治的發展目標和趨勢

第二分會：中國發展模式的理論與實踐探索

第三分會：中國的和平發展道路和國際體系

第四分會：中國文化的和諧傳統──文化自覺與和諧社會

第五分會：中國現代化進程的衝突與和諧

第六分會：國際思想庫對中國未來形象的預測

第七分會：中國文化與世界的交流和溝通

第八分會：中國外交：雙邊關係、睦鄰互信、和諧理念

第九份會：中國金融體系的改革和發展前景

第十分會：中國對外關係與世界貿易體系

第十一分會：從漢學到中國學的轉變趨勢

第十二分會：多元視角下的上海發展

第十三分會：中國生態保護與可持續發展

第十四分會：中國和平統一進程的文化認同和經濟基礎

第十五分會：中國城市發展的歷史比較

第十六分會：中國經濟發展中的自由與責任──政府、企業和市民社會

第十七分會：經濟起飛與中國社會結構轉變

第十八分會：中國傳統文化與現代化

第三屆世界中國學論壇（2008 年）

主題：「和衷共濟：中國與世界的共存之道」

圓桌會議議程：

第一圓桌會議：中國改革發展三十年的道路

第二圓桌會議：中國與世界的共存之道

第三圓桌會議：中國學方法論研究

分會議程：

第一分會：促進社會和諧的經濟理論和政策

第二分會：中國的發展道路：二十世紀回顧與改革開放三十年

第三分會：經濟全球化與中國對外開放三十年

第四分會：不同視角下的中國形象

第五分會：中國與當代國際體系轉型

第六分會：中國法制建設的回顧與前瞻

第七分會：能源可持續發展與氣候變化

第八分會：中國改革與中國社會的轉型

第九份會：近代中國城市發展與社會生活變遷

第十分會：中國大都市的和諧發展：經驗與借鑑

第十一分會：中國軟力量與東西方文化融合

第十二分會：兩岸四地：協力探索共同發展之路

第十三分會：轉型期的中國社會與宗教團體的社會服務

第十四分會：中國汽車產業發展的國際比較

第十五分會：中韓思想文化交流研討會

第四屆世界中國學論壇（2010 年）

主題：「和合共生：中國與世界融合之道」

圓桌會議議程：

第一圓桌會議：如何認識真實的中國

第二圓桌會議：中國學的過去、現在與未來

分會議程：

第一分會：關於中國模式的探討

第二分會：中國經濟發展方式的轉型

第三分會：中國社會結構的多元化

第四分會：中國文化的傳統與意義

第五分會：中國生態環境的可持續性

第六分會：中國融入國際體系的影響

第七分會：全球傳播與中國形象

第八分會：中國學研究的新視野

第五屆世界中國學論壇（2013 年）

主題：「中國現代化：道路與前景」

圓桌會議議程：

第一圓桌會議：未來十年：中國與國際體系互動

第二圓桌會議：未來十年：結構轉型與制度創新

第三圓桌會議：歷史與文化視角下的中國道路

分會議程：

第一分會：中國道路：新興工業化與城市化

第二分會：中國道路：民主與法治

第三分會：中國道路：社會結構與公共服務

第四分會：中國道路：信息化與文化創新

第五分會：中國道路：生態文明與可持續發展

第六分會：中國道路：戰略機遇與合作共贏

第七分會：中國道路：價值觀與國家形象

第八分會：中國學：學術脈絡與跨領域影響

▍附錄二 《中國學》季刊目錄

《中國學》試刊號目錄

特稿

湯一介：走出「中西古今」之爭，會通「中西古今」之學

石之瑜：中國研究文獻中的知識倫理問題：拼湊、累讀與開展

芮哲非：印刷與出版史能為中國學研究增添什麼

對話

周　武：從中國出發思考中國——艾爾曼教授訪談錄

歷史人文

楊國強：條約制度：西方世界與晚清中國之間的改造與被改造

茅海建：戊戌變法期間中下層官員及士民的西方認識

葉凱蒂：從時代糟粕到受壓迫中國的象徵——十九世紀和二十世紀小說中的京劇演員

蕭　凌：文化、商業與社會關係：後五四時期新文化書業的內在動力

當代聚焦

李君如：中國民主政治兩種形式和政治體制改革走勢

陳方正：走向動態中國：論社會的競爭與和諧

張　信：社會轉型與中國現代化

趙人偉：對我國收入分配改革的若干思考

中國與世界

張宏毅：中國和平發展及其對構建和諧世界的貢獻——從《中國的非和平崛起》一文談起

曹俊漢：本土化與全球化：中華文化在全球治理下的發展建構

許少強：對人民幣自由兌換與國際化進程的評估和展望——從上海國際金融中心建構的視角出發

新視界

王國斌：從歷史角度看中國的經濟、政治變革

戴茂功：以比較的眼光看 1950 年的中國「婚姻法」

周曉虹：1951-1958：中國農業集體化的動力——國家與社會關係視野下的社會動員

書評

唐小兵：超越左右，理解中國——讀李侃如《治理中國：從革命到改革》

孫　歌：中國如何成為方法——溝口雄三《作為方法的中國》讀後

楊起予：行走於「後發優勢」和「後發劣勢」之間——評陳志武《非理性亢奮》

陳丹丹：「後現代抱負」與教科書寫法——評《世界之中國：域外中國形象研究》

潘瑋琳：「政治文化」與「文化政治」——評張仲民《出版與文化政治：晚清生理衛生書籍》

《中國學》第一輯目錄

特稿

譚　中：從地緣文明透鏡看中國持久發展的秘訣——試論「中國模式」

歐偉倫：論中國模式

許紀霖：文明的崛起：中國準備好了嗎？

張維為：「文明型國家」視角下的中國模式

對話

周　武：現代化進程中的地區差異——周錫瑞教授訪談錄

蔣　傑：法國漢學的歷史與現狀——王論躍教授訪談錄

歷史人文

汪榮祖：論中國歷史對全球化世界的貢獻

李明輝：儒家傳統在現代東亞的命運與前景

張光潤：戊戌「變科舉議」考論

蕭　淩：人脈中的文化：開門書店的關係網

當代聚焦

王　軍：低碳經濟在中國：挑戰與應對

諸大建：中國發展 3.0：生態文明下的綠色發展——深化中國生態文明研究的 10 個思考

樊明太、鄭玉歆：貿易自由化對中國綠色發展影響的一般均衡分析——以中國履行在入世「後過渡期」（2006-2010 年）的承諾為例

許光清等：基於問卷的企業管理人員氣候變化意識調查

中國與世界

陶文釗：中美關係與中國融入國際體系

袁志剛：中國經濟轉型與世界經濟再平衡

權　衡：中印經貿關係：結構分析與發展前景

葉淑蘭：中國如何與東盟建立互信及其反思

新視界

李鵬程：論當代中國與外部世界跨文化交往的方法論

鄧正來：「生存性智慧」與中國發展研究論綱

黃　勇：《莊子》的差異倫理學

布魯斯‧蓋瑞森　劉宇：上海世博期間美國菁英報紙上的新聞框架與中國形象

重讀大師

蔣　傑：戴密微的遠東生涯與他的佛學研究

謝列布連尼科夫：悼念俄國人類學家、通古斯學家史祿國教授

書評

何建國：時空、記憶與歷史——讀陳蘊茜著《崇拜與記憶——孫中山符號的建構與傳播》

酈　菁：世界體系理論視野下的「中國模式」——以阿瑞吉和《亞當斯密在北京》一書為中心的探討

楊起予：西方人的眼光和中國人的難處——評威爾‧賀頓新著《惡兆：中國經濟降溫之後》

褚豔紅：壓迫-反抗敘事模式的另一種表述——評《臺灣的農村婦女與家庭》

《中國學》第二輯目錄

特稿

耿　昇：學術漢學與實用漢學之爭

陳啟云：西方漢學和中國學

羅曼諾夫：全球化時代的中國文化與俄羅斯的中國學傳統

周曉虹：中國研究的國際視野與本土意義

孫英剛：西方範式與中國學研究：以「民間宗教」的歷史學反省為例

對話

周　武：全球視域中的時代中國——卜正民教授訪談錄

歷史人文

王家范：感受與體驗萬年史的心境

楊國強：移接與支絀：晚清兵工業的內在困境

戴景賢：中國近現代哲學思維中之演化論議題

陳衛平：論當代中國實現儒學價值的可能性

當代聚焦

林玨　茆健　李婧：經濟波動下中國民營企業技術創新週期特徵研究——基於行業的實證分析

於宗先：臺灣產業轉型的檢討

若林敬子　馮文猛　聶海松：中國的老齡人口生活狀況及社會保障——一個基於六省實證調查的社會學研究

冷則剛、陳蓉怡：知識經濟與區域發展：以上海楊浦為例

中國與世界

盧先堃：防止經濟危機下保守主義的回潮——淺析融入國際體系的戰略選擇

鄭已烈：中國在國際體系中的地位與角色

亞歷山大・巴博薩朱莉・克林格：中國在拉美日益凸顯的角色：雙贏合作？不對等的夥伴關係？

葉芳和：創建東亞環境共同體

大橋英夫：中國以推動國內需求應對全球經濟失衡

新視界

廖　群：國人五大經濟行為特徵及其淵源——中國經濟高速增長的人文解釋

沈開豔：中印經濟改革與發展的比較研究

周海旺：上海市外來與本地從業人員狀況比較研究——基於 2005 年和 2009 年兩次抽樣調查的分析

重讀大師

翁聖戍：魏斐德與清史研究

張樂訊：從《讀史閱世六十年》看何炳棣先生的性格與治學

書評

李婉青：老井的故事——《中國歷史通論（增訂本）》閱讀筆記

張仲民：胡適研究的新進展——評《捨我其誰：胡適》

馮志陽：被貿易改變的人類歷史——讀《茶葉與鴉片：十九世紀經濟全球化中的中國》

楊起予：解說歷史中國：矛盾、複雜和永久的魅力——評《分流之前

和之後──中國和歐洲經濟變遷中的政治》

　　王曉春：新清史視域中的「內亞論」──評《中華的最後帝國──大
清》

　　胡悅　：共產黨幹部眼中的新舊杭州──評《共產黨接管杭州》

　　褚豔紅：傾聽紗廠姐妹的陌生聲音──讀《姐妹與陌生人：上海紗廠
女工，1919-1949》

▌附錄三　媒體報導選編

《人民日報》二〇一三年三月二十五日

「中國夢」需要與世界互動
——第五屆世界中國學論壇綜述

　　一個擁有十三億人口的東方大國，怎樣用自己的方式快速緩解國內貧困難題？未來又將走怎樣不同於西方主流國家的現代化道路？它的發展對世界格局將產生怎樣的影響？

　　三月二十三日、二十四日，在上海，「中國夢」、「中國道路」成為第五屆世界中國學論壇的主題詞。

　　兩場主題演講、三場圓桌會議、八場並行分會，這個週末，上海展覽館東西兩側會館的所有會議室幾乎被占滿，來自全球二十多個國家和地區的近五百位中外學者就「中國現代化：道路與前景」展開思想碰撞。

中國道路在國情之上鋪設

　　巴西里約熱內盧國立大學客座教授多斯·桑托斯從經濟角度闡述「中國道路」的影響力。他在主旨演講時表示，中國及其他新興經濟體將更加深刻影響世界經濟。「中國巨大的國內市場、穩定的政治領導、大膽的改革深化，將使中國能夠充分利用尚存的市場空間，發揮好企業的經營能力。」

國際事務與中國問題專家、埃及前駐華大使默罕默德‧賈拉爾則關注「中國的發展式民主」。在他看來，「中國模式」有兩個最值得關注的關鍵詞：「開放」、「與時俱進」。他認為，西方世界的政治模式和發展道路並非唯一，不一定適用於發展中國家。只有建立在自己文化歷史土壤上的民主模式，才更有生命力。

英國倫敦政治經濟學院亞洲研究中心客座研究員馬丁‧雅克則觀察到，西方發達國家在世界的擴張道路是通過軍事力量、政治力量，而中國擴大影響力則是通過經濟力量、文化力量。

上海社科院院長王戰分析說，世界關心「中國道路」，很大程度上是希望了解中國成就背後的深層次原因，及其能否為其他國家發展提供新的視角。王戰認為，「中國道路」的世界意義，是體現了每一個特殊性對自己內在普遍性價值的肯定與自信。換句話說，中國道路是在中國國情之根上生長出來的發展道路，體現的是對自己國情、本民族的特殊性的自信。

創立「第三次工業革命」概念的美國經濟學家傑里米‧里夫金在書面發言中分析，「中國人需要關心的是，二十年後中國將會處於一個什麼樣的位置，是繼續依賴化石能源與技術，還是積極投身於第三次工業革命、大力開發可再生能源科技？」俄羅斯科學院遠東研究所研究員亞歷山大‧羅曼諾夫則認為，中國在打造文化軟實力的道路上仍將面對諸多阻礙和困難，在廣泛借鑑他國經驗的同時，不應照搬西方國家的戰略，而應更多地在獨特的中國文化中尋找植根點。

上海社會科學院副院長黃仁偉認為，中國未來發展的一大優勢在於擁有制度釋放的空間。不斷推進的中國政治體制改革，是中國道路成功的秘訣所在。中國的發展有其獨特性，未來應在國際舞臺上更多更廣泛地尋求

合作，實現共同發展。

中國需要與世界構建「利益匯合點」

「中國夢」的實現，「中國道路」的探索，將對世界產生怎樣的影響？

澳大利亞國立大學亞太學院副院長凱瑟琳·莫頓在題為《中國與國際規範的倡導》的演講中指出，近年來，中國在國際規範中變得更靈活、更積極，不再是國際規範的旁觀者，而是重要參與者和塑造者。中國正在改變西方主導的自由主義國際規範。

比利時布魯塞爾自由大學教授古斯塔夫·格拉茨則預測，中國既是一個發展中國家，又是一個新興的大國，這兩種角色終會將中國融合成一個「負責任的大國」——一方面希望和平發展和崛起，另一方面又忠於自己豐富的文化積澱。「中國未來最有可能選擇的道路是，將國內發展列為首要任務，同時承擔更多的國際責任，樹立負責任大國的形象。在此期間，世界對中國的期望也越來越高。」

中共中央黨校原常務副校長鄭必堅認為，中國在和平崛起進程中，需全方位同各個國家和地區逐步構建「利益匯合點」和「利益共同體」。他表示，在世界經濟全球化條件下，各國相互依存不斷加深，儼然是「你中有我，我中有你」，在合作中求發展，又在競爭中謀優勢，「控制競爭、發展合作已成為一種必然要求」。

（記者姜泓冰 郝洪）

《新華每日電訊》二〇一三年三月二十六日

「中國夢」的「世界迴響」

「『中國夢』需要世界，世界也需要『中國夢』。」

三月二十三日至二十四日，近三百位來自世界各地的專家學者聚首黃浦江畔，參加第五屆世界中國學論壇。「中國夢」與「世界夢」如何互動，是他們津津樂道的話題。

「中國夢」引發「世界迴響」

世界中國學論壇是全球中國學研究的高層次對話交流平臺，自二〇〇四年以來已成功舉辦四屆。在「中國現代化：道路與前景」主題下，來自二十多個國家和地區的專家學者共論國際化大背景下中國的發展及與世界的互動相處之道。

「我覺得『中國夢』是為了讓更多的中國人過上好日子，包括改善人們的居住環境和經濟條件，增加人民的收入，完善醫療保障體系，讓更多的孩子接受更好的教育等。」埃及前駐華大使、國際事務與中國問題專家穆罕默德・賈拉爾說。他認為，「中國夢」的內涵很實在，目標是追求人民生活幸福安康，進而使中國更加強盛。

論壇上，一些海外專家指出，中國已確定全面建成小康社會的目標，實現小康夢是實現「中國夢」的重要組成部分。尤其是在二十一世紀第二個十年中，中國政府要「兌現」小康夢，不僅要在全球經濟低迷環境下帶領十三億人實現經濟轉型、提高經濟增長的質量，而且要注重環境治理、

注重對民眾精神領域的關懷等。

中國人民大學副校長楊慧林分析，「中國夢」概念的提出以及對百年來中國情懷的重申，已經進入了海外中國學研究者的視野。「中國夢」本身既有利於中國在今後的發展中凝聚信心和動力，也有助於中外學者更加理性、客觀看待中國的現實。

實現「中國夢」需要「世界環境」

眾多中國學研究專家有共識:「中國夢」的實現絕非一蹴而就，中國的可持續發展，面臨來自內部和外部的多重挑戰；繼續抓住和用好戰略機遇期，需要一個良好的世界環境。

比利時布魯塞爾當代中國研究所所長古斯塔夫・格拉茨指出，中國經濟已經歷三十多年的高速增長，「中國夢」概念的提出實際上是對中國發展提出了更遠的目標。例如，中國目前雖然經濟發展迅速，但需要克服的困難仍很多。「中國既是一個發展中國家，又是一個新興大國，中國需要平衡這兩方面角色」。

還有專家表示，借鑑世界各國發展經驗和教訓，對「中國夢」實現至關重要。

「中國夢」的實現，還有賴於一個相對穩定的外部環境。中國社會科學院榮譽學部委員、美國研究所研究員陶文釗說，中美兩國關係正常化以來，雙方就開始了探索新型大國關係的進程。「中國從相對比較穩定的中美關係中獲益，美國也從中國融入國際社會中獲益。」

「中國夢」惠及世界人民

許多海外學者對中國深入推進改革開放、堅持和平發展道路，以及互利共贏的開放戰略等予以積極評價。學者期待中國在國際體系中發揮更加重要作用，認為「中國夢」的實現將惠及世界。

經濟上的互惠互利是「中國夢」帶給世界最為直接的「禮物」。印度國防研究與分析研究所高級研究員魯普‧納拉揚‧達斯說，中國與印度，世界上人口最多的兩個國家不僅提高了各自國內的財富，而且幫助其他國家建設與復甦。諾拉諾瓦大學拉丁美洲研究院院長薩特亞‧帕特納亞克教授則認為，中國成為拉美十個最大國家的主要貿易夥伴和投資人，這對雙方是有利的。

更有價值的貢獻也許來自「中國道路」，為世界各國的發展提供了新的思路。聯合國「全球經濟與可持續發展」課題組協調人多斯-桑托斯認為，二○○八年以來的國際經濟危機證明了歐美國家「新自由主義」政策的侷限性，希望中國的快速發展能夠為世界格局帶來「深層社會經濟戰略與政策的重新定義」，「新的世界體系的基礎將是全球的文明、多元、平等、民主，從而能夠避免野蠻的長週期效應。」

國家創新與發展戰略研究會會長鄭必堅說，中國擴大和深化同相關各方的「利益匯合點」、構建「利益共同體」是一個全方位的戰略構想。「要把中國人民利益的匯合點，同一切相關國家和地區建立並發展不同領域、不同層次、不同內涵的利益共同體，推動實現中國和世界各國的共同和平發展。」

（記者李明 許曉青 朱翃）

據新華社上海 3 月 24 日電

「中國道路」越來越吸引世界目光
——寫在第五屆世界中國學論壇現場

春寒料峭，擋不住海內外學界對發展中的中國投來的熱切關注。昨天的上海展覽中心，來自全球二十多個國家和地區的近五百位中外學者匯聚一堂，海內外一百六十餘位記者長槍短炮，聚焦於第五屆世界中國學論壇的思想火花。

如今，中國學開始超越傳統漢學視域下的古典「博物館」意義，把研究重點轉移到活生生的中國——在「中國夢」宏偉目標的指引下，未來中國將沿著怎樣的道路走向現代化？這個東方大國的和平發展又會產生怎樣的世界影響？

中國要「和平崛起」

埃及前駐華大使賈拉爾，用並不流利的中文一字一頓祝福這片熟悉的土地——「中國國家進步，人民幸福」，令在場的不少人動容。這位國際關係學者將中國的民主模式稱作發展式民主，即在發展中推進民主，而不是停頓發展搞民主。他認為，西方世界的政治模式和發展道路並非唯一，不一定適用於發展中國家。只有建立在自己文化歷史土壤上的民主模式，才更有生命力。

比利時布魯塞爾當代中國研究所所長格拉茨認為，中國的規模已對世界產生舉足輕重的影響，發達和其他發展中國家希望中國能擔負起更大的

責任；但中國仍處在不斷發展之中，需要闡明它是如何看待自己及與其他大國的關係，這考驗著中國人的政治智慧。

中共中央黨校前常務副校長鄭必堅強調中國要「和平崛起」：「和平」是針對某些國際輿論鼓吹的「中國威脅論」，「崛起」則針對另一種「中國崩潰論」。他認為，當代中國必須走、只能走，也一定能夠走通一條世界近代以來歷史上從未有過的大國和平崛起即和平發展的道路。

經濟轉型需全球觀滋養

二〇一一年躍居全球第二大經濟體，二〇一三年成為全球最大貿易國……中國的經濟成績單亮點不斷。但在全球交往日益密切時，中國經濟的結構轉型也需要全球觀的滋養。

日本東京大學社會科學研究所研究人員伊藤亞聖認為，世界工廠是中國經濟的重要元素。雖然國際學界出現了世界工廠是否將打上終止符的爭論，但伊藤亞聖認為，數據表明，新世紀中國製造業的國際市場占有率，以及中國國內的空間分佈、產業和需求結構等都出現了巨大變化。世界工廠不會結束，相反很可能是即將崛起。

新能源經濟、第三次工業革命等前沿熱點，很可能蘊含著中國經濟實現轉型的契機。創立「第三次工業革命」概念的傑里米‧里夫金在書面發言中認為，儘管蘊藏著豐富的煤炭和天然氣資源，但中國更需要關心二十年後自身將會處於什麼位置——是深陷於日薄西山的第二次工業革命之中，繼續依賴化石能源與技術，還是積極投身第三次工業革命，大力開發可再生能源？

以文化的自信追求多元共生

歷史上，希臘、西班牙、英國、美國等都曾對外進行大規模的語言、文化乃至價值的輸出。當代的中國學研究者都在關注，快速發展中的中國會以怎樣的方式輸出自己的文化？中國是否會走上一條同化世界或者被世界同化的道路？

現定居芝加哥的華裔學者譚中，以其多樣化的文化經歷給出了自己的判斷。他說，從歷史和文化生態角度來看，中國將成為家園式的「超大國」，而不會演變為對外擴張的「強權國」。

美國喬治亞理工學院教授盧漢超則敏銳地注意到，近年來西方學術界出現了一種「唱盛中國」的論調和傾向，「這種觀點強調了中國歷史的延續性，反映了西方學界試圖以此來解讀中國迅速崛起的歷史文化根源。」對此，多位學者在接受記者採訪時表示，中華文化有著自身的特點，但切忌在內外某些思潮的鼓吹下，盲目推崇「中華文化優越主義」。

北京大學教授樂黛雲說，中國文化要與世界多樣文化共存，要走向世界、發揮作用：一要找準出發點。不應單方面地向世界灌輸中國文化，也不能只著眼於宣揚「國威」。當前人類最大的利益是各國文明多元共生。在此基礎上，我們可以深入探究中國文化作為重要的一元，如何參與解決世界性難題，如何反對單邊統治以及抵制「精神殖民」。二要對自己民族的文化自覺熱愛，並對他人文化予以了解和溫情。通過今人的努力和自覺，生長出來新的有世界影響力的思想。

（記者李小佳 夏斌）

當中國成為世界關注的中心
——寫在第五屆世界中國學論壇召開之際

作為海內外中國學研究者對話交流的平臺，世界中國學論壇自二〇〇四年創辦以來，已經成功舉辦四屆。在以往論壇弘揚中國傳統文化精神、關注當代中國發展進程的基礎上，圍繞「中國現代化：道路與前景」這一主題，第五屆中國學論壇以面向未來的姿態在初春的上海拉開帷幕。

中國經濟社會發展取得的巨大成就，使得全世界的目光都聚焦到東方這一神奇國度，同時也使中國學這門古老而又關注當下的學科，在全球受到越來越多的追捧。

中國學成為中國影響世界的一個參數

本次世界中國學論壇的重要組成部分，是備受關注的「世界中國學貢獻獎」的頒獎。這一獎項旨在表彰致力於中國學研究並取得突出成就的海外學者，本次獲獎的傅高義、齊赫文斯基和饒宗頤等三位著名學者，長期研究中國的歷史和未來發展，他們的學術成就，正是全球範圍內中國學研究日益成熟的縮影。

改革開放以來，中國的發展舉世矚目。美國哈佛大學費正清研究中心前主任傅高義從上世紀七〇年代起就關注中國的發展。他說，過去只能以域外視野研究中國，隨著中國的日益開放和學術交流的活躍，他終於可以如願來中國考察，也終於能從中國內部觀察中國。他歷經十年時間研究鄧

小平及中國的變革，研究成果最終匯聚成《鄧小平時代》一書，這不僅是他本人研究中國改革歷程的代表作，也成為海外學者從事中國學研究的經典作品。

九十四歲高齡的俄羅斯漢學家齊赫文斯基有著近八十年的中國學研究經歷。他師承俄羅斯著名漢學家阿列克謝耶夫，長期關注十九至二十世紀中國的革命與改革。他主編的俄文版《中國通史》影響了數代俄羅斯和歐亞國家的中國學研究者；他還與一些歐洲漢學家共同創建的「年輕漢學家協會」，為傳播中國的歷史、文化和科技等成就作出了積極貢獻。可以說，中國學在海外的研究熱度，正日益成為中國影響世界的一個參數。

未來的中國與世界成為時代主題

在本屆論壇上，中國發展道路與世界始終是熱議的焦點。

中共中央黨校前常務副校長鄭必堅在七年前的第二屆世界中國學論壇上，就曾以「中國路中國夢中國心」闡述了中國實現和平崛起的前景。在本次論壇的主旨演講中，他進一步指出，中國的改革開放與和平發展已經進入新的歷史階段，當代中國必須走、只能走、也一定能夠走通一條世界近代以來歷史上從未有過的大國和平崛起道路。

巴西弗盧米倫斯聯邦大學終身教授多斯桑托斯是「依附理論」的重要代表，他對發展中國家的經濟發展也有獨到研究。他提出，中國有巨大的國內市場、穩定的政治領導和大膽改革的步伐，這些將幫助中國在全球下一輪經濟發展中贏得進一步拓展。多斯桑托斯強調：「新興經濟體、尤其是中國經濟的表現對重塑世界經濟版圖具有意義。」他認為，從中國應對近年來世界經濟危機的表現來看，國家的積極參與對經濟發展有巨大推動

力。

　　比利時布魯塞爾當代中國研究所所長古斯塔夫·格拉茨討論了全球化背景下中國現代化發展的道路。他認為，經過三十多年改革開放，中國經濟社會的發展對世界的影響遠遠超過以往；中國一方面致力於和平發展，同時又遵從自身豐富的文化積澱，這樣的角色定位最終會幫助中國樹立起「負責任的大國形象」，並為平等互信、文化多元、雙贏合作和繁榮安定的世界秩序作出積極貢獻。多斯桑托斯和格拉茨的主旨演講，是國際輿論看好中國未來的代表性聲音。

（記者任思蘊）

《中國社會科學報》二〇一三年三月二十五日

中國學研究關注中國經驗的獨特價值

　　三月二十三至二十四日，第五屆世界中國學論壇在上海召開，論壇主題為「中國現代化：道路與前景」，論壇由國務院新聞辦公室和上海市人民政府主辦，上海社會科學院、上海市人民政府新聞辦公室承辦。來自二十多個國家和地區的近三百名中國問題研究專家齊聚滬上，就國際化大背景下中國的發展及其與世界的互動相處之道進行了探討。

　　國務院新聞辦公室副主任、國家互聯網信息辦公室副主任錢小芊，上海市委常委、市委宣傳部部長楊振武出席開幕式並致辭。

中國道路：和平發展是一項長期使命

　　「中國既不會簡單地適應西方體系，也不會對其作出取代或者挑戰。鑒於中國文化過去的整體性和例外性，中國最有可能選擇的道路是，一方面逐漸承擔更多的義務和責任，同時關注並穩定國內發展；另一方面對於全球治理作出貢獻，並試圖在全球秩序中融入自己的觀點。」比利時布魯塞爾自由大學國際關係教授、布魯塞爾當代中國研究所所長古斯塔夫·格拉茨對中國今後的道路提出看法。

　　格拉茨表示，中國既是一個發展中國家，又是一個新興大國，這兩種角色最終會將中國融合成為一個「負責任的大國」，即一方面希望和平發展，另一方面又忠於自己豐富的文化積澱，通過實施更積極的外交政策，建立一個國與國之間平等互信、文化多元、雙贏合作和繁榮安定的世界秩

序。「維持國內可持續的經濟發展是一項最重大的挑戰,而中國演變成為一個負責任的全球大國則是一項長期使命。」格拉茨說。

美國杜克大學教授劉康在論壇上表示,構建「價值共同體」可能更符合中國的傳統文化、更符合世界潮流。上海社會科學院副院長、歷史研究所所長黃仁偉從中美比較角度探討了中國道路的未來走向,他認為美國用其軟實力和硬實力來建構霸權,中國只能同其他國家合作來取得這些資源或能力,在這樣的條件下,「美國過去做得成的事情是我們做不了的,我們以後要做的事也是美國無法做到的,所以中國不可能再走美國的老路」。

未來十年:中國文化的弘揚與重構

復旦大學文史研究院院長葛兆光對中國文化進行了重新審視,認為中國的文化歷經三次凝聚、三次再重組,體現出複數性、疊加性和不斷變化的三大特性,應將中國文化史置於亞洲的大環境中進行新的審視。

「文化是需要大家共同來關心的未來。」這是臺灣「中研院」院士顧敏始終持有的信念。他認為,文化的最高處就是人類文明的共同理想,把人類文明推向止於至善的最高目標。他說,羅素在九十年前就已經提出諸多關於中國文化的思考,羅素認為在亞洲近代化的過程中,日本同時吸取了歐洲與亞洲文化中的缺點,所以引發了近代亞洲的一系列問題。羅素還特別強調,東西方文明「要互相為學生」,中國文化的核心和精髓是「禮」和「理」,所以西方文明需要向東方文明學習。

中國學研究：構建哲學社會科學新典範

域外中國學研究領域的展開意味著關於中國的知識與學問已經是一個世界性的研究領域。北京外國語大學亞非學院院長張西平認為，中國學術界必須面對海外的同行，在世界範圍內展開中國學研究。面對域外中國學研究的成果，應認清其相同性與相異性，站在跨文化立場上進行批判性的吸收；應緊緊圍繞著當下中國學術的重建，從歷史和現實兩個方面，在知識和方法兩個維度，將域外中國學的研究納入我們總體的學術進程之中。

在進行中國學研究中，需運用什麼樣的理論方法？北京聯合大學人文社會科學部主任梁怡強調，進行海外中國學的研究和評析，要重視基礎工作，特別是要有比較紮實的史學理論和史料學方法。

「西方對中國傳統的影響，是多層次、多線條、互動式的。在西方影響範圍之外，中國傳統的主流究竟是以何種形貌在持續和演變，傳統與現代化的關係究竟如何？」上海社會科學院世界中國學研究所研究員喬兆紅認為，要解決這些問題，必須以問題為導向，既反對西方中心主義，又不拒絕西方的經驗；既重視從西方經驗中總結出來的一般規律的指導作用，又不將之神祕化或神聖化，更加重視中國自身經驗的獨特價值和特殊性，即據之於中國的「實情」，從而構建起中國哲學社會科學新典範。

（記者胡言午）

《大公報》二〇一三年三月二十五日

「熱詞」反映中國未來願景 中外專家熱議中國夢

三月二十三日至二十四日，以「中國現代化：道路與前景」為主題的第五屆世界中國學論壇在上海舉行，近三百名海內外中國學專家學者在兩天會期中，共論未來中國與世界的共融相濟、合作發展之道。

據新華社上海二十四日消息：專家學者們從政治、經濟、外交等各個角度探討了中國未來發展的機遇與挑戰，「中國夢」「合作共贏」「城鎮化」「軟實力」等詞彙頻頻出現在專家學者們的話語中，這些「熱詞」反映了與會專家對中國未來發展的種種期待和憧憬。

中國夢

在此次論壇上，「中國夢」成為專家學者們提及最多的詞彙之一，普遍認為「中國夢」將成為中國未來發展的美好願景。

埃及前駐華大使穆罕默德・賈拉爾說：「中國夢是擁抱未來的一個夢想，也是一個非常現實的、努力把中國變得更美好的夢想。」

合作共贏

「中國道路的發展，很重要的一點就是合作共贏。」巴西弗盧米倫斯聯邦大學終身教授多斯-桑托斯說，「中國有巨大的市場，巴西有豐富的資源，發展中的共同利益，把巴西和中國緊密聯繫在一起。」

在國家創新與發展戰略研究會會長鄭必堅看來，中國的「合作共

贏」，就是擴大和深化同相關各方的「利益匯合點」，構建「利益共同體」，與美、歐、亞、非等各國各地區建立並發展不同領域、不同層次、不同內涵的利益共同體，推動中國和世界的共同和平發展。

角色平衡

在近年來的國際社會中，中國扮演著雙重角色——既是一個發展迅猛的新興大國，又是一個面臨諸多挑戰的發展中國家。未來中國如何去平衡這兩者之間的關係，也是學者們非常關心的話題。對此，布魯塞爾當代中國研究所所長古斯塔夫・格拉茨說，「這兩種角色最終會將中國融合成一個『負責任的大國』——一方面希望和平發展和崛起，另一方面又忠於自己豐富的文化積澱。

城鎮化

在本屆論壇上，「城鎮化」亦受到了各國學者的關注，在他們看來，這個詞對於中國意味著不小的改變。

埃及前駐華大使穆罕默德・賈拉爾認為，中國的城鎮化進程，是中國下一階段經濟發展的引擎之一，既包括人口從鄉村流入城市，也包括把鄉村本身發展成為城鎮。「城鎮化需要大量基礎設施建設，這將是中國經濟發展的一大推動力量，也是經濟增長方式的一大轉折」。

軟實力

在圍繞「中國與國際體系互動」展開的研討中，中外專家一致認為中國在未來發展，尤其是軟實力鍛造方面，仍應堅持走符合自身特點的發展

道路。俄羅斯科學院遠東研究所研究員羅曼諾夫表示，中國已經意識到文化軟實力和文化價值觀對於國家發展的重要性。但不可否認的是，中國在打造文化軟實力的道路上仍將面對諸多阻礙和困難。「在廣泛借鑑他國經驗的同時，不應照搬西方國家的戰略，而應深深植根於中國傳統文化之中。」

上海社會科學院經濟研究所副所長權衡認為，中國勞動力市場收入分配調整、勞動力報酬上升、深度城市化發展和勞動法律制度完善等，都已經或者將會引起中國勞動力市場發生深刻轉型，成為中國城市化模式創新和轉型發展的關鍵變量。

世界新格局下的中國道路與前景

　　為期兩天的第五屆世界中國學論壇將舉辦幾十場學術研討會，昨天下午舉行的三場圓桌會議談及國際體系、政治制度及文化建設。

一、與國際體系的互動

　　在題為「未來十年：中國與國際體系互動」的圓桌會議上，來自歐洲、北美和中國的二十位學者圍繞崛起的中國將如何重新塑造國際體系這一話題展開了討論。

要推動話語建設

　　來自歐洲布魯塞爾自由大學的國際關係學教授古斯塔夫・格拉茨對崛起的中國與世界的關係的前景相對樂觀，他認為中國的崛起深刻地改變了體系的權力分配格局。由於中國在文化、歷史、經濟、政治制度、發展階段等各方面具有獨特的差異性，中國在價值觀和遊戲規則方面對西方霸權構成了挑戰。中國獨特的身分使之不會輕易地順從西方所確定的體系責任。中國的崛起不僅改變著體系內的權力分配，而且意味著身分分布上的變遷。他認為，由於經濟、政治影響力遍及全球，中國愈加自信，提出其關於現代性的論述，闡述對全球治理的理解。同時，中國已充分融入了現有的國際體系，並從其順利運行當中獲益。在對外關係方面，中國面臨的主要挑戰在於從其自身特殊性和全球普遍性中找到平衡。

　　但是美中商貿委員會原主席柯白認為中國的崛起是一個「去意識形態

化」的歷史過程，當今及未來的中國很可能向世界呈現經濟的和軍事的力量，但它們可能並不包含高調的哲學理論或意識形態。而對那些慣於強調規範或據守意識形態的其他國家來說，這本身就可能構成某種挑戰。

來自盧森堡 CEC 諮詢公司的魏柳南認為，冷戰結束的這二十年來，新興國家開始質疑處於支配地位的西方自由主義意識形態，試圖改變二戰後由西方國家制定的遊戲規則。在新的國際關係框架下，中國由於其經濟力量，成為西方世界無法忽視的對手。在這樣的過程之中，中國究竟是如西方媒體所宣稱的那樣在積極地推進西方化，還是通過建立新的政治規則、經濟和社會發展模式來去西方化？魏柳南認為就目前來看，中國的軟實力在很大程度上來源於經濟實力。

不過，復旦大學特聘教授張維為並不認同這種對崛起中國的價值內涵持如此消極態度，張維為指出「話語建設」在未來十年中國更深刻而廣泛地走向世界的過程中特別重要，中國的「良政與劣政」的話語體系比西方的「民主與專制」話語體系更能解釋這個複雜的世界，中國的「選賢任能」的理念有助於克服西方的「選舉迷信」帶來的很多問題，而中國的「混合經濟」的理念更是挑戰了「華盛頓共識」。「只有通過這種話語互動和競爭，中國自己的發展才可能更為順利，世界的未來才可能更為公正、和平與融合。」

中美關係左右未來格局

中國在世界的處境與角色，相當程度上與中美兩國的關係有著密切的關聯，這場圓桌會議另外一個討論熱點即是崛起的中國與似乎「衰落」的美國之間如何在全球化政治經濟格局中相處。中國社科院榮譽學部委員、美國研究所研究員陶文釗指出，加入世界貿易組織以後的十年是中國發展

的黃金時期，金融危機進一步把中國推到了世界舞臺的中央。美國就有人認為中國是在挑戰美國在世界上尤其是在本地區的主導地位。這種疑慮反過來在中國的反應是，美國是否要牽制中國的發展。針對中美兩國對待自身和對方的疑慮重重，陶文釗援引美國副總統拜登去年訪問中國以後在《紐約時報》上發表的文章《中國的崛起不是我們的衰亡》，認為有了過去三十幾年和平共處、共同發展的經驗，中美兩國的政治家和民眾有這樣的政治智慧，能使兩國走出傳統的大國政治的邏輯，締造一種大國和平共處、和平競爭、共同繁榮的道路。

澳門大學社會科學及人文學院院長郝雨凡認為未來十年，中美兩國在國際體系中會面臨領導權之爭。他說，美國人認為中國已經有了一套完整縝密的大戰略，認定中國的目標就是要取代美國稱霸世界，所以擔心中國崛起後會直接損害美國的利益。可中國的戰略構想截然不同，中國外交仍是被動反應型的，戰略意圖仍然模糊。他認為，中國的未來意圖是保證在日趨複雜而可能惡化的外部環境下快速崛起，崛起並不是為實現稱霸世界，而是要建設一個繁榮富強和諧穩定的現代國家。

（記者田波瀾）

二、政體還是政道

在「未來十年：結構轉型與制度創新」圓桌會議上，學者王紹光、姜義華等從政治制度和社會結構角度討論中國未來的道路。其中，香港中文大學教授王紹光提出了「政體還是政道」的問題。他認為，西方的學術思想和政治傳統中注重政體，認為政體對社會起著決定作用，「政治學研究最重要的就是政體研究，比如什麼時候可以出現民主，政體與饑荒、腐

敗、幸福的關係。」但他認為政體思維是有缺陷的，複雜現實其實無法化約為幾個指標，「所有政治體制都是混合體制，沒有一種純粹的民主或非民主的體制。」而中國的思維是政道思維，更強調的是「治道都要因地制宜」。

（記者石劍峰）

三、歷史與文化視角

在題為「歷史與文化視角下的中國道路」的圓桌會議上，童世駿、葛兆光、俞吾金、成中英、譚中等十多位學者從中國歷史、哲學和文化傳統中討論中國的未來發展道路。復旦大學歷史系教授葛兆光提出，要在歷史中重新審視中國文化。他認為，有些文化是很多文明共享的，那什麼是中國的文化？他提出，「漢字，家國結構，以及在此基礎上的儒家倫理和政治制度，三教合一的信仰世界，陰陽五行，以及漢族中國人的天下觀念，以及在此觀念下的朝貢體系。」但他認為，經過二〇〇〇年未有之大變局，中國的傳統文化面臨諸多挑戰，「漢字經過白話文簡化字西方語言的加入，有些已經不再是過去的那種漢字記憶；家國結構已經與古代傳統中國很不一樣；古代家國結構的儒家禮治已經退出；三教合一已經不能承擔信仰世界的作用；陰陽五行在科技衝擊下，已經縮小到中醫領地；在西方近代的條約體制和秩序的衝擊下，中國的天下觀和朝貢體系已經沒有了。」葛兆光認為，「要強調歷史的複雜性和文化的變化性，強調它的疊加性。」

夏威夷大學教授成中英則指出，民族的自強、國家的建設、文化的復興，「三者之間是互為體用的關係。」復旦大學哲學教授俞吾金認為，「中

國文化的未來歸宿一是要重視教育，引導人性的正面發展。二是要重視民主建設和法律建設，遏制人性惡的一面。」

（記者石劍峰）

世界聚焦「中國道路」浦江共話「中國夢」

第五屆世界中國學論壇本月二十三日上午在上海展覽中心開幕。本屆論壇以「中國現代化：道路與前景」為主題，近五百名來自各大洲二十多個國家和地區的中國學專家學者和意見領袖在兩天的會期中，共論國際化大背景下中國的發展及與世界的互動相處之道；探討十八大後未來中國與世界的共融相濟、合作發展；增進國際社會對我基本國情、價值觀念、發展道路、內外政策的認識和理解。

如今的中國學已超越傳統漢學視域下的古典「博物館」意義，把研究重點轉移到活生生的中國——在「中國夢」宏偉目標的指引下，未來中國將沿著怎樣的道路走向現代化？這個東方大國的和平發展又會產生怎樣的世界影響？全國兩會剛剛閉幕，今後五年乃至十年中國將走向何方，已然成為全世界中國問題研究者關注的焦點。

開幕式上，國務院新聞辦公室副主任、國家互聯網信息辦公室副主任錢小芊，中共上海市委常委、市委宣傳部部長楊振武致開幕辭。錢小芊說，世界中國學論壇已經成為具有國際影響力的重要活動之一，本屆論壇圍繞「中國現代化：道路與前景」主題進行探討，這對世界深入了解中國、研究中國現代化的道路與前景等將發揮重要作用。希望世界中國學論壇能成為世界各國專家學者研究中國和交流切磋的重要平臺，共同推進世界和平與發展。

楊振武在致辭中說，世界中國學論壇為全世界研究中國提供了重要平

臺，在國際社會產生了廣泛而深遠影響。本屆論壇將就中國道路和現代化發展進行探討和交流，這不僅是為中國在發展轉型關鍵時期集聚智慧的重要舉措，同時也為傳播中國文化、研究中國問題提供了新路徑。衷心希望海內外學者持續關注中國，關注上海的發展，並提出真知灼見。

上海市副市長翁鐵慧在論壇開幕式上宣讀「世界中國學貢獻獎」獲獎者名單並致頒獎辭，期望海內外與會者在世界中國學論壇上交流互動，推動世界進一步了解中國。俄羅斯科學院院士齊赫文斯基、美國哈佛大學亨利・福特二世社會科學榮休教授傅高義、香港中文大學中文系榮休講座教授饒宗頤獲此殊榮。

本屆論壇由開幕式演講、圓桌會議、分會和閉幕式演講構成。三場圓桌會議分別從國際關係、國內結構轉型與歷史文化角度探討未來十年中國的發展道路及其世界意義。八個分會場，以「中國道路」為主線，分別從經濟、政治、社會、歷史文化、生態、外交、傳播、中國學等領域出發，總結改革開放三十年來中國在各領域取得的進展；探索未來十年中國現代化的動力、方向、核心價值理念；中國參與全球經濟、文明發展進程的方式，以及當前國際學界研究中國的現狀、前景與方法。

會議期間，一批享譽國際學術界的重量級學者到會並發表主旨演講。各國學者在各種觀點的交流、交鋒、交融中，凝聚對中國發展道路的共識。

閉幕式由中共上海市委宣傳部副部長李琪主持，他在閉幕詞中，衷心感謝各方代表對世界中國學論壇做出的努力和貢獻。他說，在已經成功舉辦五屆世界中國學論壇的基礎上，相信未來也能夠將論壇繼續成功舉辦下去。

論壇由國務院新聞辦公室和上海市人民政府聯合主辦，上海社會科學院和上海市人民政府新聞辦公室共同承辦，自二〇〇四年以來已成功舉辦四屆。

（記者澤羽 實習記者潘圳）

附錄四　世界中國學研究所簡介

　　上海社會科學院世界中國學研究所（簡稱「中國學所」）依託世界中國學論壇而建立。二〇〇四年，在上海市委、市政府的領導下，上海社會科學院成功舉辦了首屆世界中國學論壇。自二〇一〇年起，論壇由國務院新聞辦公室和上海市政府聯合主辦，由此升格為國家級學術交流平臺。為推動論壇朝長期化、機制化、高端化方向發展，中國學所於二〇一二年三月正式成立。作為常設研究機構，中國學所為論壇提供學術支撐，同時藉助論壇提升對海外中國學的研究。

　　中國學所以海外各學科領域內研究中國的重要人物、機構、流派，及其代表性成果、發展趨勢等為研究對象，旨在全面跟蹤和掌握世界各國的中國研究動態。研究工作以當代中國學為內核，兼採漢學研究及其他人文社科研究之長，擬形成多學科融匯、厚今薄古的研究特色。同時，中國學所在整理和吸收海外中國研究最新成果的基礎上，將協助加強中國學的學科建設，並發揮建言資政的智庫功能。

　　中國學所的基本工作包括：籌辦兩年一度的世界中國學論壇，撰寫海外中國研究年度報告，譯介海外中國研究重要著作，編輯《中國學季刊》，辦好中國學所相關網站。

　　中國學所除行政辦公室外，現設立經濟與生態研究室、外交與安全研究室、政治與社會研究室、文化與歷史研究室、會務與科輔工作室。我們期待與國內外同仁加強交流與合作，共同推進世界中國學的發展。

聯繫方式：

電話：+86-21-6486 2266 轉 27391

傳真：+86-21-6486 0193

地址：中國上海徐匯區中山西路 1610 號 7 樓

郵編：200235

郵箱：chinaforum@sass.org.cn

網址：http://www.chinastudies.org.cn

新社會主義研究叢刊 AA201013

中國道路與前景

編　　　者	上海社會科學院世界中國學研究所
責任編輯	陳胤慧
版權策畫	李煥芹
發 行 人	陳滿銘
總 經 理	梁錦興
總 編 輯	陳滿銘
副總編輯	張晏瑞
編 輯 所	萬卷樓圖書股份有限公司
排　　　版	菩薩蠻數位文化有限公司
印　　　刷	維中科技有限公司
封面設計	菩薩蠻數位文化有限公司
出　　　版	昌明文化有限公司

桃園市龜山區中原街 32 號

電話　(02)23216565

發　　　行　萬卷樓圖書股份有限公司

臺北市羅斯福路二段 41 號 6 樓之 3

電話　(02)23216565

傳真　(02)23218698

電郵　SERVICE@WANJUAN.COM.TW

大陸經銷　廈門外圖臺灣書店有限公司

　　　電郵　JKB188@188.COM

ISBN 978-986-496-413-0

2019 年 3 月初版

定價：新臺幣 560 元

如何購買本書：

1. 轉帳購書，請透過以下帳戶

　　合作金庫銀行　古亭分行

　　戶名：萬卷樓圖書股份有限公司

　　帳號：0877717092596

2. 網路購書，請透過萬卷樓網站

　　網址　WWW.WANJUAN.COM.TW

大量購書，請直接聯繫我們，將有專人為您

服務。客服：(02)23216565　分機 610

如有缺頁、破損或裝訂錯誤，請寄回更換

國家圖書館出版品預行編目資料

中國道路與前景 /上海社會科學院世界中國

學研究所.-- 初版.-- 桃園市 ： 昌明文化出

版 ；臺北市 ： 萬卷樓發行, 2019.03

　　面 ；　　公分

ISBN 978-986-496-413-0(平裝)

1.中國研究　2.文集

574.107　　　　　　　　　　108002901